高校入試

5科の総まとめ

この本の特色としくみ

この本は，効率よく中学 3 年間の重要事項が確認できるように，要点を簡潔にまとめてあります。各教科の特性に応じて，図解・表解・写真による説明，例題とくわしい解説で理解しやすいしくみになっています。消えるフィルターを活用し，繰り返し学習して力をつけましょう。

補足説明として，注意，参考，発展 などを載せています。

☆☆☆ 重要度を 3 段階で示しています。

入試でよく問われる内容やアドバイスを入れています。

ゴロでポイントをまとめています。

上にのせると，の中の赤い文字が消えます。

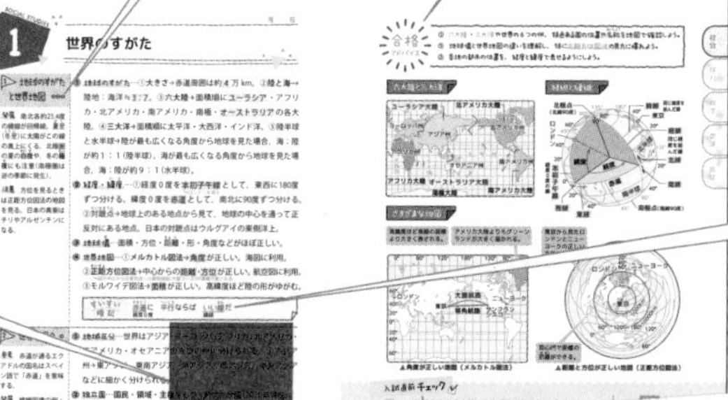

コレ重要

特に覚えるべき重要項目を載せています。

ミニテストで要点が理解できているか確認できます。

JN012624

CONTENTS | もくじ

社会

理科

月　日

世界のすがた

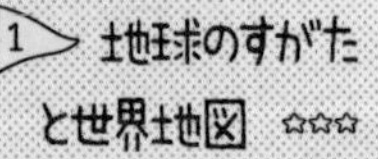

1 地球のすがたと世界地図 ☆☆☆

発展 南北各約23.4度の緯線が回帰線。夏至(冬至)に太陽がこの線の真上にくる。北極圏の夏の**白夜**や，冬の**極夜**にも注意(南極圏は逆の季節に発生)。

注意 方位を見るときは正距方位図法の地図を見る。日本の真東はチリやアルゼンチンになる。

1 地球のすがた…①**大きさ**→赤道周囲は約 4 万 km。②**陸と海**→陸地：海洋≒**3：7**。③**六大陸**→面積順に**ユーラシア**・アフリカ・北アメリカ・南アメリカ・南極・**オーストラリア**の各大陸。④**三大洋**→面積順に太平洋・大西洋・インド洋。⑤陸半球と水半球→陸が最も広くなる角度から地球を見た場合，海：陸が約１：１(陸半球)。海が最も広くなる角度から地球を見た場合，海：陸が約９：１(水半球)。

2 経度・緯度…①経度０度を**本初子午線**として，東西に180度ずつ分ける。緯度０度を**赤道**として，南北に90度ずつ分ける。
（本初子午線：ロンドンを通る）
②対蹠点→地球上のある地点から見て，地球の中心を通って正反対にある地点。日本の対蹠点はウルグアイの東側洋上。

3 地球儀…面積・方位・距離・形・角度などがほぼ正しい。

4 世界地図…①**メルカトル図法**→**角度**が正しい。海図に利用。
②**正距方位図法**→中心からの**距離・方位**が正しい。航空図に利用。
（図の中心から任意地点への最短経路(大圏コース)が直線で表される）
③モルワイデ図法→**面積**が正しい。高緯度ほど陸の形がゆがむ。

> **すいすい暗記** 赤道に（緯度０度） 平行ならば いい線だ（緯線）

2 世界の国々 ☆

参考 赤道が通るエクアドルの国名はスペイン語で「赤道」を意味する。

発展 緯線国境の例→エジプトとスーダン，アメリカ合衆国とカナダ。経線国境の例→エジプトとリビア。

1 地域区分…世界はアジア・ヨーロッパ・アフリカ・北アメリカ・南アメリカ・オセアニアの６つの州に分けられる。②アジア州→東アジア，東南アジア，南アジア，西アジア，中央アジアなどに細かく分けられる。

2 独立国…**国民・領域・主権**をもつ→約**190**か国(2020年現在)。

3 国境線…①自然(山脈や川)を利用した国境線。
②経線・緯線を利用した国境線→アフリカ州に多い。
（植民地時代に経・緯線を使って引いた境界線をそのまま利用）

4 特色ある国々…①**面積**→世界最大は**ロシア連邦**，世界最小はバチカン市国。②**人口**→世界最多は**中国**，次にインド(2021年)。③**島国(海洋国)と内陸国**→島国ー日本など，内陸国ースイスなど。

・コレ重要・

☞陸地：海洋≒３：７。面積最大の大陸はユーラシア大陸，面積最大の海洋は太平洋。
☞世界の独立国は約190か国。面積最大の国はロシア。人口最多の国は中国。

合格アドバイス

① 六大陸・三大洋や世界の６つの州，特色ある国の位置や名称（めいしょう）を地図で確認しよう。
② 地球儀と世界地図の違いを理解し，特に正距方位図法の見方に慣れよう。
③ 各地の都市の位置を，経度と緯度で表せるようにしよう。

六大陸と三大洋

経線と緯線

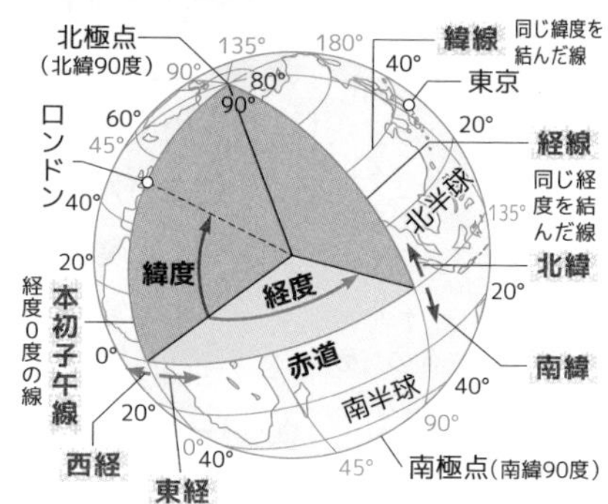

さまざまな地図

▲角度が正しい地図（メルカトル図法）

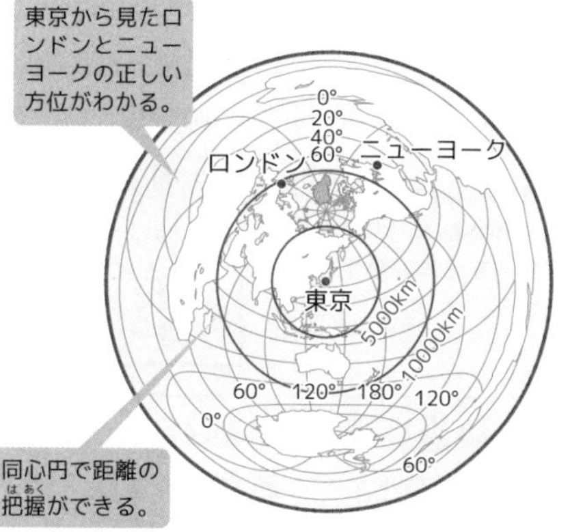

▲距離と方位が正しい地図（正距方位図法）

入試直前チェック

- [ ] 1．地球をそのまま縮小した模型を何といいますか。
- [ ] 2．角度を正しく表し，海図などに使われる地図の図法は。
- [ ] 3．中心からの距離と方位を正しく表す地図の図法は。
- [ ] 4．独立国の３つの要素は何ですか。
- [ ] 5．日本のように周りを海に囲まれた国を何といいますか。
- [ ] 6．国土がまったく海に面していない国を何といいますか。
- [ ] 7．イタリアのローマ市内にある，世界最小の国は何ですか。
- [ ] 8．人口が10億人を超えている国はどことどこですか。
- [ ] 9．北極に近い地域では，夏には太陽がしずまない時期がある。この現象を何といいますか。

解答

1．地球儀
2．メルカトル図法
3．正距方位図法
4．国民，領域，主権
5．島国（海洋国）
6．内陸国
7．バチカン市国
8．中国，インド
9．白　夜

月　日

日本のすがた

1 日本の位置と領域 ☆☆

注意 日本とほぼ同じ経度にオーストラリア，ほぼ同じ緯度にイタリア，中国，アメリカ合衆国などがある。

発展 日本は，排他的経済水域の確保のため，南端の**沖ノ鳥島**の護岸工事を実施。島を波の侵食から守っている。

参考 ・竹島をめぐって，日本は国際司法裁判所での話し合いを提案しているが，韓国は拒否している。
・2018年以降，中国船が尖閣諸島周辺の領海に侵入する事態が生じている。

❶ **位　置**…ユーラシア大陸の東。北緯20～46度，東経122～154度にある島国(海洋国)。南北間は約3,000 km。

❷ **領　域**…①**領土・領海・領空**で構成→北海道・本州・四国・九州と約1万4,000の島々。国土面積は約**38万**km^2。
領海の外側で沿岸から200海里までが**排他的経済水域**で沿岸国に水産資源や鉱産資源の管理・利用が認められる。
②日本の端→東端は**南鳥島**(東京都)，西端は**与那国島**(沖縄県)，南端は**沖ノ鳥島**(東京都)，北端は**択捉島**(北海道)。

❸ **領土をめぐる問題**…①**北方領土**(択捉島・国後島・色丹島・歯舞群島)は日本固有の領土だが，1945年の終戦後にソ連が占拠→現在ロシア連邦が不法占拠，日本政府は返還を要求。
②**竹島**→1905年から国際法に基づいて，島根県に属する島。1952年以降，韓国が不法占拠。
③**尖閣諸島**→海域内に地下資源の埋蔵が確認された1960年代終わりから，中国・台湾が領有権を主張。
└「領土問題はない」が日本の見解

すいすい暗記　他の国に　日本の広さや(38万km^2)　長さは見せん(3,000 km)

2 都道府県と県庁所在地 ☆

❶ **都道府県**…1都1道2府43県。
└47都道府県のうち，内陸県は8県

❷ **県庁所在地**…都道府県庁がおかれた都市。かつての城下町や港町などとして発達した都市や交通の要所が多い。
└都道府県名と異なる都道府県庁所在地名は18都市

3 世界各地との時差 ☆☆☆

参考 昼が長い夏季に，時間を1時間進める**サマータイム**を実施する国がある。

❶ **時　差**…地球は24時間で1回転(360度)するため，**経度15度で1時間の時差**が生じる→**日付変更線**で調整。西から東へ越えると日付を1日遅らせ，東から西へ越えると1日進める。

❷ **日本の標準時子午線**…東経135度(兵庫県明石市)で，**本初子午線**(ロンドンを通る経度0度の線)とは**9**時間の時差。
135度÷15度＝9時間。日本のほうが進んでいる

❸ **地球の自転と時差**…地球の自転は左まわり→日付変更線をまたがない場合，西へ行くほど時刻が遅く，東へ行くほど時刻が早い。

・コレ重要・
☞領域は国の主権がおよぶ範囲→領土・領海・領空。日本の国土面積は約38万km^2。
☞ロシア連邦やアメリカ合衆国のように東西に長い国は，複数の標準時を定めている。

合格アドバイス

① 世界の国々と日本の位置関係に注目。
② 時差の計算は経度差がポイント。
③ 領土をめぐる周辺の国々との問題を把握。

日本の位置と領域

- 日本は，国土面積がせまいわりには，排他的経済水域は広い（国土面積の約10倍の広さ）。日本の領海・排他的経済水域の面積は世界第6位。

おもな国の領土と領海・排他的経済水域

排他的経済水域の略称は，EEZ。領海ではないので，他国の船の航行や航空機の飛行，海底でのパイプラインの敷設などを禁止できないんだ。

領土・領海・領空

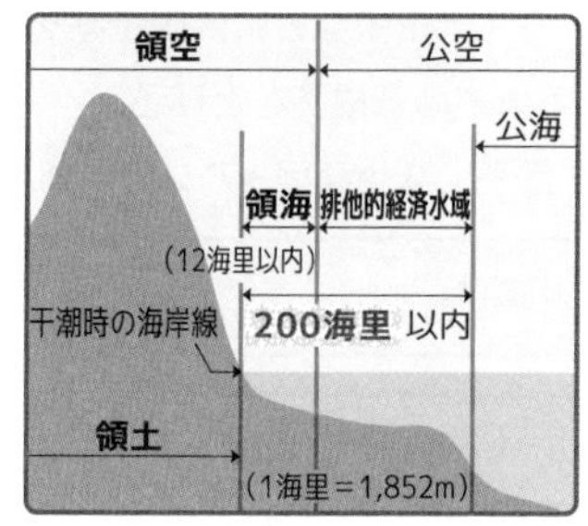

日本の標準時との時差

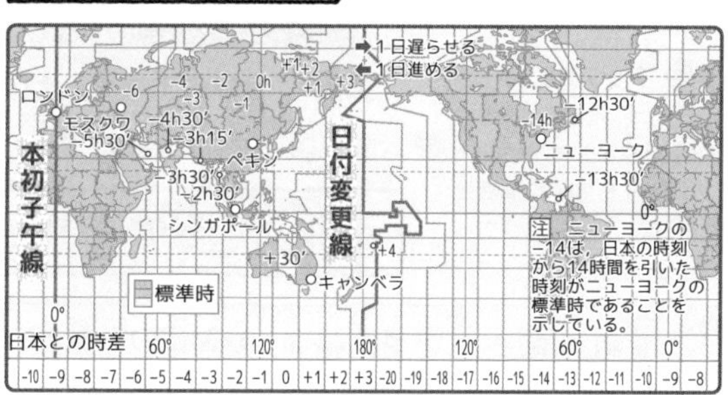

- 国土面積が広いため複数の時間帯を使用している国もある。

入試直前チェック

- [ ] 1．日本は何という大陸の東に位置していますか。
- [ ] 2．日本の国土面積はおよそ何万 km² ですか。
- [ ] 3．領域を構成する 3 つの要素は何ですか。
- [ ] 4．沿岸国が水産資源や鉱産資源を占有できる，領海の外側で沿岸線から200海里までの海域を何といいますか。
- [ ] 5．日本固有の領土で，現在はロシア連邦が不法占拠している北海道東部の島々をまとめて何といいますか。
- [ ] 6．日本の標準時子午線は何度ですか。
- [ ] 7．東京が 1 月 1 日午前 6 時のとき，イギリスのロンドンは何月何日の午前または午後何時ですか。

解答

1．ユーラシア大陸
2．38万 km²
3．領土，領海，領空
4．排他的経済水域
5．北方領土
6．東経135度
7．12月31日午後 9 時

月　日

世界の人々の生活と環境，アジア州

1 世界の人々の生活と環境 ☆☆☆

発展 三大宗教の開祖→キリスト教は**イエス**，イスラム教は**ムハンマド**，仏教は**シャカ**。

1 世界の気候…①**熱帯**→年中高温。②**乾燥帯**（かんそう）→少雨。③**温帯**→季節の変化がある。西岸海洋性（温暖で平均して降雨）・地中海性（夏乾燥・冬降雨）・温暖湿潤（しつじゅん）（夏高温多雨）。④**冷帯**（**亜寒帯**）→冬低温，タイガ（針葉樹林）。⑤**寒帯**→年中低温。⑥他に**高山気候**（アンデス山脈やチベット高原）。

2 人々の生活…①**衣服**→ポンチョ（インディオ），サリー（インドの女性），チャドル（イスラム教徒の女性），チマ・チョゴリ（朝鮮半島の女性）。②**食物**→熱帯はいも類，欧米は小麦，アジアは米が主食。③**住居**→イグルー（イヌイット（カナダ）），日干しれんが（西アジア・北アフリカ），高床式（東南アジア），移動式住居（中国(パオ)・モンゴル(ゲル)）。

3 三大宗教…**キリスト教**（ヨーロッパ・南北アメリカ）・**イスラム教**（西アジア・北アフリカ）・**仏教**（東・東南アジア）。他にヒンドゥー教（インド）。

2 東アジア ☆☆☆

注意 中国では**一人っ子政策**で人口増加を抑（よく）制（せい）していたが，少子高（こう）齢（れい）化の問題で2015年に廃止（はいし）され，その後出産制限は緩和（かんわ）されている。

発展 **アジアNIES**（NIESは新興工業経済地域の略称（りゃくしょう））→20世紀後半から工業化を進めた韓国・台湾（たいわん）・ホンコン・シンガポール。

1 中華人民共和国（ちゅうか）…人口約14億人（2020年）で世界一。

①**農業**→北部は**畑作**（小麦・大豆），南部は**稲作**（いなさく）。西部は牧畜（ぼくちく）。人民公社から**生産責任制**（契約分だけを国に納め，残りの農産物は自由市場で販売）へ。「万元戸（まんげんこ）」の出現。貧富の差が拡大。

②**鉱工業**→東北部が中心。ターチン油田・フーシュン炭田・アンシャン鉄山。農村で**郷鎮**（ごうちん）企業（人民公社解体後，農村にできた中小企業）が増加。**西部大開発**を実施（じっし）。

③**経済特区**→沿岸部のシェンチェン・アモイなどに外国企業を誘致（ゆうち）。「**世界の工場**」とよばれるまでの急成長をとげる。

2 大韓民国（だいかんみんこく）…稲作が盛ん。重化学・電子工業が発展→**アジアNIES**（ニーズ）。

> **すいすい暗記**　多民族（たみんぞく）　9割漢（わりかん）だ（漢民族）　中国（ちゅうごく）は

3 東南・南・西アジア ☆☆

注意 大陸東岸には**季節風**（季節で風向が逆，稲作地域では夏の降雨を利用），大陸西岸には偏西風（へんせいふう）が吹く。

発展 **BRICS**→ブラジル・ロシア連邦（れんぽう）・インド・中国・南アフリカ共和国の5か国。

1 東南アジア…季節風（モンスーンともいう）の影響（えいきょう）と三角州→稲作。**華人**（かじん）（中国系の人々）の経済力。東南アジア諸国連合（**ASEAN**（アセアン））（加盟10か国）諸国で工業化（工業団地を整備）が進展。

①**インドシナ半島**→メコン川・チャオプラヤ川の三角州で稲作。

②**マレーシア**→天然ゴム・油ヤシ（**プランテーション**農業）。

③**タイ**→仏教国。米の輸出国。日本企業の進出（自動車工業など）→工業化進展。

2 南アジア…インド→**ヒンドゥー教**（カースト制と結びつく）を信仰（しんこう）。米・小麦・綿花の栽培（さいばい）。情報通信技術（ICT）産業（ベンガルール中心）が急成長。BRICS（ブリックス）の一国。

3 西アジア…イスラム圏（けん）。乾燥（かんそう）地帯で遊牧（羊）。**ペルシア湾**（わん）沿岸は世界有数の産油地帯。1960年**OPEC**（オペック）（石油輸出国機構）（原油価格の決定に大きな影響力をもつ）結成。

・コレ重要・

☞中国→少子高齢化が急速に進み，一人っ子政策を廃止。

☞東南アジア→植民地時代のなごりのプランテーション農業が行われている。

合格アドバイス

① 中国の生産責任制，郷鎮企業，経済特区の改革開放政策は重要なため把握。
② 中国の南と北の農作物の違い，東南アジアの稲作地帯は覚えておこう。
③ NIES，BRICS，ASEAN や OPEC の略称の意味やあてはまる国を確認しよう。

世界の気候

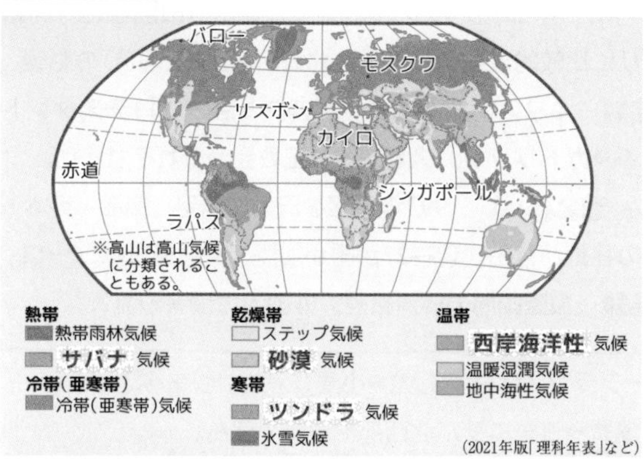

(2021年版「理科年表」など)

東南アジアの産業

アジアの自然と産業

ウラル山脈
アジア・ヨーロッパを2分する
トナカイの 遊牧
針葉樹林帯(タイガ)
チベット高原
ヒマラヤ山脈
ペルシア湾岸
石油 の生産
黄河
大豆・こうりゃん・春小麦
長江
冬小麦・あわ
パンジャブ地方
小麦
インダス川
米・茶
米の二期作
サハラ砂漠
世界最大の砂漠
ジュート
米
茶
ガンジス川
ベンガルール
情報通信技術産業の中心地
デカン高原
綿花栽培
0°
熱帯
乾燥帯
温帯
冷帯
寒帯
高山気候
• は中国の経済特区

中国の農業

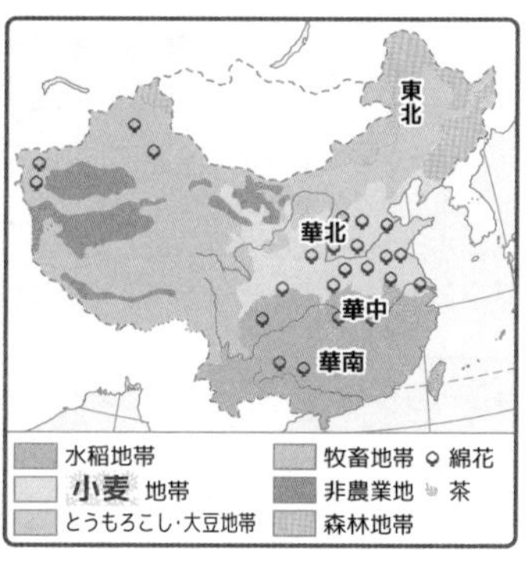

入試直前チェック

- [ ] 1．モンゴルの遊牧民の住居を何というか。
- [ ] 2．朝鮮(ちょうせん)の女性が着る民族衣装(いしょう)を何というか。
- [ ] 3．中国で人口の約 9 割を占(し)める民族は何ですか。
- [ ] 4．中国で2015年まで行われていた人口抑制政策は。
- [ ] 5．インドの社会に大きな影響(えいきょう)を与えている身分制度は。
- [ ] 6．インドの情報通信技術産業の中心都市はどこですか。
- [ ] 7．西アジアから北アフリカの乾燥地帯に見られる，場所を移動しながら羊やラクダを飼育する農業は。
- [ ] 8．植民地時代につくられた大農園を何といいますか。

解答

1．ゲル
2．チマ・チョゴリ
3．漢民族
4．一人っ子政策
5．カースト制
6．ベンガルール
7．遊　牧
8．プランテーション

月　日

ヨーロッパ州，アフリカ州

1 ヨーロッパの自然と社会 ☆☆☆

注意 **西岸海洋性気候**→温暖で年間を通して平均的な降水量。**地中海性気候**→夏は乾燥(かんそう)，冬に降雨がある。

参考 EU本部はベルギーの**ブリュッセル**。

1 自　然…北部ースカンディナビア山脈と，**フィヨルド**（→氷河地形）。中央部ー**国際河川**（かせん）（→ライン川・ドナウ川など）。南部ーアルプス山脈・ピレネー山脈など。高緯(い)度(ど)のわりに比較的温暖←**偏西風**(へんせいふう)と**北大西洋海流**（暖流）の影響(えいきょう)。

2 民族と宗教…キリスト教を信仰(しんこう)。**ゲルマン**系（→イギリス・ドイツなど）→**プロテスタント**，**ラテン**系（→フランス・イタリア・スペインなど）→**カトリック**，**スラブ**系（→ロシアなど）→**正教会**がそれぞれ多い。

3 ヨーロッパ連合（EU）（→2016年6月，イギリスは国民投票でEUからの離脱を決め，2020年に離脱した）…1993年，EC（→ヨーロッパ共同体）を母体に発足。商品・資本・労働力の移動が自由（→EU域内では関税がない）。現在27か国が加盟（→2021年8月）。共通通貨は**ユーロ**。

4 EUの課題…加盟国間の経済格差，外国人労働者の流入（近年は難民の流入も問題に）。

2 ヨーロッパの産業 ☆☆☆

発展 環境(かんきょう)に優しい交通手段として，郊外(こうがい)から都心へ向かう自動車を都心外の駐車場(ちゅうしゃ)へ止め，バスなどに乗りかえる**パークアンドライド**方式を取り入れている都市がある（フライブルクなど）。

1 農　業…フランスはEUの穀倉→**小麦**（パリ盆地(ぼんち)）・ぶどう。

①**混合農業**→ヨーロッパ北西部や東部で盛ん。（→穀物（小麦・ライ麦）と飼料作物と家畜飼育（牛・豚）を組み合わせる）

②**酪農**(らくのう)→デンマーク，オランダ（**ポルダー**）（国土の約1/4が海面より低い干拓地で，園芸農業も盛ん），スイスで盛ん（→アルプスでの移牧）。

③**地中海式農業**（→イタリアやフランス，スペイン南部）→夏の乾燥に強いオリーブ・ぶどうを栽培。冬は小麦など。

2 工　業…イギリス→世界最初の**産業革命**，**北海**油田の開発。ドイツ（→EU最大の工業国）→**ルール工業地域**（→ルール炭田とライン川の水運で発展）。航空機などは分業生産。酸性雨による環境問題（→イギリス・フランス・ドイツなど）。

> **すいすい暗記**
> 地中海(ちちゅうかい)　乾(かわ)いた夏(なつ)に　オリ・ぶどう
> 地中海式農業　夏乾燥・冬降雨　オリーブ

3 ロシア連邦と近隣諸国 ☆

ロシア連邦と近隣諸国（→BRICSの一国。ロシアの国土はウラル山脈をはさんで，ヨーロッパ州とアジア州に広がっている）…ロシアは世界最大の面積をもつ（日本の約45倍）→大部分が冷帯で**タイガ**（→針葉樹林）が広がる。最北部はツンドラ。

①農業→黒土地帯で**小麦**　②**シベリア開発**（→パイプラインで石油をEU諸国に送る）

4 アフリカ ☆

注意 戦前は植民地→戦後独立。1960年「アフリカの年」。

発展 アフリカ連合（AU）→アフリカの地域統合を目指して2002年に結成された。

1 自　然…①高原状の大陸。②赤道付近は熱帯，その南北に乾燥帯→温帯が広がる。③サハラ砂漠(さばく)南縁の**サヘル**で砂漠化が進行。

2 産　業…①農業→遊牧やプランテーション農業。②鉱工業→レアメタル（→マンガン・クロムなどの希少金属）の生産。③経済→**モノカルチャー経済**（→特定の農鉱産物の輸出に依存）の国が多い。

3 ガーナ・コートジボワール…ギニア湾岸で**カカオ**の生産が盛ん。

4 南アフリカ共和国…アパルトヘイト（有色人種差別の人種隔離政策で1991年に廃止）廃止(はいし)，鉱産資源が豊富（→金やレアメタルなど）。

コレ重要

☞ヨーロッパの農業→北西部や東部は**混合農業**や**酪農**，南部は**地中海式農業**が中心。

☞ヨーロッパの**工業はドイツ**（ライン川流域），**農業はフランス**（EUの穀倉）が中心国。

① ヨーロッパの気候に影響の大きい偏西風と北大西洋海流は覚えておこう。
② EU加盟国名，EU本部とユーロポートの場所，EUの課題を把握しよう。
③ 混合農業，酪農，地中海式農業，ポルダーなどの用語は重要。

ヨーロッパ諸国と産業

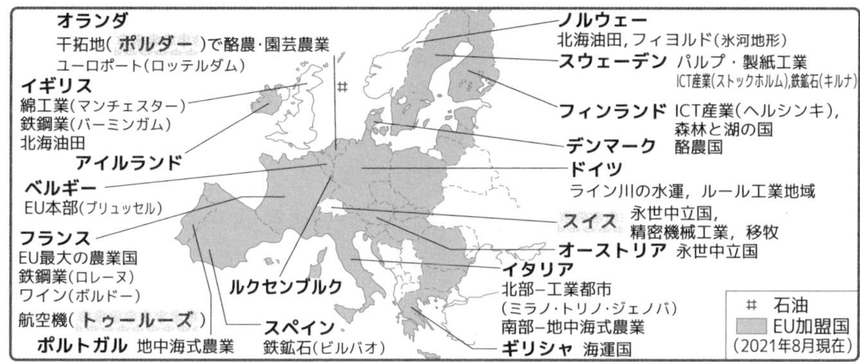

ヨーロッパの農業地域

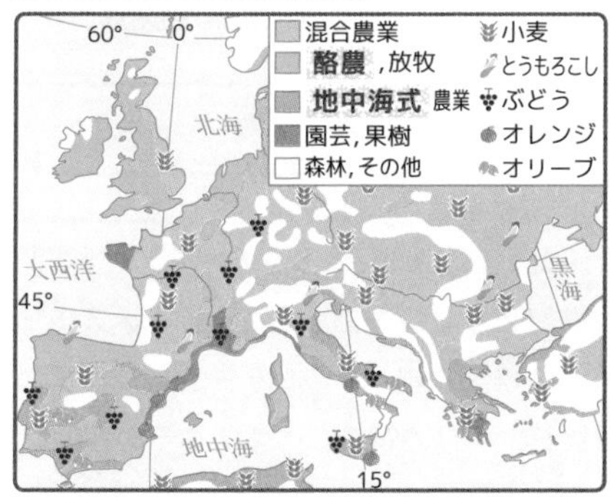

中南アフリカの産業

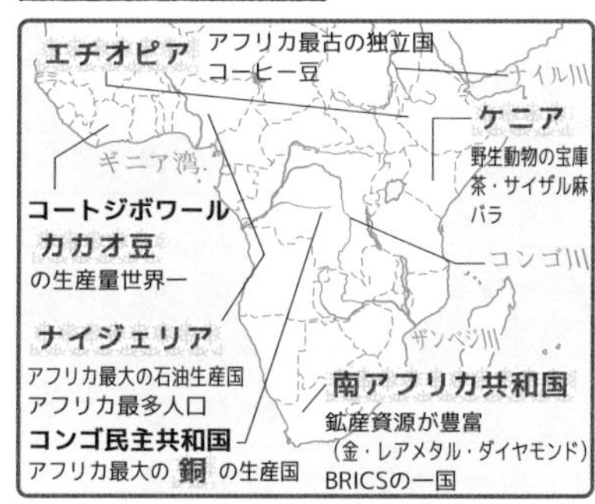

入試直前チェック

- [ ] 1．スカンディナビア半島の西岸に発達する峡湾(きょうわん)は。
- [ ] 2．スイス・フランスに東西に連なる高くて険しい山脈は。
- [ ] 3．ライン川のように複数の国や国境を流れる川は。
- [ ] 4．ヨーロッパに1年じゅう吹く西寄りの風は何ですか。
- [ ] 5．ヨーロッパの気候に影響する海流を何といいますか。
- [ ] 6．1993年，ECを母体に発足したヨーロッパの地域統合組織は。
- [ ] 7．農耕と家畜飼育を組み合わせた農業は何ですか。
- [ ] 8．ドイツにあるEU最大の工業地域は何ですか。
- [ ] 9．北アフリカのサヘルで進行している地球環境問題は。
- [ ] 10．アフリカなどに多い，特定の産物に頼る国の経済を何といいますか。

解答

1．フィヨルド
2．アルプス山脈
3．国際河川
4．偏西風
5．北大西洋海流
6．EU(ヨーロッパ連合)
7．混合農業
8．ルール工業地域
9．砂漠化
10．モノカルチャー経済

月　日

北アメリカ州，南アメリカ州，オセアニア州

1 北アメリカ州 ☆☆☆

注意　西経100度の線と年降水量 500 mm の線がほぼ一致する。

発展　アメリカ合衆国の農業→センターピボットによる大規模なかんがい農業，フィードロットでの肉牛の肥育，世界の穀物市場に影響(えいきょう)力をもつ穀物メジャー，農業関連を扱うアグリビジネス企業なども特色である。

発展　USMCAは，北米自由貿易協定(NAFTA(ナフタ))に代わる新協定として，2020年に発効した。

❶ アメリカ合衆国…多民族国家→先住民のネイティブアメリカン（インディアン），白人，黒人，アジア系移民など。近年はメキシコなどスペイン語圏(けん)からの移民（**ヒスパニック**）が増加。

①**自然**→ロッキー山脈，中央平原，アパラチア山脈。
（↳大陸南東部や西インド諸島をハリケーンが襲う）

②**農業**→**企業的**大規模農業。**適地適作**。小麦→内陸部の**プレーリー**や**グレートプレーンズ**。とうもろこし→ミシシッピ川中流。**酪農**(らくのう)→五大湖周辺。綿花→南部。地中海式農業→太平洋岸。
（西経100度を境に西は放牧，東は農耕）

③**鉱工業**→豊かな資源（石炭・石油・鉄鉱石）と五大湖の水運。
（石炭：アパラチア炭田，鉄鉱石：メサビ鉄山）
世界一の工業国→世界各地に**多国籍**(たこくせき)企業が進出。工業地帯→五大湖沿岸，大西洋岸。**サンベルト**やサンフランシスコ近郊(きんこう)の**シリコンバレー**で**先端**(せんたん)**技術産業**や情報通信技術（ICT）産業。
（多国籍企業：国境をこえてグローバルに活動する企業）
（五大湖沿岸：シカゴ・ピッツバーグ，大西洋岸：ニューヨーク）
（サンベルト：電子・航空宇宙産業などが盛んな北緯37度以南の地域）
（先端技術産業：ハイテク産業ともいう）

❷ カナダ…先住民は**イヌイット**。小麦輸出。**USMCA**加盟国。
（USMCA：アメリカ合衆国・カナダ・メキシコの3国が結んだ経済協力体制）

> すいすい暗記　放牧(ほうぼく)で　生計立(せいけいた)てるは　100度以西(どいせい)
> （生計：西経　100度以西：乾燥帯）

2 南アメリカ州 ☆☆

注意　公用語→ブラジルは**ポルトガル語**，他のほとんどの国は**スペイン語**。

発展　ブラジルでは**バイオエタノール**の原料としてさとうきび栽培が増加。

❶ 自　然…西部→アンデス山脈。東部→アマゾン川・ブラジル高原。
（アマゾン川：流域面積世界一）

❷ 社　会…**インディオ**が先住。ラテン系白人との混血→**メスチソ**。

❸ 農　業…アマゾン川流域の**焼畑**(やきはた)農業，プランテーション農業。
（↳モノカルチャー経済からの脱却を図る）
（プランテーション農業：バナナ・コーヒー豆など）

❹ 鉱工業…ブラジルの**鉄鉱石**，チリの**銅鉱**，ベネズエラの**石油**。
（鉄鉱石：生産・埋蔵量世界一（2018年），石油：埋蔵量世界一（2019年））

❺ ブラジル…世界有数の**コーヒー豆**の生産・輸出国→さとうきび・大豆など多角化。工業化も進展→BRICS(ブリックス)の一国。熱帯林の伐採(ばっさい)と環境(かんきょう)保全，**スラム**の解消などが課題。
（ブラジル：日系人も多く暮らす）
（熱帯林の伐採：森林面積の減少）
（スラム：都市近郊に形成された生活環境の悪い地区）

❻ アルゼンチン…白人が大部分を占める。**パンパ**で牧畜(ぼくちく)と小麦栽培(さいばい)。

3 オセアニア州 ☆

参考　ニュージーランドの先住民は**マオリ**。

● オーストラリア…①**社会**→先住民は**アボリジニ**。1970年代に**白豪**(はくごう)主義を廃止(はいし)し，以後アジア系移民が増加。②**産業**→大部分が乾燥(かんそう)帯。牧羊→羊毛生産。肉牛の放牧，小麦の生産も盛ん。石炭・鉄鉱石などの鉱産資源（**露天掘り**(ろてんぼり)で採掘(さいくつ)）を日本へ多く輸出。
（白豪主義：有色人種の移住制限政策）
（牧羊：掘り抜き井戸を利用）
（オーストラリアは，日本の石炭・鉄鉱石輸入相手国1位（2019年））

コレ重要

☞アメリカ合衆国の鉱工業→サンベルトやシリコンバレーで先端技術産業が発達している。
☞ブラジルの産業→コーヒー豆・さとうきび・大豆などの栽培，鉄鉱石やバイオエタノールの生産。

① アメリカ合衆国の農業(農業区分図)や工業(サンベルトなど)の特色は重要。
② 南アメリカの鉱産資源，ブラジルの産業の変化を把握しよう。
③ オーストラリアは，牧羊と放牧，鉱産資源，日本へ輸出する農鉱産物名が重要。

社会 理科 数学 英語 国語

アメリカ合衆国の農業地帯

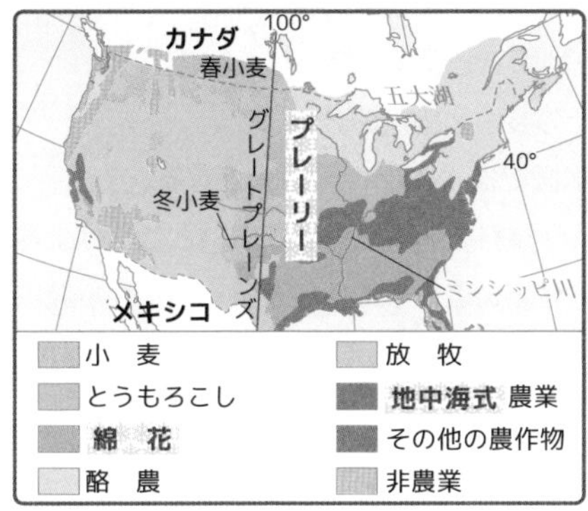

アメリカ合衆国のおもな工業地域

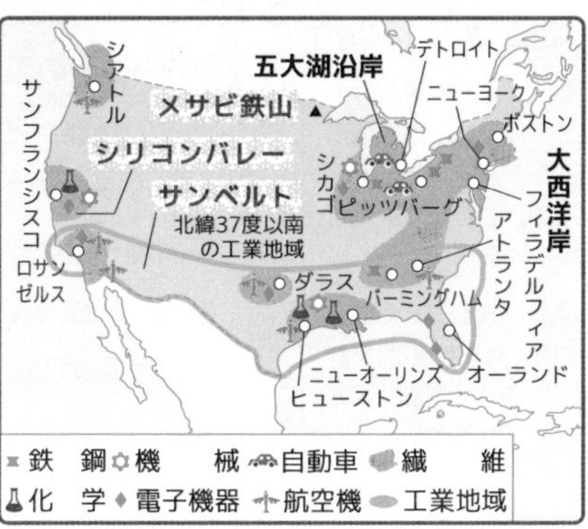

南アメリカの自然

● セルバはアマゾン川流域に広がる熱帯雨林，パンパはラプラタ川流域に広がる温帯草原。

オーストラリアの産業

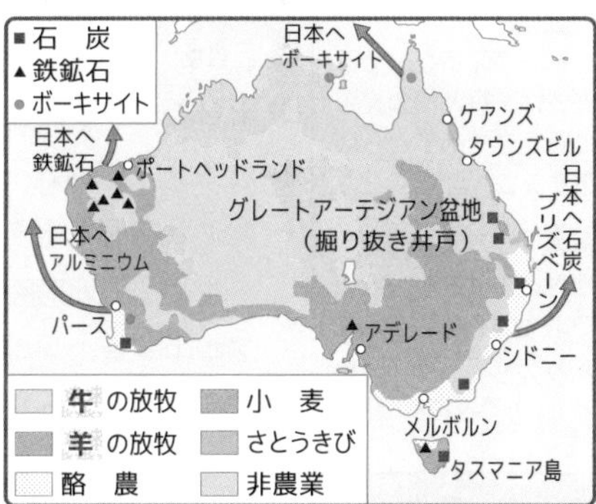

入試直前チェック

- □ 1．北アメリカ南東部や西インド諸島を襲(おそ)う熱帯低気圧は。
- □ 2．自然環境に適した農作物を栽培するアメリカ合衆国の農業の特色を何といいますか。
- □ 3．五大湖付近で盛んな農業は何ですか。
- □ 4．NAFTAに代わる新協定の略称(りゃくしょう)は何ですか。
- □ 5．南アメリカ州でポルトガル語を公用語とする国は。
- □ 6．ブラジルなどでバイオエタノールの原料として栽培されている農作物は何ですか。
- □ 7．オーストラリア，ニュージーランドの先住民をそれぞれ何といいますか。

解答

1．ハリケーン
2．適地適作
3．酪　農
4．USMCA
5．ブラジル
6．さとうきび
7．アボリジニ，マオリ

地域調査の手法

月　日

1 いろいろな地図 ☆☆

参考　国土地理院のウェブページでは，地形図の使い方など，地図について詳しく解説されている。

注意　・縮尺が大きい地図→せまい範囲を詳しく表す地図。5万分の1地形図など。
・縮尺が小さい地図→広い範囲を表す地図。500万分の1の日本地図や100万分の1の地方図など。
・実際の面積を求めるときは，縦と横の実際の距離を求めてから計算すること。

発展　2万5千分の1地形図で4cm×4cmで表される1km^{2}は，5万分の1では2cm×2cmで表される。

1 地形図…国土地理院が発行→2万5千分の1，5万分の1など。
└国土地理院は1万分の1の地形図や20万分の1の地勢図なども発行

2 地形図の約束…①方位→上が**北**を表す。

②**縮尺**→実際の距離を地図上の長さに縮小した割合。
└縮尺が大きい地図は，内容をより詳しく表す
実際の距離＝地図上の長さ×縮尺の分母。
4cm×25,000＝100,000cm＝1,000m＝1km
2万5千分の1地形図では，4cmが**1**kmとなる。

└等高線の途中に書かれている数字はその場所の標高を示す
③**等高線**→土地の高低や傾斜を示す。間隔が広いところは土地の傾斜がゆるやか。せまいところは傾斜が急。山頂から麓に向かって等高線が張り出している部分が**尾根**，その反対が**谷**。

すいすい暗記	ジュースの	合計は	25,000円
	10m　主曲線	50m　計曲線	2万5千分の1

3 地図記号…土地利用や人工の建造物などを記号で表す。

4 三角点…ある地点間の方位と距離を測るための基準となる点。

5 水準点…ある場所の高さを測るための基準となる点。

6 地形図の読み方…新・旧の地形図の比較や空中写真の利用，**地形断面図**などを作成するとその地域のようすがよくわかる。
└扇状地や三角州など
①新・旧の地形図の比較→建物や道路，土地利用の変化に注目。
②空中写真の利用→地形図と空中写真の年の比較，空中写真でしか読み取れないことを確認する。

2 身近な地域の調査 ☆

参考　聞き取り調査を行うときは，訪問したい場所への連絡・許可，訪問時の相手への感謝の気持ちを必ず忘れないようにする。

地域調査の手順…調査テーマを決める→自分なりの根拠を踏まえた**仮説**を立てる→調査方法を考え，行動計画を立てる→調査活動をする（図書館などでの**文献調査**や**野外観察**，聞き取り調査）→調査結果を整理・分析し，まとめる→発表をする（調査の動機・目的，仮説と調査方法，調査からわかったこと，調査後の課題や解決案の提案）→レポートの作成（調査活動の記録，地域の課題や解決策などのまとめ）。
（野外観察：地形のようす・土地利用・集落の分布などをルートマップに記入）

コレ重要
☞方位は地図（地形図）の上が北。5万分の1地形図では地図上の2cmが1kmとなる。
☞地域調査は，調査テーマ・事前準備→調査活動→結果の整理・報告の順。

① 地形図の縮尺の意味，地図記号や実際の距離の求め方が重要。
② 扇状地(せんじょうち)や三角州の地形図から，土地利用や土地の高低を読図すること。
③ 文献調査，野外観察や調査結果のまとめ方の具体的な方法を確認しよう。

おもな地図記号

田	小·中学校	博物館·美術館	**発電所**
畑	高等学校	**老人ホーム**	風　車
果樹園	市役所	工　場	三角点
針葉樹林	警察署	病　院	**水準点**
広葉樹林	消防署	神　社	城　跡
くわ畑	郵便局	寺　院	自然災害伝承碑
茶　畑	図書館	灯　台	

等高線の種類

線の種類＼縮尺		1/25,000	1/50,000
計曲線		50 mごと	100 mごと
主曲線		10 m	**20 m**

傾斜と等高線

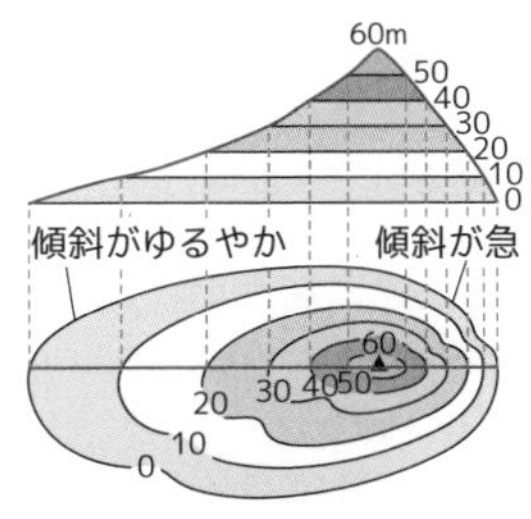

地形図の読み取り

※この地形図は，扇状地を表した **2万5千分** の1地形図とわかる。

ルートマップ

（電子地形図25000，東京都八王子市川口町付近）

入試直前 チェック

- [ ] 1．地形図を発行している日本の政府機関を何といいますか。
- [ ] 2．地形図ではふつう上がどの方位を表しますか。
- [ ] 3．地形図で等高線の間隔が広いところはせまいところに比べて傾斜はどうなっていますか。
- [ ] 4．地表の高さを測量するための基準の点は何ですか。
- [ ] 5．5万分の1地形図の計曲線は何 m ごとに引かれますか。また，この地形図上で6 cm の実際の距離は何 km ですか。

解答

1．国土地理院
2．北
3．ゆるやか
4．水準点
5．100 m，3 km

月　日

日本の自然・人口

1 世界と日本の自然 ☆☆☆

注意 川が山間部から平地に出た所に土砂をためて**扇状地**が形成され，海や湖に出る河口部に土砂をためて**三角州**が形成される。

参考 大陸周辺の水深200 m程度までの浅く平らな海底地形を**大陸棚**という。日本列島東側の水深7,000～8,000 mの海底地形は**日本海溝**。

発展 日本列島はプレートの境界に位置しているので**火山**や**地震**が多い。地震による津波で，2011年の**東日本大震災**のような大きな被害にあうこともあり，防災が課題。

参考 **高潮**は台風のときに発生する災害。

1. **2大造山帯**…**環太平洋造山帯**と**アルプス-ヒマラヤ造山帯**。
2. **世界の河川**…ナイル川(世界最長)・アマゾン川(流域面積最大)。
3. **日本の地形**…国土の約 3 / 4 が山地→環太平洋造山帯の一部。
   ①**大地溝帯**(**フォッサマグナ**)→東北日本と西南日本に 2 分。
   ②**山地**→本州の中央部(「日本の屋根」)にある**飛驒山脈・木曽山脈・赤石山脈**を**日本アルプス**という。
   ③**平地**→せまい平野(**扇状地・三角州**)，盆地，台地。
   ④**河川**→短くて急流で，流域面積がせまい。季節で流量が変化。
   ⑤**海岸**→**リアス海岸**(三陸海岸や若狭湾など)。砂浜海岸－鳥取砂丘など。
   ⑥**海流**→暖流の**黒潮**(日本海流)，寒流の**親潮**(千島海流)。
   (海流はほかに対馬海流(暖流)とリマン海流(寒流)→暖流・寒流の合流点が潮目(潮境))
4. **日本の気候**…大部分が**温帯**，**季節風**(モンスーン)や**梅雨**の影響を受ける。北海道→冷帯(亜寒帯)。日本海側→冬は降雪。中央高地(内陸性)→夏と冬の気温差が大きく，少雨。太平洋側→夏は多雨，冬は少雨。瀬戸内→年中少雨で，冬も温暖。南西諸島→**亜熱帯**。

日本には6つの気候区があるね。

5. **自然災害と防災**…自然災害→火山噴火，**地震**，**津波**(地震が原因で発生)など。気象災害→**冷害**(やませの影響)，干害，豪雨による山崩れなど。防災→ダムや防潮堤。防災マップ(**ハザードマップ**)の作成。

すいすい暗記 川流れ　山出て扇状(扇状地)　河口に三角(三角州)

2 世界と日本の人口 ☆

参考 総人口のうち，65歳以上の割合が 7 %を超えると**高齢化社会**，14%を超えると**高齢社会**。日本は28.8%(2020年)で超高齢社会。

1. **世界の人口**…約78億人(2020年)(世界人口の約6割が中国・インドなどアジア州に集中)。発展途上国では**人口爆発**(急激な人口増加)。
2. **人口ピラミッド**…一般的に富士山型(発展途上国に多い)→つりがね型→つぼ型(先進国に多い)へ移行。
3. **日本の人口**…約 1 億2,571万人(2020年)で，近年は減少傾向。急速に進む高齢化，出生率の低下→**少子高齢社会**。
   ①**過密**→三大都市圏に人口が集中。都市環境問題が発生。**ドーナツ化現象**が見られた時期もある。
   ②**過疎**→農山村や離島で深刻。**限界集落**も見られる。

コレ重要
☞日本の国土→約 3 / 4 が山地で，国土の中央部に日本アルプスやフォッサマグナがある。
☞発展途上国→人口爆発で食料不足などが課題。日本→少子高齢化，過密・過疎が課題。

合格アドバイス

① 日本は環太平洋造山帯の一部→地震・火山・自然災害が多いことを把握(はあく)しよう。
② 日本の気候は，季節風の影響が大きく，四季の変化が明確なことを理解しよう。
③ 人口が多い国々や，主要国の人口ピラミッドの型と変化について把握しよう。

世界の地形と造山帯

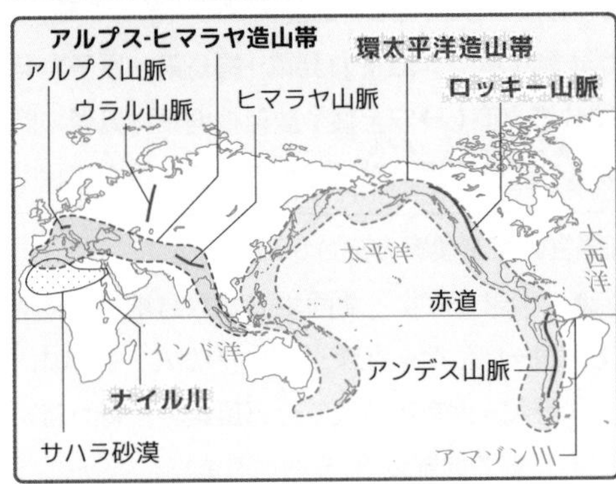

人口ピラミッド

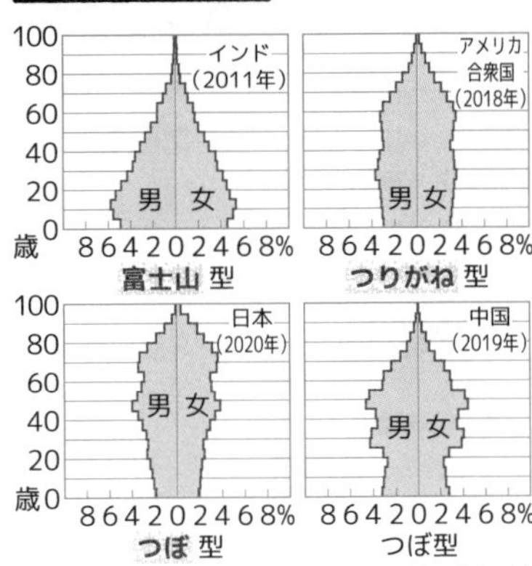

(2021/22年版「日本国勢図会」など)

日本の気候

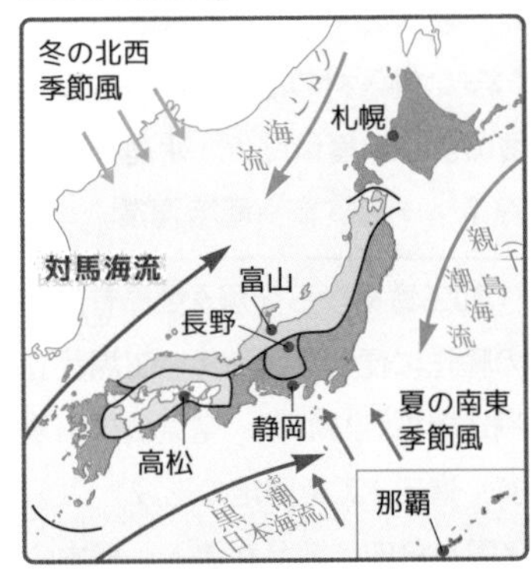

- 夏は太平洋上から温かく湿った空気が，冬は大陸から冷たく乾いた空気が吹きこむ。

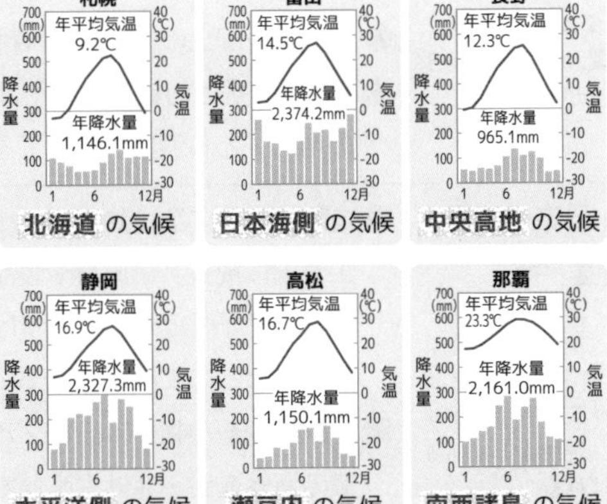

(気象庁)

入試直前チェック

- [ ] 1．日本の気候に大きな影響を与えている，夏と冬で風向きが変わる風を何といいますか。
- [ ] 2．東シナ海などに広がる，深さ200 mくらいまでのなだらかな海底地形を何といいますか。
- [ ] 3．発展途上国で見られる急激な人口増加を何といいますか。
- [ ] 4．都市に人口や産業が著しく集中した状態を何といいますか。
- [ ] 5．都心の人口が減少し，郊外(こうがい)の人口が増加する現象は。

解答

1．季節風(モンスーン)
2．大陸棚
3．人口爆発
4．過　密
5．ドーナツ化現象

月　日

日本の資源・エネルギー・産業

1 世界と日本の資源 ☆☆

注意 発電はブラジル→水力，中国→火力，**フランス**→**原子力**中心。

❶ **世界の資源**…石油は西アジア・ロシア，石炭は中国で多く産出。
日本の輸入相手先…石油→サウジアラビア，石炭・鉄鉱石→オーストラリアなど
❷ **日本の資源**…石油・石炭・鉄鉱石など鉱産資源の大部分を輸入。
❸ **日本の発電**…**火力**発電が多い。**原子力**発電→**福島第一原子力発電所事故**(東日本大震災で発生)を契機に政策見直し→安全性や放射性廃棄物処理の問題。**再生可能エネルギー**(地熱・風力・太陽光などのエネルギー)の利用→**持続可能な社会**を目ざす。

2 日本の農林水産業 ☆☆

注意 **促成栽培**は出荷時期を早め，**抑制栽培**は出荷時期を遅らせて出荷。

参考 日本の就業者の内訳(2020年)は第1次産業が3.2%，第2次産業が23.1%，第3次産業が73.7%。

❶ **農業の特色**…零細経営。兼業農家の割合が高い。
❷ **おもな農作物と産地**…①**米**→東北・**北陸**地方が穀倉地帯→銘柄米などの生産。②**果樹**→りんご－青森・長野，みかん－和歌山・愛媛・静岡など。③**野菜**→大都市周辺で**近郊農業**。宮崎や高知で**促成栽培**，群馬や長野で**抑制栽培**(高冷地農業)。
❸ **農業の問題点**…①農産物の**輸入自由化**→**食料自給率**の低下。(2019年の食料自給率38%)
②農業人口の減少と後継者不足→農業法人化などの対応。
❹ **林　業**…国土の約2/3が森林→安い輸入材の増加で自給率低下。
❺ **水産業**…**排他的経済水域**や乱獲により漁獲量減少。水産物輸入の増加。とる漁業から育てる漁業へ→**養殖**業や**栽培**漁業。

3 日本の工業・商業 ☆☆

注意 かつて四大工業地帯の1つだった北九州→工業生産額が減少し，現在は工業地域とよばれる。

参考 **大工場**→従業者数300人以上。重化学工業の割合が高い。**中小工場**→従業者数300人未満。下請け工場が多く，軽工業の割合が高い。

❶ **工業の歩みと工業地域の拡大**…①**加工貿易**から発展→世界有数の工業国に成長。②原料や製品の輸送に便利な臨海部に工場が立地→**太平洋ベルト**。③近年は輸送機械(自動車)，電気機械・電子工業などの工場が内陸部(高速道路沿いや空港周辺など)に多く進出→**工業団地**の形成。
❷ **工業の現状**…中国などアジア諸国から安い製品が流入。日本企業の海外進出・海外生産が増加→**多国籍企業**化。
①**貿易摩擦対応**→アメリカ合衆国やEU諸国内での**現地生産**。
②**円高対応**→賃金の安いアジア諸国に工場を建設し，工業製品を逆輸入。日本国内の雇用問題などに影響し，**産業の空洞化**。
❸ **商業・サービス業**…ICT産業や医療・福祉関連業が成長。

すいすい暗記
加工から　海外進出で　内空洞
加工貿易　工場の海外進出　国内産業の空洞化

・コレ重要・
☞日本の農業→近郊農業，促成栽培，抑制栽培が発達している。
☞日本の工業→太平洋ベルトに集中。近年は自動車工場やIC工場が内陸部に進出している。

合格アドバイス

① 日本の農産物輸入は増加→日本の食料自給率は低下。
② 日本の漁業は，排他的経済水域の設定などで漁獲量減少→育てる漁業へ。
③ 日本の工業では，工場の海外移転による産業の空洞化を把握（はあく）しよう。

世界の鉱産資源（おもな産出地）

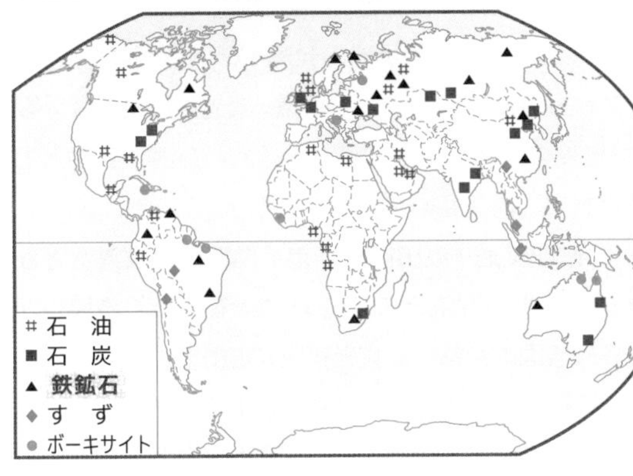

おもな国の発電エネルギー源別の割合

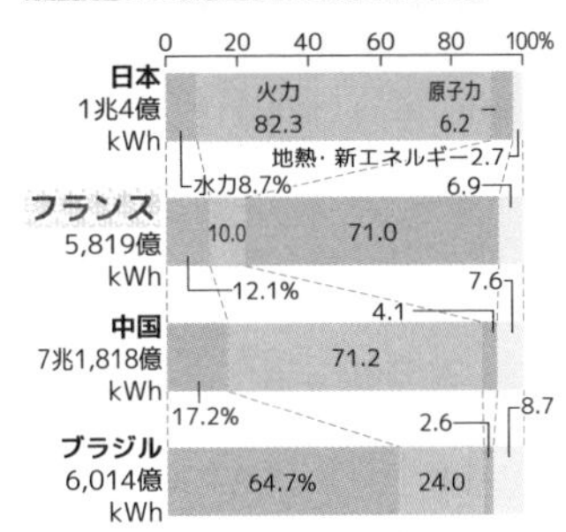

※合計が100%になるように調整していない。
（2018年）　（2021/22年版「日本国勢図会」）

日本のおもな農業地域

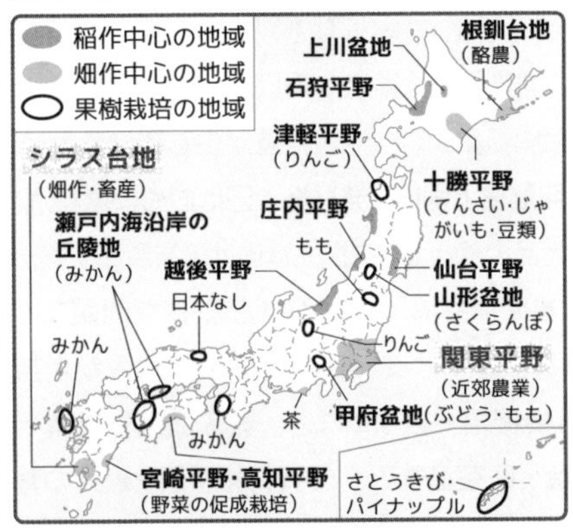

日本のおもな工業地帯・地域

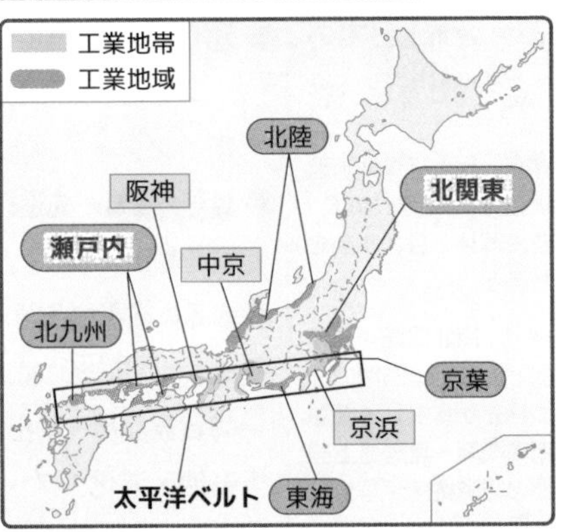

入試直前チェック

- □ 1．日本で最も高い割合を占（し）める発電方法は。
- □ 2．長野県などで行われている農業で，夏の涼しい気候を利用し，野菜などの出荷時期を遅らせる栽培方法は。
- □ 3．「育てる漁業」とよばれる漁業を２つ答えなさい。
- □ 4．京浜地方から北九州にいたる，工業や人口が集中している帯状の地域を何といいますか。
- □ 5．工場の海外移転によって，国内産業が衰退（すいたい）する問題を何といいますか。

解答

1．火力発電
2．抑制栽培
3．養殖業，栽培漁業
4．太平洋ベルト
5．産業の空洞化

月　日

日本の交通・通信・貿易，日本の地域区分

1 世界と日本の交通 ☆☆

参考 2015年に北陸新幹線，16年に北海道新幹線が開通。北海道（函館市）から九州（鹿児島市）までが新幹線で結ばれた。

注意 **成田国際空港**の輸出品上位は半導体等製造装置，金や科学光学機器，**名古屋港**の輸出品第１位は**自動車**（2020年）。

1 **さまざまな輸送方法**…①**航空輸送**→IC（集積回路）などの軽量・高価な工業製品や，生鮮品（肉類・高級魚・生花など）を速く輸送。②**海上輸送**→自動車・鉱石などの専用船，タンカー（原油などを運ぶ）やコンテナ船の発達→安く，大量に輸送。③**モーダルシフト**（経費削減や環境に配慮）→荷物をトラックから鉄道・貨物船に積み替(か)える。

2 **世界の交通**…世界の大都市間は空路で結ばれ，旅客・貨物ともに航空輸送が増加。**時間距離**(きょり)の短縮が進む。

3 **日本の交通**…①**航空交通**→**成田国際空港**（日本最大の貿易港(2020年)）・関西国際空港などが中心。アジア各地の空港との間で**ハブ空港**（国際線の乗り換えの拠点）をめぐる競争が激化。最多旅客国内空路は札幌(さっぽろ)（新千歳空港）と東京（羽田）間。
②**陸上交通**→新幹線や高速道路網の整備が進み，インターチェンジ付近に工場が移転するなど地域変化（高速道路沿いへの工業団地や流通センターの立地など）が見られる。
③**国内輸送量**→旅客・貨物ともに**自動車**輸送の割合が高い。

2 世界と日本の通信と貿易 ☆

参考 環(かん)太平洋経済連携協定（**TPP**）を結び，自由貿易を目ざす動きがある。

発展 **南北問題**→先進国と発展途上国間の経済格差から生じる問題。**南南問題**→発展途上国間の経済格差から生じる問題。

1 **通信技術の進歩**…①**情報通信技術**（ICT）（シリコンバレーやインドのベンガルールで発達）と，携帯(けいたい)電話やパソコンなどの通信機器の進歩←通信衛星や海底ケーブルを経由。
②インターネット（時間や距離に関係なく瞬時に情報交換が可能）→地域によっては**情報格差**（デジタルデバイド）が生じている。

2 **世界の貿易**…**先進国と発展途(と)上(じょう)国間**→発展途上国はおもに原料，食料を輸出。NIES(ニーズ)などは製品の輸出が増加。先進国は工業製品を輸出。

3 **世界の貿易の課題**…貿易摩擦(まさつ)解消，自由貿易促進（ＷＴＯ（世界貿易機関，1995年発足）により自由貿易を促進），**南北問題**など。

4 **日本の貿易**…①**加工貿易**→近年は機械類などの製品輸入が増加。
②**貿易品目**→輸出品は機械類・自動車など。輸入品は**機械類**・石油・液化ガス・衣類・医薬品など。③**貿易相手国**（アメリカ合衆国・韓国・オーストラリアなども重要な貿易相手国）→最大の輸出相手国，輸入相手国はともに**中国**（2020年）。

すいすい暗記	オースから	東炭西鉄(とうたんせいてつ)	日本(にほん)へと
	オーストラリア	東部＝石炭，西部＝鉄鉱石	日本へ輸出

3 日本の地域区分 ☆

● **都道府県と地域区分**…１都１道２府43県（47都道府県のうち，内陸県は８県）。北海道，東北，関東，中部（北から，北陸・中央高地・東海に細かく区分），近畿，中国・四国（北から，山陰・瀬戸内・南四国に細かく区分），九州の７地方区分。

・コレ重要・

☞軽量・高価なICや生鮮品は**航空輸送**，原料・燃料や重量物は**海上輸送**が中心。
☞現代はコンピュータや**インターネット**などの**情報通信技術**（ICT）が発達している。

合格アドバイス

① 日本の国内輸送は旅客・貨物ともに自動車が多いことを把握しよう。
② 日本の貿易が加工貿易から製品輸入へと変化したことを理解しよう。
③ 現在の日本の貿易相手国・輸出入品目の内容についておさえよう。

日本の新幹線とおもな高速道路と空港

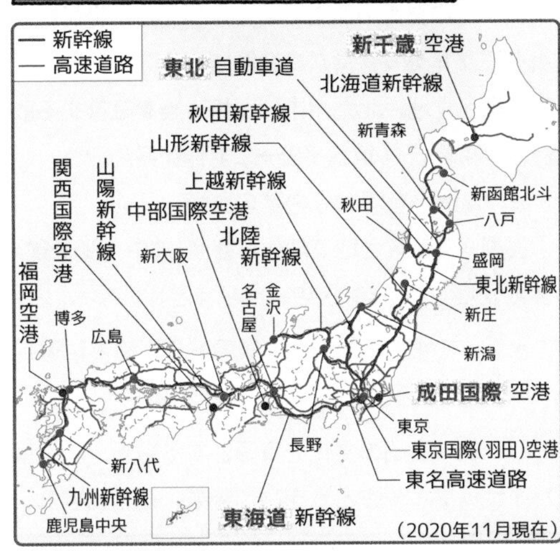

日本の国内輸送の変化の割合

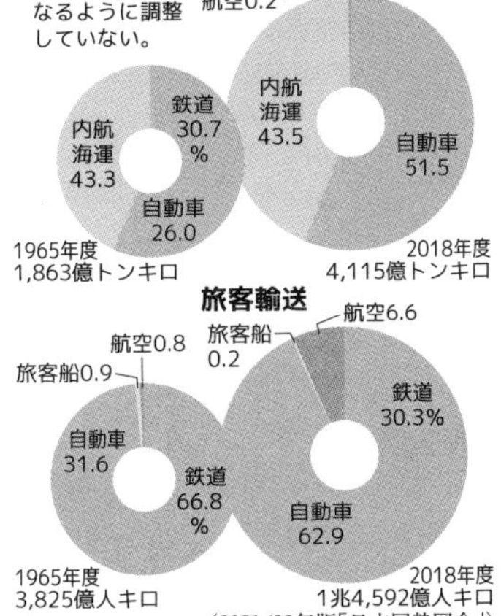

(2021/22年版「日本国勢図会」)

日本のおもな輸入品の相手国

石油 1億4,603万kL	サウジアラビア 40.1%	アラブ首長国連邦 31.5	クウェート9.0	その他19.4
石炭 1億7,373万t	オーストラリア 59.6%	インドネシア 15.9	ロシア12.5	その他12.0
鉄鉱石 9,944万t	オーストラリア 57.9%	ブラジル 26.9	カナダ6.0	その他9.2
小麦 537万t	アメリカ合衆国 49.0%	カナダ 36.1	オーストラリア 14.8	その他 0.1

(2020年)

(2021/22年版「日本国勢図会」)

日本の貿易

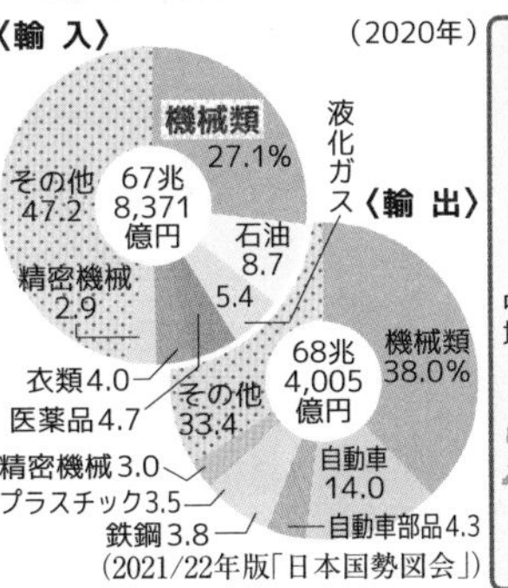

(2021/22年版「日本国勢図会」)

日本の地域区分

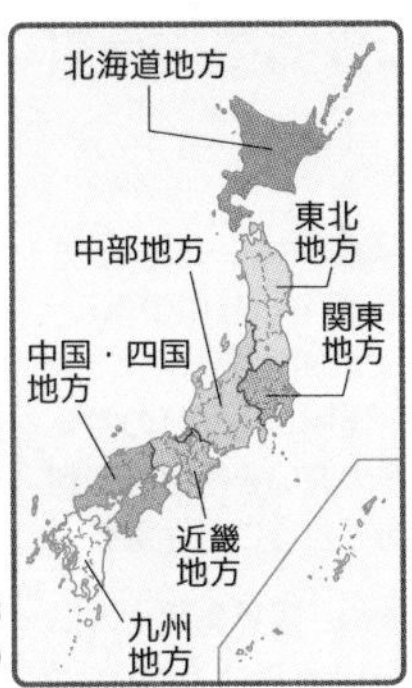

入試直前チェック

- □ 1．日本の貿易港の中で，輸出入総額が最大の港は。
- □ 2．電話回線などを利用して世界各地と情報交換ができるコンピュータネットワークをカタカナで何といいますか。
- □ 3．輸入した原料で工業製品をつくって輸出する貿易は。
- □ 4．日本とアメリカ合衆国が自動車の貿易をめぐって対立したことを何といいますか。
- □ 5．世界貿易機関の略称は何ですか。

解答

1．成田国際空港
2．インターネット
3．加工貿易
4．貿易摩擦
5．WTO

月　日

九州，中国・四国地方

1 九州地方 ☆☆☆

参考　地方中枢都市→国の行政機関や企業の支社・支店が多く立地する地方中心都市。福岡市・広島市・仙台市・札幌市など。

注意　カルデラは噴火や陥没でできた大きなくぼ地。阿蘇山のカルデラは世界最大級。

発展　持続可能な社会→自然環境と開発を共存できるものとし，環境に配慮した開発を目ざす。

❶ **九州の位置と自然**…大陸文化の窓口。福岡市は九州の地方中枢都市。多くの火山→**地熱**発電・温泉。噴火に備えた防災対策。
（地熱→大分県九重町の八丁原発電所が有名）

❷ **北九州**…①**北九州工業地域**→官営八幡製鉄所から発達。近年は自動車工場やIC工場が立地。北九州市は環境汚染を改善する取り組み（**エコタウン**事業）。②**筑紫平野**→**二毛作**が盛ん。③**漁業**→東シナ海の漁業。有明海で**のり**の養殖。
（立地→シリコンアイランドとよばれる）
（エコタウン→「持続可能な社会」を実現するため）
（二毛作→夏は米。裏作として麦類）
（東シナ海→大陸棚が広がる）

❸ **中・南九州**…①**農業**→**シラス台地**で畑作と**畜産**（肉牛・豚・鶏）。
（畑作→さつまいもや茶）
宮崎平野の**促成栽培**（ピーマン・きゅうりなど）。
（促成栽培→温室などを利用して早期栽培し，市場にあまり出回っていない時期に出荷）
②**工業**→かつて水俣市で水俣病が発生→**環境モデル都市**に選定され，「もやい直し」の活動を行う。
（水俣病→化学工場の有機水銀が原因）
（もやい直し→水俣病に向き合い，人と人の関係をつなぎ直すこと）
③**沖縄**→**さんご礁**や琉球王国の文化を資源とする観光。米軍基地が多い。パイナップルやさとうきび，野菜，花の栽培。
（米軍基地→本島の約20%）

すいすい暗記	阿蘇噴火	霧島の	桜に	雲かかる
	阿蘇山	霧島山	桜島	雲仙岳

2 中国・四国地方 ☆☆

注意　中国・四国地方の瀬戸内（年中少雨），日本海側（冬降雨），太平洋側（夏多雨）の各気候の違いを雨温図で判別できることが重要。

発展　限界集落→人口の50％以上が65歳以上の高齢者で，やがて消滅に向かうおそれのある集落。

❶ **瀬戸内**…年中少雨→中国山地と四国山地が季節風をさえぎるため。広島市は地方中枢都市・平和記念都市。
①**瀬戸内工業地域**→水島コンビナート（石油化学・鉄鋼），福山市（鉄鋼），広島市（自動車）など，重化学工業を中心に発達。
②**農業**→岡山県でぶどう，広島県でレモン，愛媛県で**みかん**の栽培。讃岐平野は干害対策で**ため池**の多い地域。
③**漁業**→養殖（広島県のかき，愛媛県の真珠・たい）が盛ん。
④**交通**→**本州四国連絡橋**と高速道路の整備で便利になった反面，人口流出が加速（**ストロー現象**）。
（本州四国連絡橋→本州と四国を結ぶ3つのルート。瀬戸内海をこえて通勤・通学する人も増加）
（ストロー現象→交通網の発達によって，より大きな都市に人口が流出する現象）

❷ **山　陰**…冬は雨や雪が多い。砂丘の開発→らっきょうやメロン栽培。中国自動車道沿いに工業団地が立地。人口流出による**過疎化**の進行→町おこし・村おこしで活性化。
（町おこし・村おこし→島根県松江市でプログラミング言語「ルビー」の開発者による情報産業など）

❸ **南四国**…温暖な気候。険しい四国山地。高知平野の**促成栽培**。
（促成栽培→なす・ピーマン）

・コレ重要・
☞環境保全の取り組み→環境モデル都市（北九州市・水俣市）のエコタウン事業。
☞中国・四国地方の山間部や離島→深刻な高齢化・過疎化の進行。

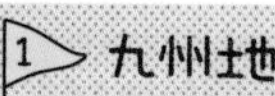

合格アドバイス

① 九州の農業→北部は筑紫(つくし)平野の稲作，南部はシラス台地の畑作・畜産が特色。
② 北九州工業地域の歩みと，IC・自動車工場の進出についての理解が大切。
③ 中国・四国地方の３地域の特色，本州四国連絡橋の開通の影響(えいきょう)について把握(はあく)。

九州地方の自然と産業

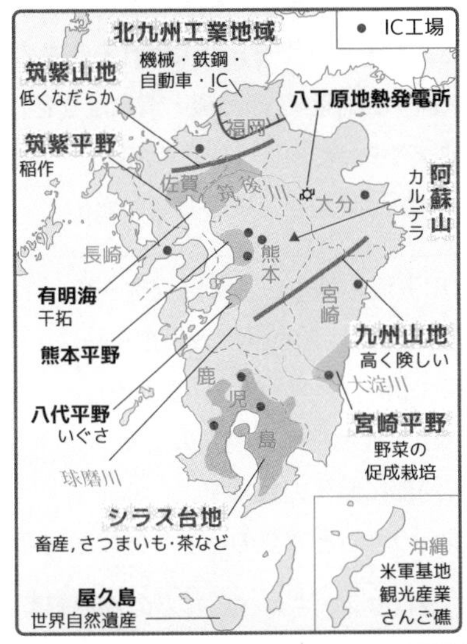

中国・四国地方の自然と産業

北九州・瀬戸内工業地域の出荷額

▶**北九州工業地域** 10.3兆円（福岡県）

	金属	機械	化学	食料品	その他
北九州工業地域	16.5%	46.3	6.1	16.9	14.2
瀬戸内工業地域	18.8%	34.7	23.1	7.6	15.8

▶**瀬戸内工業地域** 32.3兆円（岡山・広島・山口・香川・愛媛県）

（2018年）（2021/22年版「日本国勢図会」）

干拓と埋め立ての違い

▶**干　拓**

しめきり堤防　干潮のときに水門を閉め，残った水を排出する

▶**埋め立て**

入試直前チェック

□ 1．南九州に広く分布する火山灰土の台地を何といいますか。
□ 2．火山周辺で行われる自然エネルギーによる発電は。
□ 3．宮崎・高知平野で盛んに行われている，温暖な気候を利用した野菜などの栽培方法は何ですか。
□ 4．北九州市や広島市のような，その地方の政治・経済の中心都市を何といいますか。
□ 5．愛媛県など瀬戸内地域で栽培が盛んな果物は何ですか。
□ 6．人口が流出し，社会生活の維持(いじ)が困難となる状態は。
□ 7．水島コンビナートを中心とした重化学工業地域は。

解答

1．シラス台地
2．地熱発電
3．促成栽培
4．地方中枢都市
5．みかん
6．過疎（化）
7．瀬戸内工業地域

月　日

近畿，中部，関東地方

1 近畿地方

☆☆☆

発展 近畿地方には，法隆寺や姫路城など，6件が**世界文化遺産**に登録されており，観光資源となっている。

1 **中央部**…低地に平野・盆地が散在。**琵琶湖**は日本最大の湖。
①**阪神工業地帯**→戦前から繊維工業が発達。戦後は重化学工業で発展。②**大阪**（梅田などのターミナル駅で開発が進む）→江戸時代は「**天下の台所**」とよばれる商業の中心。現在は卸売業。③**京都**→伝統産業（西陣織・清水焼など）。

2 **北　部**…冬多雪。丹波高地→肉牛。若狭湾→**リアス海岸**。

3 **南　部**…紀伊山地→林業。**みかん**（生産量全国一（2019年））やかき，梅の栽培が盛ん。

2 中部地方

☆☆☆

注意 **渥美半島**では，温室を利用した電照菊やメロンの**施設園芸農業**が盛ん。

参考 **地場産業**→鯖江市の眼鏡フレーム，燕市の洋食器。**伝統産業**→九谷焼，輪島塗。

1 **東海地方**…**濃尾平野**（西部は低湿地で稲作。東部は台地で畑作）→木曽川下流の**輪中**。牧ノ原周辺→**茶**。
①**中京工業地帯**（日本最大の出荷額）→**自動車**（豊田市），石油化学（四日市市）。
②**東海工業地域**→二輪車（オートバイ）（浜松市），紙・パルプ（富士市）。

2 **北陸地方**（冬は多雪）…①**越後平野**→水田単作地帯で**銘柄米**の生産。
②伝統工業と地場産業。臨海部に原子力発電所。

3 **中央高地**（日本アルプス（飛驒・木曽・赤石山脈）がある）…①八ケ岳や浅間山のふもとで夏の冷涼な気候を利用した**抑制栽培**（**高冷地農業**）→レタス・キャベツなどの**高原野菜**の栽培。長野盆地（扇状地に果樹園）のりんご，**甲府盆地**（扇状地）のぶどう・もも。②**諏訪盆地**→戦前は製糸業，戦後は精密機械工業，近年は電子部品工業。

3 関東地方

☆☆☆

参考 首都「東京」は23の特別区からなる。特別区の人口は約967万人（2020年）。東京の中心部は郊外からの通勤・通学者が多く，**昼間人口が夜間人口より多い**。筑波研究学園都市は首都機能の郊外への移転の例。

1 **関東地方の自然**…日本最大の**関東平野**。火山灰が堆積した赤土（**関東ローム**）の台地。流域面積日本最大の利根川。

2 **首都「東京」**…政治・経済の中心で人口・産業が集中→**一極集中**。

3 **関東地方の工業**…①**臨海部**→**京浜工業地帯**（川崎市（鉄鋼），横浜市（自動車））（機械工業の割合が高く，印刷業が盛ん），**京葉工業地域**（市原市（石油化学工業），君津市（鉄鋼業））（化学工業の割合が高い），鹿島臨海工業地域。②**内陸部**→**北関東工業地域**（電気機器や自動車の組み立て工場が多い。太田市（自動車）など）（機械工業の割合が高い，**工業団地**を形成）。

4 **関東平野の農業**…①**近郊農業**→新鮮な野菜を首都圏に出荷。
②嬬恋村（群馬県）の**高原野菜**（キャベツやレタスなど）の**輸送園芸農業**。

> **すいすい暗記**　関東は（関東地方）　冬はカラカラ（からっ風（北西季節風））　夏ムシムシ（蒸し暑い）

コレ重要

☞阪神・中京・京浜工業地帯は，日本の代表的な工業地帯である。

☞3大都市圏の大都市周辺では近郊農業が盛ん→都市向けの野菜・草花を栽培。

① 阪神・中京・京浜の各工業地帯の出荷額（しゅっかがく）・特色・中心都市などは重要。
② 東海・中央高地・北陸の３地域の産業については自然条件と関連させて把握（はあく）。
③ 首都「東京」の人口の動きや一極集中の問題点を把握しよう。

近畿地方の自然と産業

中部地方の自然と産業

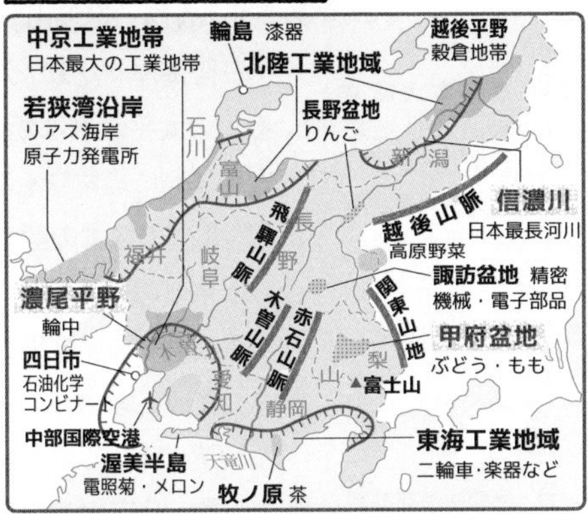

関東地方の自然と産業

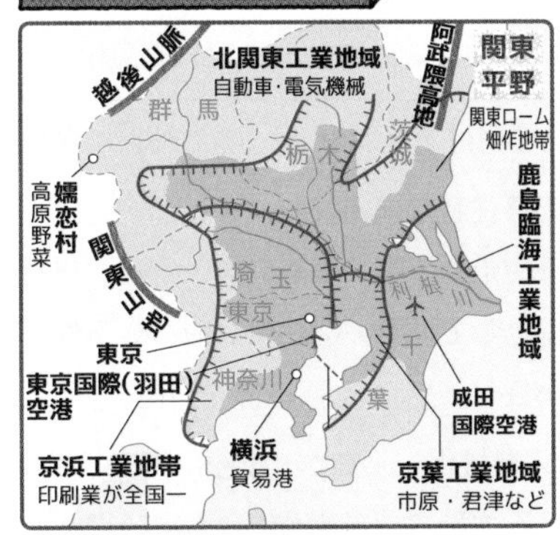

３大工業地帯の特色と出荷額の割合

▶金属工業が目立つ阪神工業地帯（大阪府・兵庫県）

金属 20.9%｜機械 37.7（24.9―輸送用機械※）｜化学 16.8｜食料品 10.9｜繊維 1.3｜その他 12.4

（工業製品出荷額 34.5兆円）

▶機械工業が多い中京工業地帯（愛知県・三重県）

9.6 %｜69.1（70.9※）｜6.4｜4.6｜0.7｜9.6

（60.2兆円）

▶機械工業が多い京浜工業地帯（東京都・神奈川県・埼玉県）

10.2 %｜45.6（44.3※）｜16.0｜12.6｜0.5｜15.1

（40.8兆円）

※機械工業の中で占める割合（2018年）（2021/22年版「日本国勢図会」）

入試直前チェック

問題	解答
□ 1．大阪湾の泉州沖にある24時間利用できる空港は。	1．関西国際空港
□ 2．飛驒（ひだ）・木曽・赤石山脈をまとめて何といいますか。	2．日本アルプス
□ 3．輪中が見られ，木曽川などが流れる平野はどこですか。	3．濃尾平野
□ 4．渥美半島で行われている温室を利用した農業は。	4．施設園芸農業
□ 5．牧ノ原台地でおもに栽培されている農作物は何ですか。	5．茶
□ 6．中京工業地帯で出荷額の約70%（2018年）を占（し）める工業は何ですか。	6．機械工業
□ 7．諏訪盆地で近年盛んになった工業は何ですか。	7．電子部品工業
□ 8．関東平野に分布している火山灰の赤土を何といいますか。	8．関東ローム
□ 9．大都市周辺で都市向けの野菜などを生産する園芸農業は。	9．近郊農業

月　日

東北，北海道地方

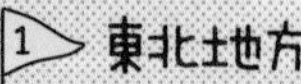

1 東北地方 ☆☆☆

発展 **東日本大震災**（2011年）→強い地震と巨大な津波が発生。**福島第一原子力発電所**で放射性物質がもれる深刻な事故がおきた。

参考 米の収穫量上位5道県は新潟，北海道，秋田，山形，宮城（2020年）。

発展 米の生産を抑制する減反政策は，2018年度に廃止された。

❶ **東北地方の位置**…「みちのく」。仙台市が東北の地方中枢都市。

❷ **東北の自然**…**奥羽山脈**など3列の山地と平野・盆地。
①**三陸海岸**→**リアス海岸**。良港となるが津波の被害は大きくなる。②太平洋側は**親潮**（**千島海流**）のため冷涼→**やませ**（東北の太平洋側に夏に吹く冷たく湿った北東の風）による**冷害**。
（対策→品種改良（耐寒品種）や栽培技術の改良）

❸ **農　業**…①**日本の穀倉地帯**→秋田・庄内・仙台平野は水田単作。米余りの対策として**減反**や転作，**銘柄米**の生産。（八郎潟干拓地）
②**果樹栽培**→津軽平野のりんご，山形盆地のさくらんぼ。

❹ **漁　業**…三陸沖の暖流と寒流がぶつかる**潮目（潮境）**は好漁場。**養殖業**→ほたて貝（陸奥湾），かき・わかめ（松島湾）。

❺ **工　業**…IC工場や自動車工場が**東北自動車道**沿いに進出。（工業団地が造られる）**伝統産業**→南部鉄器（盛岡市）・津軽塗（弘前市）・天童将棋駒（天童市）。

❻ **伝統文化**…祭りなど伝統行事や歴史的町並みの観光資源化。（仙台の七夕まつり・青森のねぶた祭・秋田の竿燈まつりなど）

2 北海道地方 ☆☆☆

発展 北海道の人口525万人の1/3が地方中枢都市である札幌市（197万人）に**一極集中**している（2019年）。

参考 北海道の農家の1戸あたりの耕地面積は全国の10倍以上ある。

注意 北海道の工業の特色→地域の資源と結びついて発展したため，工業都市が分散。特に**食料品工業**の割合が高い。

❶ **北海道の歩み**…**蝦夷地**→先住民は**アイヌ**民族。明治時代に**開拓使**・**屯田兵**，のちに一般の移住者が開拓。
（九州の約2倍，四国の約4倍の面積。新千歳空港は空の玄関口）

❷ **北海道の自然**…①石狩平野や十勝平野，多くの火山，**世界自然遺産**（知床）などを**観光資源**として開発。（グリーンツーリズムやエコツーリズムが発達）②冷帯（亜寒帯）気候。**梅雨**がない。夏は**濃霧**が発生，冬は**流氷**が接近。**利雪**の試み。（ロードヒーティングなどの工夫）
（千島海流の影響により太平洋側で発生）（オホーツク海沿岸）（降雪をエネルギーや観光に利用する）

❸ **農　業**…大規模経営・農業の機械化。①**畑作**→**十勝平野**で豆類・じゃがいも・たまねぎ・てんさいなどを**輪作**。②**稲作**→**客土**による土地改良が行われた**石狩平野**，上川盆地で盛ん。③**酪農**→**根釧台地**での乳牛の飼育とバター・チーズの加工。
（「日本の食料基地」といわれる）（火山灰土）（ビート・さとうだいこんともいわれる）

❹ **工　業**…苫小牧市→製紙，室蘭市→鉄鋼，根室市→水産加工。

❺ **漁　業**…漁獲量全国1位。（2019年）かつて**北洋漁業**が盛ん→排他的経済水域で制約→現在は養殖業（ほたて貝・こんぶ）や栽培漁業（さけ）。

すいすい暗記
石狩は　大胆　客土で　土地改良
石狩平野　泥炭地　農業に適した土を他の場所から運びこむ

・コレ重要・
☞農業→東北は日本の穀倉地帯，果樹栽培・漁業も盛ん。北海道は畑作・稲作・酪農が盛ん。
☞工業→東北は伝統産業とIC・自動車工場の進出。北海道は道内資源と関連した工業が盛ん。

合格アドバイス

① 東北の漁業はリアス海岸(=良港)と寒・暖流がぶつかる潮目の存在で発達。
② 北海道の農業は十勝平野の畑作，石狩平野の稲作，根釧台地の酪農が重要。
③ 東北は伝統文化・行事を活用した観光，北海道は自然を活用した観光が盛ん。

東北地方の自然と産業

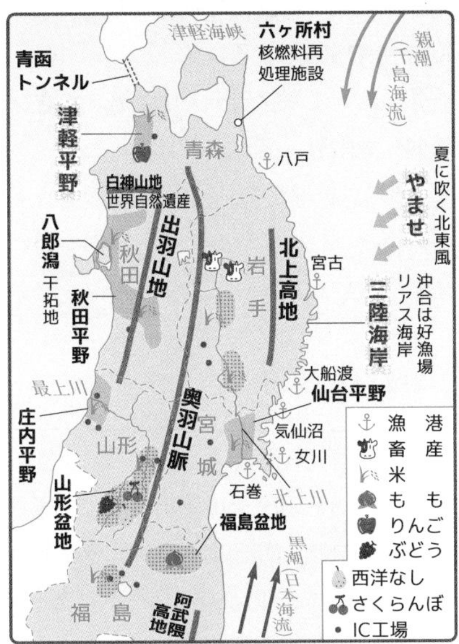

北海道地方の自然と産業

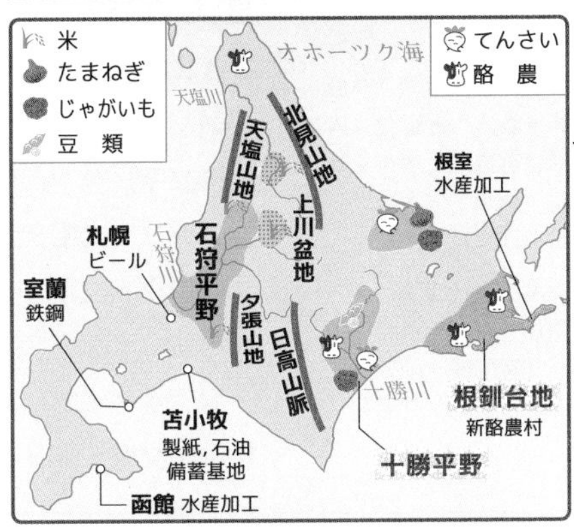

北海道が生産量日本一の農畜産物

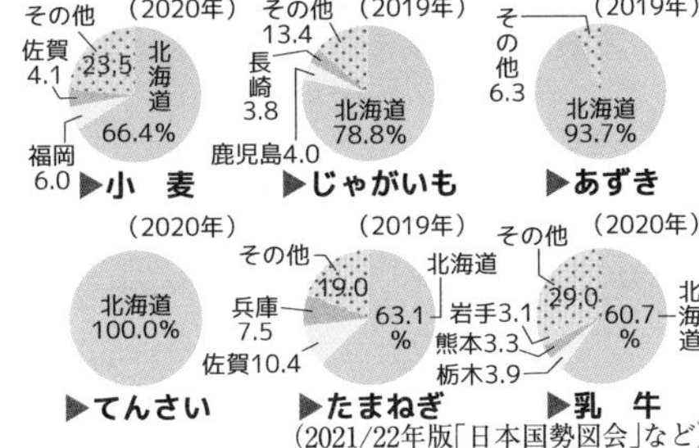

(2021/22年版「日本国勢図会」など)

日本の世界自然遺産の登録地

知床，白神山地，小笠原諸島，屋久島，奄美大島・徳之島・沖縄島北部および西表島の5か所(2021年8月現在)→p.49。

入試直前チェック

□ 1．東北地方の中央部にある日本で最長の山脈は何ですか。
□ 2．青森県と秋田県にまたがる世界自然遺産は何ですか。
□ 3．東北地方の太平洋側に冷害をもたらす北東風は。
□ 4．最上川の下流に広がる，穀倉地帯でもある平野は。
□ 5．青森県が全国生産の5割以上を占(し)めている果樹は。
□ 6．北海道の空の玄関(げんかん)とよばれている空港は。
□ 7．ビール工業が有名な北海道の地方中枢都市は。
□ 8．北海道などの雪国で導入されている，地中に埋(う)めこんだ温熱パイプなどの熱で雪をとかすしくみは。
□ 9．石狩平野で行われた土地改良を何といいますか。
□ 10．北海道の生産割合が100%の砂糖の原料となる作物は。

解答

1．奥羽山脈
2．白神山地
3．やませ
4．庄内平野
5．りんご
6．新千歳(ちとせ)空港
7．札幌市
8．ロードヒーティング
9．客土
10．てんさい

月　日

人類の出現と日本のあけぼの

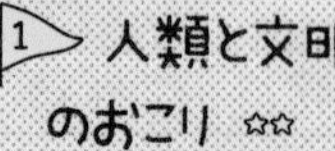

1 人類と文明のおこり ☆☆

注意　人類は猿人→原人→**新人**へと進化。人類は直立二足歩行を行い，道具・火・言葉を使うようになった。

参考　古代文明は大河流域で発達→農耕開始→文字形成→国家形成という流れが共通。

❶ **人類の誕生**…①**猿人**（えんじん）→最古の人類。約700万年前にアフリカに出現。②**新人**（ホモ・サピエンス）→約20万年前に出現。（新人→現生人類）

❷ **古代文明のおこり**（前3000年～前1500年ごろ）

①**メソポタミア文明**→チグリス・ユーフラテス川流域。**くさび形文字**，ハンムラビ法典，太陰暦（たいいんれき），60進法。

②**エジプト文明**→ナイル川流域。**象形文字**（しょうけい），**太陽暦**（れき），ピラミッド。

③**インダス文明**→インダス川流域。インダス文字，モヘンジョ・ダロの遺跡（いせき）。

④**中国文明**→黄河（こうが／ホワンホー）・長江（ちょうこう／チャンチアン）流域。殷（いん）—**甲骨文字**（こうこつ），青銅器の使用。（甲骨文字→現在の漢字のもと）

2 世界の古代文明・宗教 ☆☆☆

発展　**仏教**→東南・東アジアに伝来。**キリスト教**→4世紀末にローマ国教となり，ヨーロッパで勢力拡大。**イスラム教**→西アジア～北アフリカに広まった。

❶ **中　国**…①前6世紀ごろ，**孔子**（こうし）が儒学（**儒教**）を説く。②前3世紀，**秦**（しん）の**始皇帝**（しこうてい）が中国統一。③**漢**（かん）の大帝国→**シルクロード**で交易。（始皇帝→遊牧民族の侵入を防ぐ万里の長城）（漢→武帝の時代）

❷ **朝鮮半島**…紀元前後，北部に高句麗（こうくり）。南部は小国が分立。

❸ **ヨーロッパ**…ギリシャ文明→アテネなどの都市国家（**ポリス**）で民主政。ローマ帝国→前1世紀ごろ，地中海地域を統一。（ギリシャ文明→パルテノン神殿，ギリシャ神話など）（ローマ帝国→水道や浴場・円形競技場，ローマ法など）

❹ **宗教のおこり**…①**仏教**→前5世紀ごろ，**シャカ（釈迦）**がインドで開く。②**キリスト教**→1世紀初め，**イエス**の教えをもとに成立。③**イスラム教**→7世紀初め，**ムハンマド**がメッカで開く。

> **すいすい暗記**
> 東西（とうざい）で　文化交流（ぶんかこうりゅう）　絹の道（きぬのみち）
> （東西→漢とローマ帝国）（絹の道→シルクロード）

3 日本のあけぼのと大和政権 ☆☆

参考　『後漢書（ごかんじょ）』は，倭（わ）の奴国（なこく）王が後漢の皇帝から**金印**を授けられたことを伝える→金印は江戸時代に志賀島（しかのしま）（福岡県）で発見。

❶ **旧石器時代**…**打製石器**，土器なし。**岩宿遺跡**（いわじゅく），採集・狩猟（しゅりょう）。（岩宿遺跡→日本の旧石器時代の存在を証明）

❷ **縄文時代**（じょうもん）…**縄文土器**，**たて穴**住居，**貝塚**（かいづか），**土偶**（どぐう），三内丸山遺跡（さんないまるやま）。（縄文時代→世界の古代文明発生のころ，日本は縄文時代）

❸ **弥生時代**（やよい）…**弥生土器**，**金属器**，**稲作**，**高床倉庫**（たかゆか），吉野ヶ里遺跡（よしのがり）。

❹ **小国分立時代**…3世紀に**邪馬台国**（やまたいこく）の**卑弥呼**（ひみこ）が30余国を従える。（小国分立時代→『漢書』地理志や『後漢書』東夷伝などに記録）（卑弥呼→魏志倭人伝に記述あり）

❺ **大和政権の成立**（やまと）…5世紀にほぼ統一。**大王**（おおきみ／だいおう）中心の連合政権。

①**古墳**（こふん）→**前方後円墳**（ぜんぽうこうえんふん）。②**大陸文化**→**渡来人**（とらいじん）が仏教・技術を伝える。（前方後円墳→大仙（仁徳陵）古墳が最大）

> **・コレ重要・**
> ☞日本は，旧石器時代→縄文時代→弥生時代→古墳時代と移り変わった。
> ☞古代文明は，メソポタミア・エジプト・インド・中国の大河流域で成立した。

合格アドバイス

① 人類の誕生，世界の古代文明，三大宗教の開祖と広がりなどを確認しよう。
② 旧石器・縄文・弥生文化の特色とおもな遺跡について比較し，把握しよう。
③ 日本の古代史は東アジア（中国や朝鮮）との関係で理解しておくこと。

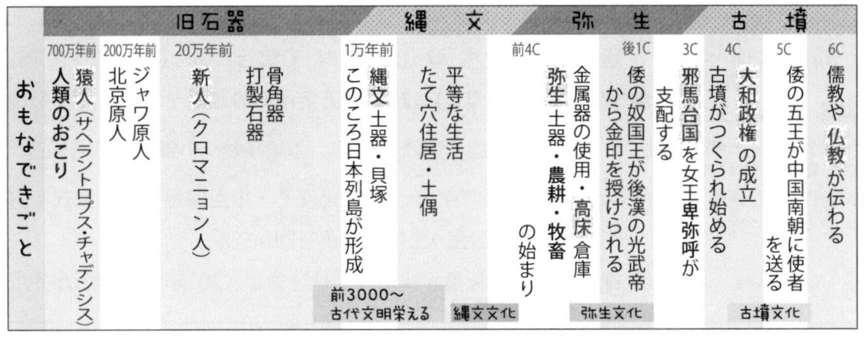

化石人骨の発見地域と古代文明

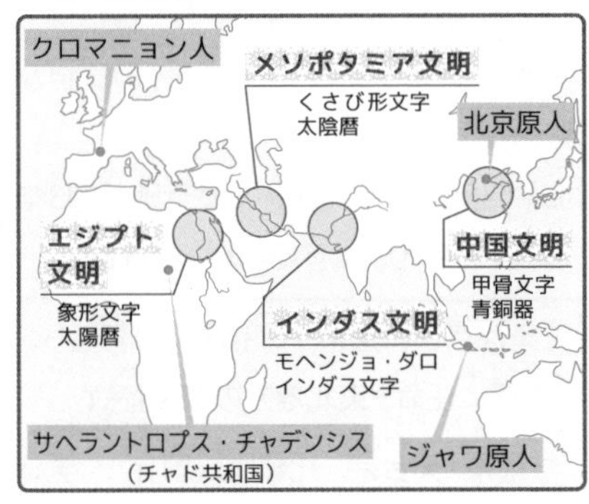

旧石器・縄文・弥生文化の遺跡

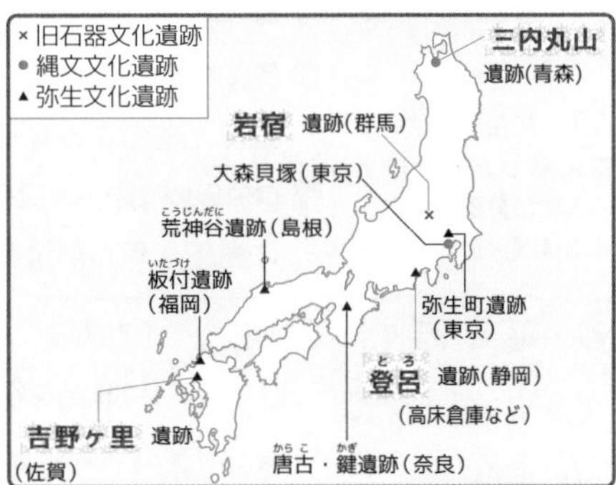

入試直前チェック

- □ 1．メソポタミア文明で使用された文字を何といいますか。
- □ 2．初めて中国を統一した王朝を何といいますか。
- □ 3．１世紀初め，イエスの教えをもとに成立した宗教は。
- □ 4．縄文時代から人々が住み始めた住居を何といいますか。
- □ 5．日本で稲作が行われ始めたのは何時代ですか。
- □ 6．５の時代に米などを蓄える（たくわ）ためにつくられた倉庫を何といいますか。
- □ 7．女王卑弥呼が支配した国を何といいますか。
- □ 8．７のことを書いた中国の文書は何ですか。
- □ 9．大仙（だいせん）（仁徳陵（にんとくりょう））古墳の形を何といいますか。
- □ 10．大和政権の長を何といいますか。
- □ 11．大陸から進んだ文化や技術を伝えた人々とは。

解答

1．くさび形文字
2．秦
3．キリスト教
4．たて穴住居
5．弥生時代
6．高床倉庫
7．邪馬台国
8．魏志倭人伝（ぎしわじんでん）
9．前方後円墳
10．大　王
11．渡来人

月　日

飛鳥・奈良・平安時代

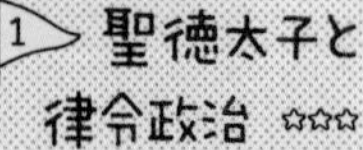

1 聖徳太子と律令政治 ☆☆☆

注意 **富本銭**→天武天皇の時代の日本初の銅銭。**和同開珎**→708年に発行された通貨。おもに平城京で流通。

❶ **中国の動き**…①589年，隋が統一。②618年，**唐**が統一→**律**(刑罰のきまり)と**令**(政治のきまり)で統治。都の**長安**は国際都市。

❷ **聖徳太子(厩戸皇子)の政治**…天皇中心の政治を目指す。①**冠位十二階**と**十七条の憲法**を制定。②**遣隋使**→**小野妹子**らを派遣。
（聖徳太子：女帝推古天皇の摂政／冠位十二階：家がらにかかわらず才能や功績のある人を登用／十七条の憲法：役人の心構え／遣隋使：中国の文化や制度を取り入れるため）

❸ **大化の改新**…①645年，**中大兄皇子**・**中臣鎌足**らが蘇我氏を打倒。②**公地・公民**→土地と人民を国が支配。
（中大兄皇子：のちの天智天皇／中臣鎌足：のちの藤原鎌足）

❹ **律令制**…**天武天皇**が律令づくりを命じ，701年**大宝律令**が完成。
（天武天皇：壬申の乱(大海人皇子と大友皇子の争い)で勝利）

2 奈良時代 ☆☆☆

発展 **鑑真**は唐招提寺を建立した。

参考 **班田収授法**→戸籍に基づき6歳以上の人に**口分田**を与え，死ねば国に返させる。

❶ **平城京**…710年，奈良に遷都→唐の**長安**にならった都城。

❷ **遣唐使**…阿倍仲麻呂ら。唐僧**鑑真**は遣唐使に伴われて来日。

❸ **聖武天皇**…**国分寺**・**国分尼寺**，**東大寺**を建立。**天平文化**。
（聖武天皇：仏教で国を守ろうとした／東大寺：行基の協力で大仏建立）

❹ **農民のくらし**…税(**租**・**調**・**庸**)，労役や兵役(**防人**など)の負担が重く，逃亡する者も出現。

❺ **口分田の不足**…人口の増加や自然災害のため→**開墾奨励**。743年に**墾田永年私財法**制定→貴族や寺社の私有地が増加→**荘園**へ。

3 平安時代 ☆☆☆

注意 **摂関政治**は，天皇が幼少・女性などのときは**摂政**，成人後は**関白**となって政治の実権を握ること。

参考 仮名文字の発達→女性の文学作品。**紫式部**の『**源氏物語**』，**清少納言**の『**枕草子**』。

❶ **平安京**…①794年，**桓武天皇**が京都に遷都→律令政治の再建へ。②坂上田村麻呂を**征夷大将軍**に任命→東北地方の**蝦夷**征討。③新仏教→唐から帰国した**最澄**(**天台宗**，比叡山延暦寺)，**空海**(**真言宗**，高野山金剛峯寺)。
（蝦夷：アテルイが指導者）

❷ **摂関政治**…**藤原氏**が権力を独占。11世紀の**道長**・**頼通**が全盛。国風文化が栄え，浄土信仰が広まる。**荘園制**→貴族・寺院の私有地。領主に与えられた特権→不輸の権・不入の権。
（不輸の権：国への税の免除／不入の権：国司の立ち入りを拒否できる）

❸ **武士のおこり**…有力農民・豪族が武装→武士団→**源氏**・**平氏**。

❹ **院政**…1086年，**白河上皇**が開始←藤原氏を抑えるため。

❺ **平氏の政権**…保元・平治の乱後，**平清盛**が太政大臣となる。

すいすい暗記　道真で（菅原道真）　白紙となった（894年）　遣唐使（遣唐使停止を進言）

コレ重要
- ☞聖徳太子の内政→冠位十二階・十七条の憲法，外政→遣隋使の派遣など。
- ☞荘園→口分田の不足による開墾の奨励から私有地が増加したことで発生した。

① 聖徳太子（厩戸皇子）の政治→大化の改新→律令制の確立までの流れが重要。
② 聖武・桓武天皇の政治と摂関政治，荘園の発生について確認しよう。
③ 武士のおこりと背景，地方武士の反乱と平定，院政の意味を理解しよう。

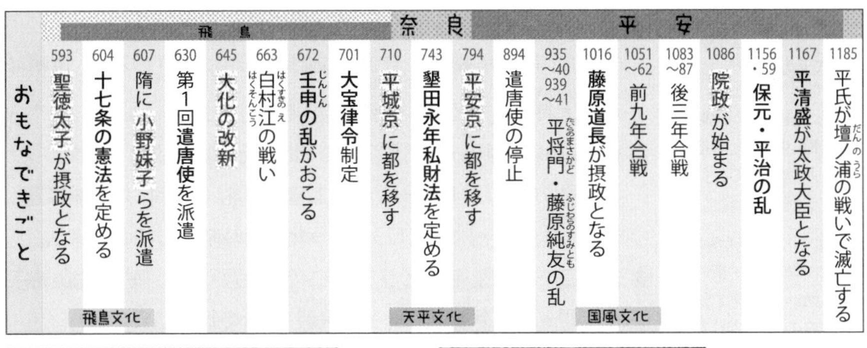

時代	年	おもなできごと	文化
飛鳥	593	聖徳太子が摂政となる	飛鳥文化
	604	十七条の憲法を定める	
	607	隋に小野妹子らを派遣	
	630	第1回遣唐使を派遣	
	645	大化の改新	
	663	白村江の戦い	
	672	壬申の乱がおこる	
	701	大宝律令制定	
奈良	710	平城京に都を移す	天平文化
	743	墾田永年私財法を定める	
平安	794	平安京に都を移す	
	894	遣唐使の停止	
	935～40 939～41	平将門・藤原純友の乱	
	1016	藤原道長が摂政となる	国風文化
	1051～62	前九年合戦	
	1083～87	後三年合戦	
	1086	院政が始まる	
	1156・59	保元・平治の乱	
	1167	平清盛が太政大臣となる	
	1185	平氏が壇ノ浦の戦いで滅亡する	

律令政治のしくみ（二官八省）

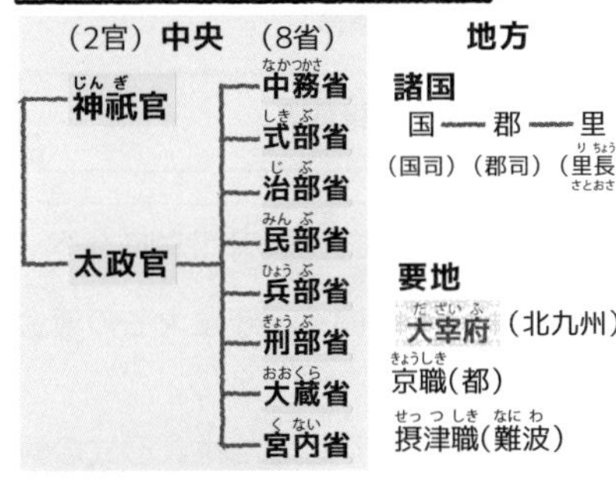

奈良時代の農民の負担

税

租　収穫量の約3％の稲
調　地方の特産物 ｝都（九州は大宰府）
庸　労役の代納物 ｝まで運ぶ

労役・兵役

雑徭　国司のもとで1年に60日以内の労働
兵士　兵士の訓練
衛士　1年間都の警備
防人　3年間九州北部の警備

古代の文化

飛鳥文化（聖徳太子）
法隆寺（金堂・五重塔，釈迦三尊像，玉虫厨子）

天平文化（聖武天皇）
東大寺，正倉院，『古事記』『日本書紀』，『万葉集』

国風文化（貴族文化）
寝殿造，『古今和歌集』，『源氏物語』，『枕草子』

入試直前チェック

☐ 1．聖徳太子が家がらにかかわらず有能な人を役人に登用した制度を何といいますか。
☐ 2．律令づくりを命じた天皇はだれですか。
☐ 3．701年に制定された初めての本格的な律令は何ですか。
☐ 4．国分寺・国分尼寺の建立を命じた天皇はだれですか。
☐ 5．新しく開墾した土地の永久私有を認めた法律は何ですか。
☐ 6．藤原道長らが娘を天皇のきさきにして行った政治は。
☐ 7．遣唐使の停止を進言したのはだれですか。
☐ 8．白河上皇が行った政治を何といいますか。

解答

1．冠位十二階（の制度）
2．天武天皇
3．大宝律令
4．聖武天皇
5．墾田永年私財法
6．摂関政治
7．菅原道真
8．院　政

月　日

鎌倉・室町時代

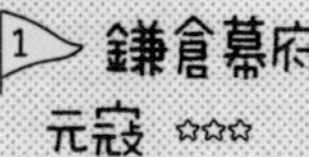

1 鎌倉幕府と元寇 ☆☆☆

注意 鎌倉初期は**朝廷**—**国司**（京都）と**幕府**—**御家人**（鎌倉）の公武の二重支配であった。

発展 元の集団戦法と火薬に苦しんだ幕府は，次の戦いに備えて博多湾に石の壁（防塁）を築かせた。

参考 御家人の窮乏→元寇の出兵費用，不十分な恩賞と分割相続などが原因。

1. **鎌倉幕府の成立**…1185年，壇ノ浦の戦いで平氏滅亡。
①1185年，源頼朝が**守護**（→国に置く）・**地頭**（→荘園・公領に置く）を設置。②1192年，頼朝は征夷大将軍となる。③**封建制度**（御恩と奉公）。
2. **執権政治**…源氏は3代で滅亡→**北条氏**が執権政治を展開。
①**承久の乱**（1221年）→後鳥羽上皇は敗北。京都に**六波羅探題**（→朝廷の監視）。
②**御成敗（貞永）式目**（1232年）→**北条泰時**制定の初の武家法。
3. **元　寇**…元の皇帝**フビライ=ハン**の朝貢要求を，執権**北条時宗**が無視→元・高麗軍の博多湾来襲（**文永の役**・**弘安の役**）。
4. **幕府の滅亡**…御家人の窮乏→救済策として**徳政令**→経済の混乱→1333年，**後醍醐天皇**が足利尊氏らと倒幕。

すいすい暗記
禅・**法華経**・**念仏**広まる　**鎌倉期**
禅宗　日蓮宗　浄土宗・浄土真宗・時宗

2 南北朝の動乱と室町幕府 ☆☆☆

参考 **南北朝時代**は，後醍醐天皇による南朝（吉野）と，足利尊氏が天皇を立ててつくった北朝（京都）が対立した約60年間。

注意 **下剋上**の風潮により，守護大名の家来や有力な武士が守護大名を倒し，領国を支配した。

1. **建武の新政**…後醍醐天皇の政治は2年で失敗→南北朝時代へ。（→足利義満が統一）
2. **室町幕府**…1338年，**足利尊氏**が京都に開く。守護大名の連合政権。（南北朝時代に守護が守護大名に成長）将軍の補佐役に**管領**を設置。
3. **日明（勘合）貿易**…**足利義満**が明との間で始めた朝貢（→家臣の立場）形式の貿易。**倭寇**（→大陸沿岸で海賊行為）と区別するために勘合を用いる。
4. **産業の発達**…堆肥の利用や**二毛作**（麻，桑，茶など），商品作物の栽培，手工業（西陣の絹織物など）。
5. **庶民の成長**…定期市・**座**（→同業者組合）・問・土倉の発達。堺は自治都市。
6. **農民の団結**…**惣**とよばれる自治組織→寄合→土一揆・国一揆。
7. **応仁の乱**（→1467～77年）…将軍**足利義政**のあとつぎ問題など→全国へ拡大。
8. **幕府の衰退**…下剋上の風潮→**戦国大名**の出現→**分国法**の制定。（各地の戦国大名が独自に定めた法律）

3 東アジア世界の形成 ☆☆

1. **中　国**…モンゴル民族の元が衰え，漢民族が**明**を建国（1368年）。
2. **朝鮮国**…14世紀末，李成桂が高麗を倒し建国。ハングル文字。
3. **琉球王国**…15世紀，尚氏が沖縄本島を統一し建国。中継貿易。
4. **蝦夷地**…十三湊（青森県）などで和人が**アイヌ**民族と交易。

コレ重要
☞鎌倉幕府→源頼朝，封建制度，執権，御成敗（貞永）式目。元寇で財政が窮乏。
☞室町幕府→足利尊氏，管領，日明（勘合）貿易。応仁の乱後は戦国時代へ。

合格アドバイス

① 鎌倉幕府(執権)と室町幕府(管領)のしくみについて理解しよう。
② 鎌倉時代は農業などの諸産業が発達し，室町時代は土一揆などが発生した。
③ 鎌倉文化は武家・公家(くげ)の両文化が並立，室町文化は両者が融合した。

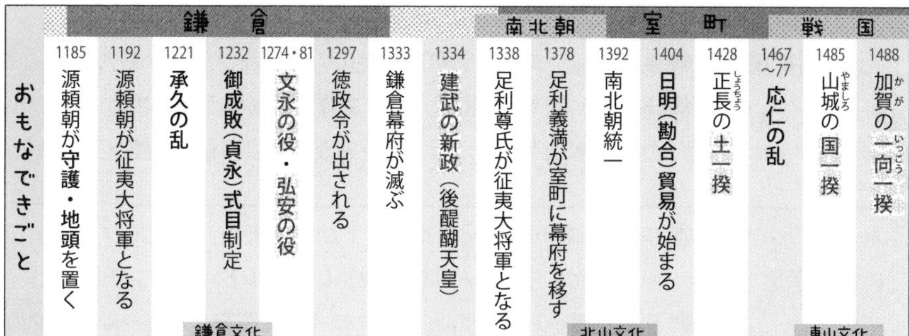

時代	年	おもなできごと
鎌倉	1185	源頼朝が守護・地頭を置く
	1192	源頼朝が征夷大将軍となる
	1221	承久の乱
	1232	御成敗(貞永)式目制定
	1274・81	文永の役・弘安の役
	1297	徳政令が出される
	1333	鎌倉幕府が滅ぶ
	1334	建武の新政(後醍醐天皇)
南北朝・室町	1338	足利尊氏が征夷大将軍となる
	1378	足利義満が室町に幕府を移す
	1392	南北朝統一
	1404	日明(勘合)貿易が始まる
	1428	正長(しょうちょう)の土一揆
戦国	1467〜77	応仁の乱
	1485	山城(やましろ)の国一揆
	1488	加賀(かが)の一向(いっこう)一揆

鎌倉文化　北山文化　東山文化

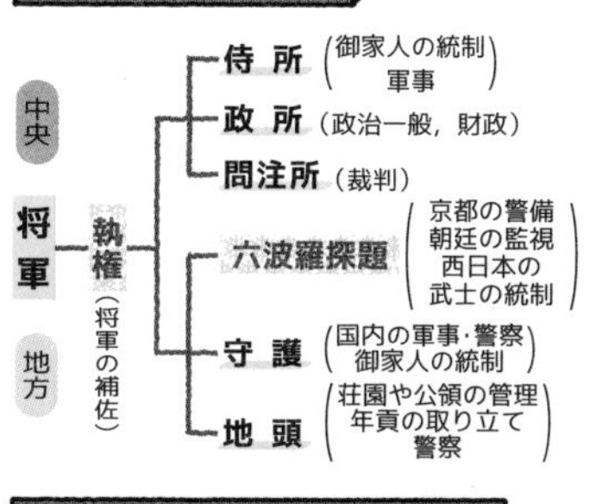

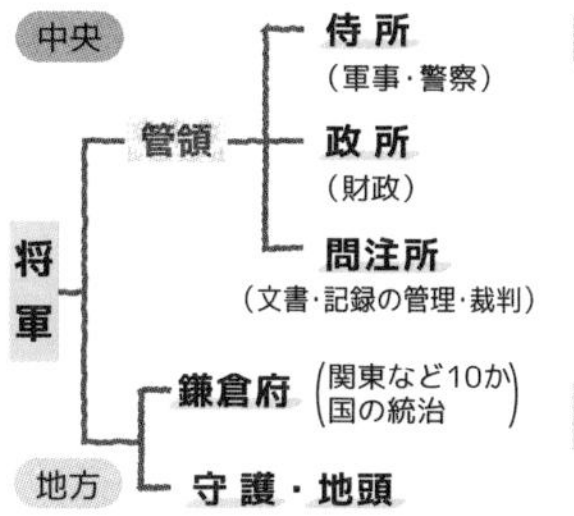

封建制度(鎌倉時代)

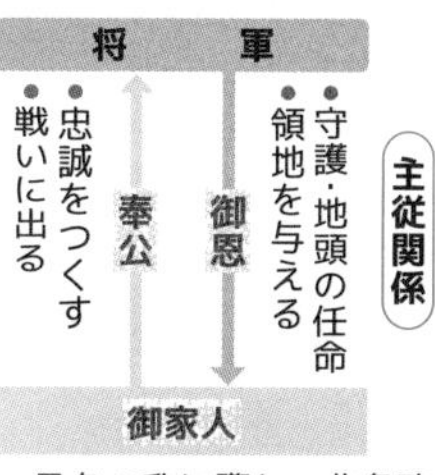

●承久の乱に際し，北条政子は亡き夫である頼朝の御恩を説いて御家人たちに団結を訴えた。

鎌倉・室町時代の文化

鎌倉時代の文化

新仏教	浄土宗(じょうど)—法然(ほうねん)，浄土真宗—親鸞(しんらん) 時宗(じ)—一遍(いっぺん)，日蓮宗(にちれん)(法華宗(ほっけ))—日蓮 臨済宗(りんざい)—栄西(ようさい／えいさい)，曹洞宗(そうとう)—道元(どうげん)
その他	軍記物『平家物語(へいけ)』，和歌集『新古今和歌集(しんこきん)』 随筆『徒然草(つれづれぐさ)』，金剛力士像(こんごう)(運慶(うんけい)・快慶作)

室町時代の文化

北山文化	鹿苑寺(ろくおんじ)の金閣(きんかく) 能(観阿弥(かんあみ)・世阿弥(ぜあみ))
東山文化	慈照寺(じしょうじ)の銀閣(ぎんかく)，書院造 水墨画(すいぼくが)(禅僧雪舟(せっしゅう))
その他	狂言(きょうげん)，御伽草子(おとぎぞうし)

入試直前チェック

□ 1．1274年，81年の元による２度の襲来を何といいますか。
□ 2．日明貿易で倭寇と区別するために用いられた合い札を何といいますか。
□ 3．下剋上の風潮が広がるきっかけとなった戦乱は。
□ 4．東山文化のころの将軍はだれですか。
□ 5．禅宗の僧が中心となって描いた絵画は何ですか。

解答

1．元寇
2．勘合
3．応仁の乱
4．足利義政
5．水墨画

月　日

ヨーロッパ世界と信長・秀吉の全国統一

1 ヨーロッパ社会の成立 ☆

参考 キリスト教は4世紀にローマ帝国の国教として発展した。

1. **イスラム教**…８世紀に大帝国を建設。聖典『**コーラン**』。
2. **キリスト教**…**ローマ教皇**を首長に**カトリック**教会が勢力伸長。
3. **十字軍**…11～13世紀，ローマ教皇がイスラム勢力からのエルサレム奪回をよびかけ→遠征失敗で教皇の権威失墜→王権強化。
   （エルサレム：ユダヤ教・キリスト教・イスラム教の３つの宗教の聖地）

2 ヨーロッパ人の世界進出 ☆

注意 ルネサンス期の天文学・地理学の発達や火薬・羅針盤・活版印刷術の実用化は，ヨーロッパ人がアジアの産物を求めて世界進出を始めることに影響を与えた。

1. **ルネサンス**…14世紀，イタリアから始まる。古代ギリシャ・ローマ文化に学ぶ→人間性重視。**レオナルド=ダ=ビンチ**など。（代表作「モナ=リザ」）
2. **宗教改革**…16世紀カトリック教会が**免罪符**を販売→**ルター**やカルバンの改革→カトリック教会は**イエズス会**を結成し海外布教。
   （ルター：免罪符販売に抗議し，ドイツで聖書中心の信仰を主張）（ルター・カルバン：プロテスタント（抗議する者）とよばれる）
3. **新航路の開拓**…香辛料・絹織物などを求めて海外へ進出。
   ①**コロンブス**→西インド諸島へ到達。②**バスコ=ダ=ガマ**→インド航路を開拓。③**マゼラン**一行→世界一周に成功。
   （アメリカ大陸は植民地となる）
4. **ヨーロッパ人の世界進出**…ポルトガル人，スペイン人が進出。

3 信長・秀吉による全国統一 ☆☆☆

発展 信長は延暦寺や石山本願寺，一向一揆など仏教勢力を弾圧した。

参考 秀吉はキリスト教の宣教師に対する国外追放命令（**バテレン追放令**）を出したが，南蛮貿易は認めたため禁教は不徹底だった。

参考 信長・秀吉の時代には豪華で雄大な**桃山文化**が生まれた。

1. **鉄砲の伝来**…1543年，**種子島**に漂着した**ポルトガル人**が伝える→鉄砲の国内生産→戦法や築城法に変化。
   （国内生産：堺・国友）（戦法：足軽鉄砲隊による集団戦法）
2. **キリスト教の伝来**…1549年，イエズス会の**ザビエル**が伝える→宣教師の布教活動→**キリシタン大名**の出現。
   （ザビエル：鹿児島に上陸）（キリシタン大名：天正遣欧少年使節の派遣）
3. **南蛮貿易**…ポルトガル・スペイン船が長崎・平戸に来航。
   （南蛮人（ポルトガル人やスペイン人）との貿易）（中国の生糸，ヨーロッパの品々をもたらす）
4. **織田信長**…1573年，室町幕府を倒す。**長篠の戦い**→足軽鉄砲隊を結成し武田軍を破る。安土城。**楽市・楽座**と関所の廃止→商工業の発展。キリスト教保護←仏教勢力に対抗。
5. **豊臣秀吉の統一**…1590年，大阪城を拠点に全国平定。**太閤検地**→田畑の面積・**石高**などを検地帳に記録→年貢の徴収。**刀狩**→百姓から武器没収（**兵農分離**）。朝鮮侵略。1587年，**バテレン追放令**→キリスト教は保護から禁止へ。
   （朝鮮侵略：文禄の役・慶長の役で２度出兵したが失敗）

すいすい暗記
秀吉が（豊臣秀吉）　兵農分ける（兵農分離）　刀狩（武器の没収）

コレ重要
☞十字軍→ルネサンス→宗教改革→新航路開拓→ザビエル来航は関連した流れ。
☞全国統一→鉄砲伝来後，信長が基礎を築き，秀吉が太閤検地・刀狩などの政策で確立した。

合格アドバイス

① カトリック教会の勢力の拡大と，イエズス会の活動を把握(はあく)しよう。
② ルネサンス・宗教改革・新航路の開拓は，関連する人物・作品名も重要。
③ 信長の統一を目指した戦いや政策，秀吉の太閤検地・刀狩などの意義を確認しよう。

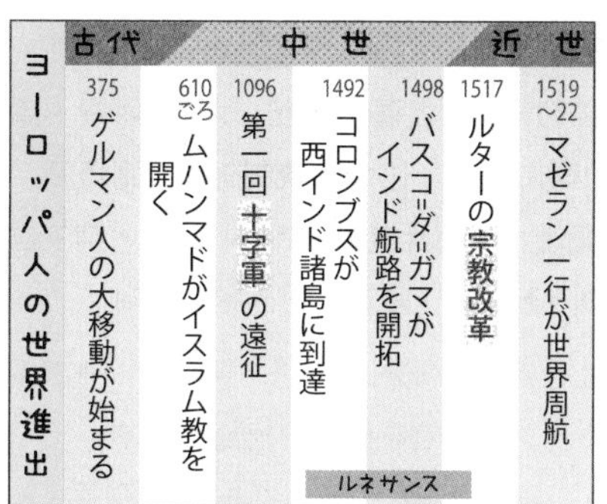

ヨーロッパ人の世界進出

時代	年	できごと
古代	375	ゲルマン人の大移動が始まる
中世	610ごろ	ムハンマドがイスラム教を開く
中世	1096	第一回十字軍の遠征
中世（ルネサンス）	1492	コロンブスが西インド諸島に到達
中世（ルネサンス）	1498	バスコ=ダ=ガマがインド航路を開拓
近世（ルネサンス）	1517	ルターの宗教改革
近世	1519～22	マゼラン一行が世界周航

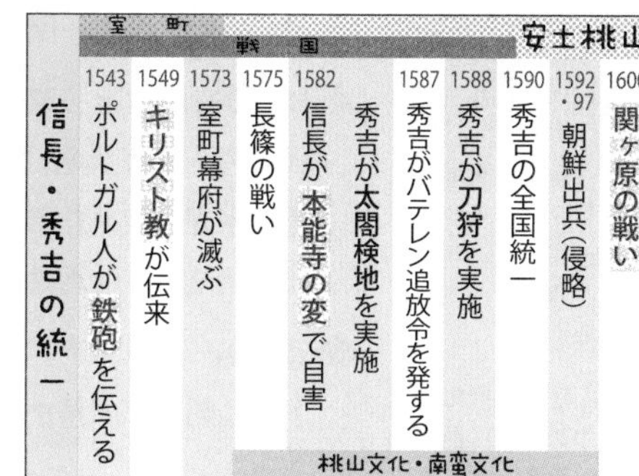

信長・秀吉の統一

時代	年	できごと
室町（戦国）	1543	ポルトガル人が鉄砲を伝える
室町（戦国）	1549	キリスト教が伝来
室町（戦国）	1573	室町幕府が滅ぶ
安土桃山	1575	長篠の戦い
安土桃山	1582	信長が本能寺の変で自害
安土桃山		秀吉が太閤検地を実施
安土桃山	1587	秀吉がバテレン追放令を発する
安土桃山	1588	秀吉が刀狩を実施
安土桃山	1590	秀吉の全国統一
安土桃山	1592・97	朝鮮出兵（侵略）
安土桃山	1600	関ヶ原の戦い

桃山文化・南蛮文化

新航路の開拓と海外進出

安土桃山時代の文化

桃山文化

城―姫路城(ひめじ)，大阪城
障壁画(しょうへきが)―狩野永徳(かのうえいとく)・狩野山楽(さんらく)
茶の湯―千利休(せんのりきゅう)
かぶき踊り―出雲(いずも)の阿国(おくに)

南蛮文化

天文学，医学，活版印刷術など

入試直前チェック

- [ ] 1．ローマ教皇のよびかけによりエルサレム奪回を目ざした遠征軍を何といいますか。
- [ ] 2．14世紀にイタリアで始まった，人間性重視の文化運動は。
- [ ] 3．「モナ=リザ」を描いたルネサンス期の芸術家は。
- [ ] 4．教会の免罪符販売に抗議し，聖書中心の信仰を主張して改革を始めたドイツ人はだれですか。
- [ ] 5．宗教改革でカトリック教会に対抗した勢力は。
- [ ] 6．ポルトガルやスペイン船が長崎や平戸に来航して行った貿易を何といいますか。
- [ ] 7．信長が行った，座を廃止し自由な商工業を認める政策は。
- [ ] 8．秀吉が全国統一のために行った政策を２つ答えなさい。
- [ ] 9．秀吉が行った諸政策により，武士と農民との区別が明確になったことを何といいますか。

解答

1．十字軍
2．ルネサンス
3．レオナルド=ダ=ビンチ
4．ルター
5．プロテスタント
6．南蛮貿易
7．楽市・楽座
8．太閤検地，刀狩
9．兵農分離

月　日

江戸幕府の成立と展開

1 江戸幕府の成立と発展 ☆☆☆

発展 **島原・天草一揆**→厳しいキリスト教徒への迫害と重い年貢に苦しむ農民らがおこした一揆。

注意 江戸幕府の外交→4つの窓口(**長崎・対馬・薩摩・松前**)で行った。

参考 江戸幕府は金貨，銀貨，銅貨(**寛永通宝**)をつくって流通させた。

発展 **新井白石**の改革(**正徳の治**)→金銀の国外流出を防ぐため長崎貿易を制限した。

1. **徳川家康の統一**…**関ヶ原の戦い**で勝利，1603年に**征夷大将軍**。
   - ↳1600年の石田三成率いる軍との戦い
2. **江戸幕府の政治**…**幕藩体制**→幕府と藩で支配。大名(**親藩**・譜代大名・外様大名)を全国に配置。①**大名統制**→**武家諸法度**，徳川家光が定めた**参勤交代**。②**朝廷統制**→京都所司代・禁中並公家諸法度。③**百姓統制**→**五人組**・触書。④**朱印船貿易**。
   - ↳1年おきに領地と江戸を往復
   - ↳人口の約85%の百姓を，本百姓と水呑百姓に区別
   - ↳東南アジアに日本町
3. **鎖　国**…キリスト教禁止と貿易の統制。**島原・天草一揆**→ポルトガル船の来航禁止→オランダ商館を長崎の**出島**に移す。
   - ↳1637年　↳1639年　↳1641年
4. **鎖国下の窓口**…オランダ・中国→長崎，朝鮮→対馬藩，琉球→薩摩藩，アイヌ民族(蝦夷地)→松前藩。
   - ↳シャクシャインの戦いで松前藩に敗れる
5. **徳川綱吉の政治**…儒学の奨励，貨幣の改悪，生類憐みの令。
6. **産業の発達**…**株仲間**の結成。蔵屋敷。新田開発，農具の改良。
   - ↳商工業者の同業組合
   - 備中ぐわ(深く耕せる)・千歯こき(脱穀の能率向上)・千石どおし(もみの選別)など

すいすい暗記
年貢には　五戸で連帯　責任を
幕府の収入源　五人組(5戸を基準とした組織)

2 江戸幕府の改革と動揺 ☆☆☆

注意 **武家諸法度**(大名統制の法律)と**公事方御定書**(裁判や刑の基準となる法律)を区別すること。

1. **享保の改革**…徳川吉宗。上げ米の制，新田開発，**公事方御定書**。
   - ↳裁判の基準になる法律
2. **田沼の政治**…株仲間や長崎貿易の奨励。
   - ↳老中・田沼意次
3. **農村での工業の発達と変化**…問屋制家内工業→**工場制手工業**。民衆の反抗→都市では**打ちこわし**，農村では**百姓一揆**が発生。
   - ↳マニュファクチュアという
4. **寛政の改革**…**松平定信**。旗本・御家人の借金の帳消しなど。

打ちこわしと百姓一揆のちがいは？

5. **大塩平八郎の乱**…天保のききん→貧民救済のため大阪で反乱。
6. **天保の改革**…**水野忠邦**。株仲間の解散，倹約令，農民の帰村。
   - ↳物価の引き下げがねらい

3 江戸時代の学問と文化 ☆☆

発展 昌平坂学問所では**朱子学**が講じられた。

1. **学問の発達**…①国学→**本居宣長**の『古事記伝』。②**蘭学**など→杉田玄白らの『**解体新書**』。伊能忠敬の「大日本沿海輿地全図」。
   - ↳天皇尊重・外国排斥の考えと結びつき，尊王攘夷論に影響
2. **教育機関**…幕府→昌平坂学問所。藩→**藩校**。庶民→**寺子屋**。
3. **文　化**…上方中心の**元禄文化**，江戸中心の**化政文化**。
   - ↳京都・大阪

コレ重要
☞江戸幕府は武家諸法度・参勤交代などで大名を統制した。
☞江戸の3大改革→享保の改革(徳川吉宗)・寛政の改革(松平定信)・天保の改革(水野忠邦)。

合格アドバイス

① 江戸幕府のしくみ，大名や農民の統制策，鎖国までの動きは重要。
② 新田開発や農具の改良などによる生産力の向上，三都の繁栄などを把握しよう。
③ 3大改革は，時期・人物・背景・内容など社会の動きと関連づけて理解しよう。

おもなできごと（江戸）

年	できごと
1603	徳川家康が征夷大将軍となる
1615	武家諸法度の制定
1635	参勤交代が制度化される
1637〜38	島原・天草一揆
1641	平戸のオランダ商館が長崎の出島に移される（鎖国の体制が固まる）
1669	シャクシャインの戦い
1680	徳川綱吉が5代将軍となる（元禄文化）
1709〜16	新井白石の改革（正徳の治）（元禄文化）
1716〜45	徳川吉宗が享保の改革を行う
1742	公事方御定書の制定（蘭学・国学の発達）
1772	田沼意次が老中となり改革を行う（蘭学・国学の発達）
1782〜87	天明のききん（蘭学・国学の発達）
1787〜93	松平定信が寛政の改革を行う
1808〜09	間宮林蔵が樺太を探検（化政文化）
1825	異国船打払令が出される（化政文化）
1833〜39	天保のききん
1837	大塩平八郎の乱がおこる
1841〜43	水野忠邦が天保の改革を行う

江戸幕府のしくみ

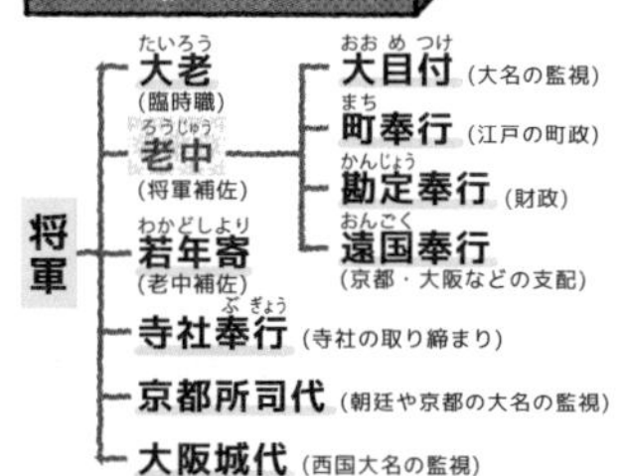

江戸時代の交通と都市

街道 五街道（東海道・中山道・甲州道中・日光道中・奥州道中）

航路 西廻り航路，東廻り航路，南海路

廻船 菱垣廻船（木綿や油などを運ぶ）
樽廻船（酒を運ぶ）

都市 三都の繁栄→江戸「将軍のおひざもと」，大阪「天下の台所」，京都

江戸時代の文化（元禄・化政文化）

元禄文化（17世紀末〜18世紀初め）

特色 生き生きとした上方の町人文化。

人物 井原西鶴（浮世草子），近松門左衛門（人形浄瑠璃の台本），松尾芭蕉（俳諧），菱川師宣（浮世絵），尾形光琳（装飾画）

化政文化（19世紀前半）

特色 しゃれなどを好む江戸庶民の文化。

人物 十返舎一九・滝沢馬琴（小説），喜多川歌麿・葛飾北斎・歌川広重（浮世絵），与謝蕪村・小林一茶（俳諧）

入試直前チェック

- □ 1．江戸幕府が定めた大名統制のきまりを何といいますか。
- □ 2．参勤交代を定めた江戸幕府の将軍はだれですか。
- □ 3．鎖国下で，アイヌ民族（蝦夷地）と交易を行っていた藩は。
- □ 4．大阪や江戸に，各藩の年貢米や特産物の保管と販売のために設けられた建物は何ですか。
- □ 5．昌平坂学問所で講じられた学問は何ですか。
- □ 6．『日本永代蔵』の作者はだれですか。
- □ 7．「富嶽三十六景」を描いた浮世絵画家はだれですか。

解答

1．武家諸法度
2．徳川家光
3．松前藩
4．蔵屋敷
5．朱子学
6．井原西鶴
7．葛飾北斎

月　日

欧米の発展と日本の開国

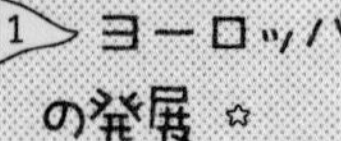

発展 絶対王政の典型はイギリスのエリザベス1世，フランスのルイ14世。

注意 **ロック**（社会契約説と抵抗権），**モンテスキュー**（法の精神と三権分立），**ルソー**（社会契約説と人民主権）。

❶ **市民革命**…自由と平等を求めて市民が国王の絶対王政を打倒。（↳16～18世紀の専制政治）
ロック，モンテスキュー，ルソーの啓蒙思想が影響を与える。
①**イギリス**→ピューリタン革命後，**名誉革命**・権利章典。
②**アメリカの独立**→1776年独立宣言。
③**フランス革命**→1789年**人権宣言**。（自由・平等・国民主権などの主張）

❷ **産業革命**…18世紀後半，イギリスの綿工業で工場制機械工業→大量生産。資本主義社会→社会問題の発生→社会主義思想。

❸ **19世紀の欧米**…①**イギリス**→議会政治が発達。②**フランス**→ナポレオンの支配。③**ドイツ**→ドイツ帝国成立。（↳「鉄血宰相」ビスマルク）④**アメリカ合衆国**→南北戦争。**リンカン**の奴隷解放宣言。⑤**ロシア**→南下政策。

2 欧米諸国のアジア侵略 ☆

発展 イギリスは**三角貿易**を行った→p.39。

❶ **侵略の背景**…産業革命の進展→原料供給地と製品市場の確保。

❷ **イギリスの侵略**…①**中国**→清がイギリスとの**アヘン戦争**に敗れる。（↳1840～42年）南京条約後，**太平天国の乱**（洪秀全）。（↳清に対する不平等な内容）
②**インド**→イギリスがインド大反乱を鎮圧し，直接統治へ。

3 開国と幕府の滅亡 ☆☆☆

発展 日本の開国→生糸・茶は輸出により品不足→物価上昇→一揆の発生。貿易相手国はイギリス，貿易港は神奈川（横浜）が中心。

注意 薩摩藩では**西郷隆盛**と**大久保利通**，長州藩では**木戸孝允**と**高杉晋作**らが実権を握っていた。

❶ **外国船の来航**…ロシア・イギリス船など→1825年**異国船打払令**。

❷ **黒船の来航**…1853年，**ペリー**が浦賀に来航，開国を求める。
①**日米和親条約**（1854年）→下田・函館を開港。
②**日米修好通商条約**（1858年）→兵庫・神奈川など5港を開港し，貿易開始。**不平等条約**（**領事裁判権**を認め，**関税自主権**がない）だった。（治外法権ともいう）

❸ **尊王攘夷運動**…開国に反対の大名・武士が尊王攘夷を主張→**安政の大獄**→下関戦争，薩英戦争→攘夷は困難→薩長による倒幕運動へ。（↳井伊直弼が開国反対者を処罰）1866年，**薩長同盟**が成立。

❹ **大政奉還**…1867年，将軍**徳川慶喜**が政権を朝廷に返上。幕府の滅亡と**王政復古の大号令**→天皇親政。1868年**戊辰戦争**。（旧幕府軍と新政府軍との戦い）

すいすい暗記　倒幕へ　土佐馬かける（土佐藩出身の坂本龍馬）　薩長同盟（龍馬が薩長を仲介した）

コレ重要
☞17・18世紀のヨーロッパ→市民革命・産業革命の時代で，近代社会への過渡期。
☞日米和親・日米修好通商条約（開国）→尊王攘夷運動→幕府滅亡（大政奉還）へ。

合格アドバイス

① 市民革命・産業革命は，国や場所，背景，その後の社会への影響(えいきょう)を把握(はあく)しよう。
② 幕末の２つの条約の内容・開港地などをおさえよう。
③ 開国から尊王攘夷運動→倒幕運動→大政奉還に至る過程を理解しよう。

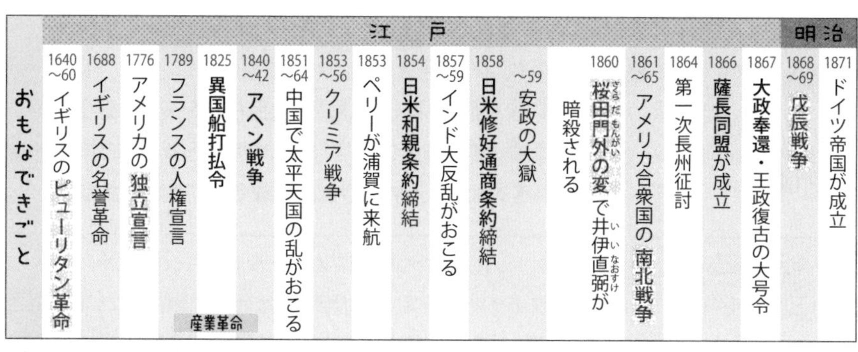

おもなできごと

時代	年	できごと
江戸	1640〜60	イギリスのピューリタン革命
江戸	1688	イギリスの名誉革命
江戸	1776	アメリカの独立宣言
江戸	1789	フランスの人権宣言
江戸	1825	**異国船打払令**
江戸	1840〜42	**アヘン戦争**
江戸	1851〜64	中国で太平天国の乱がおこる
江戸	1853〜56	クリミア戦争
江戸	1853	ペリーが浦賀に来航
江戸	1854	**日米和親条約**締結
江戸	1857〜59	インド大反乱がおこる
江戸	1858	**日米修好通商条約**締結
江戸	〜59	安政の大獄
江戸	1860	**桜田門外の変**(さくらだもんがいのへん)で井伊直弼(いいなおすけ)が暗殺される
江戸	1861〜65	アメリカ合衆国の南北戦争
江戸	1864	第一次長州征討
江戸	1866	**薩長同盟**が成立
江戸	1867	**大政奉還**・王政復古の大号令
明治	1868〜69	**戊辰戦争**
明治	1871	ドイツ帝国が成立

（1825〜1840年代：産業革命）

産業革命のおこりと影響

問屋制家内工業（家内工業）→ **工場制手工業**（マニュファクチュア）→ 機械の発明 **産業革命** → **工場制 機械工業** 交通機関の発達・人口の都市集中→社会問題の発生

ヨーロッパ諸国のアジア進出

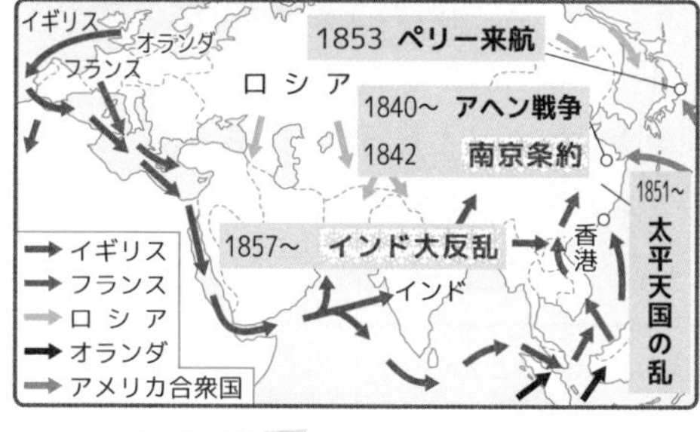

三角貿易

イギリス → インド：綿製品
インド → イギリス：銀・綿花
インド → 清：アヘン
清 → インド：銀
イギリス → 清：銀
清 → イギリス：茶

入試直前チェック

- [ ] 1．18世紀にヨーロッパで法の精神と三権分立を説いた啓蒙思想家はだれですか。
- [ ] 2．フランス革命後の1804年，フランス皇帝に就任し，ヨーロッパ諸国を武力で征服(せいふく)したのはだれですか。
- [ ] 3．日米和親条約で開港した２港はどこですか。
- [ ] 4．日米修好通商条約を結んだ江戸幕府の大老(たいろう)はだれですか。
- [ ] 5．薩長同盟の成立を仲介(ちゅうかい)したのはだれですか。
- [ ] 6．高杉晋作とともに実権を握った長州藩士はだれですか。
- [ ] 7．西郷隆盛とともに倒幕運動を指揮した薩摩藩士は。
- [ ] 8．江戸幕府が政権を朝廷に返したことを何といいますか。
- [ ] 9．８を申し出た江戸幕府の将軍はだれですか。

解答

1．モンテスキュー
2．ナポレオン
3．下田，函館
4．井伊直弼
5．坂本龍馬(りょうま)
6．木戸孝允
7．大久保利通
8．大政奉還
9．徳川慶喜

月　日

明治維新

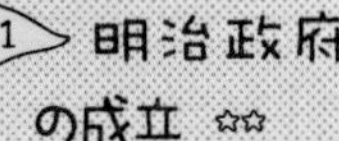

1 明治政府の成立 ☆☆

参考 薩長土肥４藩の出身者が新政府の要職を独占(**藩閥政治**)。

❶ **五箇条の御誓文(1868年)**…天皇が新政府の方針を発表。
↳国民に対しては，守るべき心得が５枚の立て札で示された→五榜の掲示

❷ **新政府の政治**…元号を明治とし，首都は東京。

①**版籍奉還**→諸大名は土地(版)・人民(籍)を天皇に返上。

②**廃藩置県**→藩を廃止して県とし，中央から県令(知事)を派遣。

③**四民平等**→華族・士族・平民。**解放令**。居住の自由など。
百姓，町人↲　↳えた・ひにんを平民とする

2 明治政府の政策 ☆☆☆

参考 1872年に群馬県で操業を開始した**富岡製糸場**は，フランスの技術を導入した。

発展 朝鮮は，最初明治政府との国交を拒否したため，日本国内では一時，**征韓論**が高まった。**江華島事件**の翌年，朝鮮に不平等な内容の**日朝修好条規**の締結により，朝鮮は開国した。

❶ **富国強兵**…①**徴兵令**→満20歳以上の男子に兵役の義務。

②**地租改正**→地価を定めて**地券**を発行，地価の**３%**を地租として地主が金納。のちに反対一揆がおき，2.5%に引き下げ。

❷ **殖産興業**…①**官営模範工場**→政府が**富岡製糸場**などを設立。

②**北海道の開拓**→開拓使をおき，屯田兵を送る。

③鉄道の開通(新橋・横浜間)，郵便制度，貨幣制度。
↳1872年　↳円・銭・厘に統一

❸ **文明開化**…欧米文化が急速に流入し西欧化が進む。

①**学制**→1872年公布。1886年，小学校を義務教育化。
1886年の小学校令で４年，1907年に６年に延長↲

②**その他**→日刊新聞・雑誌の発行，太陽暦など。

❹ **外交政策**…**岩倉使節団**の派遣。清と**日清修好条規**，朝鮮と**日朝修好条規**締結。ロシアと**樺太・千島交換条約**締結。沖縄県の設置。
↳岩倉具視を大使とする欧米への外交使節　↳1871年中国と国交を開く　↳1875年　琉球処分という↲

❺ **不平士族の反乱**…士族の特権廃止→藩閥政治に対する不満。

> **すいすい暗記**　士族の乱　西郷どんの　せいなんです
> 旧武士　西郷隆盛　西南戦争を指揮

3 自由民権運動 ☆☆☆

注意 民撰議院設立の建白書→立志社(高知)→国会期成同盟(大阪)→国会開設の勅諭→内閣制度成立までの流れを確認。

❶ **自由民権の思想**…英・仏の思想紹介→**福沢諭吉**・**中江兆民**ら。
↳ルソーの思想を紹介

①**民撰議院設立の建白書**→1874年，**板垣退助**らが提出。

②**政府の自由民権運動弾圧**→新聞紙条例・集会条例で言論弾圧。

③**国会期成同盟**→1880年結成。政府に国会開設を求める。

❷ **国会開設の勅諭**…1881年，政府は10年後の国会開設を約束。

①**政党運動**→板垣退助は**自由党**，大隈重信は**立憲改進党**を結成。
1881年，フランス流で急進的↲　1882年，イギリス流で立憲君主制を主張↲

②**自由民権運動の激化**→秩父事件→軍隊が鎮圧→運動の制限へ。
↳東日本の各地で激化事件が発生

・コレ重要・

☞版籍奉還・廃藩置県・四民平等など明治政府の政策→中央集権国家体制が目的。

☞学制(教育)・徴兵令(軍隊)・地租改正(税制→金納制)は明治維新の３大改革。

合格アドバイス

① 明治政府の諸政策(富国強兵や殖産興業)の内容・年代は重要なので確認。
② 明治政府の外交(清・朝鮮との関係)や領土画定(琉球処分など)を把握しよう。
③ 西南戦争や，自由民権運動の中心人物や内容を把握しよう。

明治

年	おもなできごと
1868	五箇条の御誓文
	五榜の掲示
~69	戊辰戦争
1869	**版籍奉還**
1871	**廃藩置県・解放令**
	日清修好条規を結ぶ
1872	**学制**の発布
	このころ文明開化が始まる
1873	**徴兵令**
	地租改正の開始
1874	民撰議院設立の建白書
1875	樺太・千島交換条約，江華島事件
1876	日朝修好条規を結ぶ
1877	鹿児島で西南戦争がおこる
	このころ**自由民権運動**がおこる
1880	国会期成同盟の結成
1881	国会開設の勅諭
	自由党の結成
1882	立憲改進党の結成
1884	秩父事件
1885	**内閣制度**が成立

明治新政府のしくみ

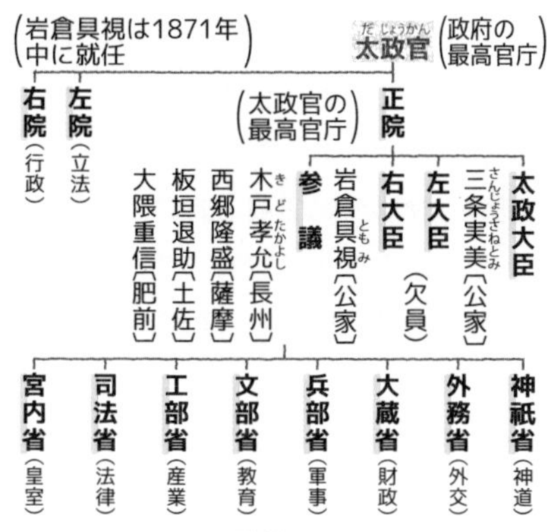

明治初期の東アジアと日本外交

入試直前チェック

- [ ] 1．天皇が神に誓う形で発表した新政府の方針は何ですか。
- [ ] 2．徴兵令で兵役義務があったのは満何歳以上の男子ですか。
- [ ] 3．1872年に群馬県に建設された代表的な官営模範工場は。
- [ ] 4．明治初期，欧米の思想や生活様式を取り入れた風潮は。
- [ ] 5．1872年に明治政府が定めた近代的な学校制度は。
- [ ] 6．1873年，新政府が確実な財源確保のために行ったことは。
- [ ] 7．西南戦争で鹿児島の士族を率いた人物はだれですか。
- [ ] 8．『学問のすゝめ』を著し，学問の大切さや人間の平等などを説いた思想家はだれですか。
- [ ] 9．明治前期，立憲政治の樹立や国会開設を要求しておこった国民運動を何といいますか。
- [ ] 10．板垣退助らが国会開設を求めて出した意見書は。

解答

1．五箇条の御誓文
2．満20歳以上
3．富岡製糸場
4．文明開化
5．学　制
6．地租改正
7．西郷隆盛
8．福沢諭吉
9．自由民権運動
10．民撰議院設立の建白書

月　日

近代日本の歩み

1 大日本帝国憲法 ☆☆

参考　伊藤博文は憲法制定の準備のため，ドイツ(プロイセン)憲法を研究した。

1 **内閣制度**…1885年，初代内閣総理大臣に**伊藤博文**(いとうひろぶみ)が就任。

2 **憲法審議**(しんぎ)…伊藤を中心に憲法草案作成→枢密院(すうみついん)で審議。

3 **大日本帝国憲法の発布**(ていこく)…アジア初の立憲制国家。欽定(きんてい)憲法。(天皇が定める憲法) 天皇主権。臣民(しんみん)(国民)の人権→法律の範囲(はんい)内で認める。

4 **法律など**…民法や商法。**教育勅語**(ちょくご)→「忠君愛国」の道徳。

5 **帝国議会**…①**貴族院**→皇族・華族(かぞく)と天皇が任命した議員。②**衆議院**→直接国税**15**円以上を納める満**25**歳(さい)以上の男子に選挙権。(1890年の第1回衆議院議員選挙の有権者は，総人口の約1.1%(約45万人))

2 日清・日露戦争 ☆☆☆

発展　**義和団事件**(中国国内での外国人排斥(はいせき)運動を連合軍が鎮圧(ちんあつ))後，ロシアの南下政策に反対する日本とイギリスは，1902年に**日英同盟**を結んでロシアに対抗した。

参考　**与謝野晶子**(よさのあきこ)は日露戦争に出兵した弟を思って，「君死にたまふことなかれ」という詩を発表し，日露戦争に疑問を投げかけた。

注意　日本は朝鮮に，韓国併合までは**韓国統監府**(とうかんふ)を，併合後は**朝鮮総督府**(そうとくふ)を置いた。

1 **日清戦争**(にっしん)…1894～95年，**甲午農民戦争**(こうご)後の日清の対立。(東学を信仰する農民らがおこした朝鮮の内乱)
①**日本の勝利**→**下関条約**(しものせき)で台湾(たいわん)・遼東(りょうとう/リアオトン)半島などを獲得(かくとく)。
②**三国干渉**(かんしょう)→ロシアがドイツ・フランスとともに条約に干渉。(日本は遼東半島を返還)
③**列強の中国(清)侵略**(しんりゃく)**と分割**→英・仏・独・露や日本の勢力拡大。
④**戦後の日本**→政党内閣が誕生。1900年，**立憲政友会**結成。(総裁：伊藤博文)

2 **日露戦争**(にちろ)…1904～05年，**義和団事件**後の日露の対立。
①**ポーツマス条約**→アメリカ大統領の仲介(ちゅうかい)。ロシアは遼東半島の租借(そしゃく)権などを日本にゆずりわたす。②戦後，日本は満州へ勢力拡大→**南満州鉄道株式会社**設立。(満鉄という)

3 **韓国併合**(かんこくへいごう)…1910年，韓国(朝鮮に改称(かいしょう))を日本の植民地とする。

4 **不平等条約改正**…①**領事裁判権の撤廃**(てっぱい)→1894年，**陸奥宗光**(むつむねみつ)外相が成功。②**関税自主権の回復**→1911年，**小村寿太郎**(こむらじゅたろう)外相が成功。

5 **中華民国の成立**…孫文(そんぶん/スンウェン)(三民主義を主張)の革命運動→清朝崩壊(ほうかい)(**辛亥革命**(しんがい))。

> **すいすい暗記**
> 帝国(ていこく)が　力(ちから)で支配(しはい)　植民地(しょくみんち)
> 帝国主義　武力　欧米列強がアジア・アフリカへ進出

3 近代産業の発展 ☆

発展　1910年**大逆事件**(たいぎゃく)→社会主義者弾圧。

1 **日本の産業革命**…日清戦争前後と日露戦争前後の２回。(第1次産業革命は紡績・製糸など軽工業中心。第２次産業革命(八幡製鉄所の開業など)は重工業中心)

2 **資本主義の発達**…三井・三菱(みつびし)・住友・安田などの財閥(ざいばつ)が成長。

3 **社会運動**…小作争議・労働争議が増加。足尾銅山鉱毒事件。(田中正造が救済運動に尽力)

4 **教育の普及**…義務教育６年(1907年)→100%近い就学率。

・コレ重要・
☞大日本帝国憲法→欽定憲法。天皇主権。臣民(国民)は法律の範囲内の人権。
☞日清戦争→下関条約・三国干渉，日露戦争→ポーツマス条約・大陸進出。

社会
理科
数学
英語
国語

合格アドバイス

① 大日本帝国憲法の条文と内容・特色，手本にした国・理由は出題が多い。
② 日清・日露戦争の背景・内容，不平等条約改正の過程などを理解しよう。
③ 日本の2回の産業革命の内容・動きを社会の変化との関連でまとめよう。

明治	
1886	ノルマントン号事件がおこる
1889	**大日本帝国憲法** 発布
1890	第1回 帝国議会
	教育勅語が出される
1894	甲午農民戦争（朝鮮）
	領事裁判権の撤廃
～95	**日清戦争**
1895	**下関条約**
	三国干渉
1901	八幡製鉄所が操業を開始
1899～1900	義和団事件
1902	**日英同盟**
1904～05	**日露戦争**
1905	**ポーツマス条約**
1909	伊藤博文が暗殺される
1910	大逆事件
	韓国併合
1911	関税自主権の回復
	辛亥革命
1912	中華民国が成立

（おもなできごと）

大日本帝国憲法のしくみ

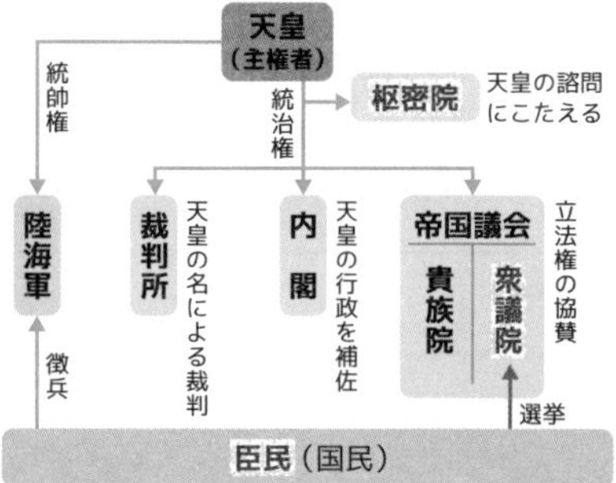

- 第1条　大日本帝国ハ万世一系ノ天皇之ヲ統治ス
- 第3条　天皇ハ神聖ニシテ侵スベカラズ

明治時代の文化

文学　坪内逍遥『小説神髄』，二葉亭四迷『浮雲』，樋口一葉『にごりえ』，森鷗外『舞姫』，夏目漱石『坊っちゃん』，島崎藤村『若菜集』，石川啄木『一握の砂』，与謝野晶子『みだれ髪』

自然科学　北里柴三郎（血清療法の発見）
野口英世（黄熱病の研究）

その他　日本画－横山大観「無我」，洋画－黒田清輝「湖畔」，彫刻－高村光雲「老猿」，音楽－滝廉太郎「荒城の月」

入試直前チェック

- □ 1．日本の初代内閣総理大臣で大日本帝国憲法草案作成者は。
- □ 2．1910年に日本が韓国を植民地支配したできごとは。
- □ 3．陸奥宗光が成し遂げた不平等条約改正の内容は。
- □ 4．小村寿太郎が成し遂げた不平等条約改正の内容は。
- □ 5．三民主義を唱えて清朝打倒の革命運動を先導した人は。
- □ 6．日清戦争で得た賠償金をもとにつくられ，日本の重工業発展の基礎となった製鉄所を何といいますか。
- □ 7．足尾銅山鉱毒事件で農民のために活躍した衆議院議員は。
- □ 8．天皇暗殺を計画したとして多数の社会主義者が処罰された事件は何ですか。

解答

1．伊藤博文
2．韓国併合
3．領事裁判権（治外法権）の撤廃
4．関税自主権の回復
5．孫　文
6．八幡製鉄所
7．田中正造
8．大逆事件

月　日

2度の世界大戦と日本

1 第一次世界大戦 ☆☆☆

発展 サラエボのあるバルカン半島は，列強の利害対立や民族対立を抱えていたため「**ヨーロッパの火薬庫**」とよばれていた。

❶ **帝国主義列強の対立**…**三国同盟**と**三国協商**の対立。
（三国同盟：ドイツ・イタリア・オーストリア／三国協商：イギリス・フランス・ロシア）

❷ **第一次世界大戦**…1914年サラエボ事件（セルビアの青年がオーストリア皇太子夫妻を暗殺）。①**日本**→**日英同盟**により参戦。中国に**二十一か条の要求**。②**ロシア革命**→ソ連（ソビエト社会主義共和国連邦）成立。

❸ **ベルサイユ条約**…1919年，パリで講和会議。ウィルソンの提案をもとに**国際連盟**が成立→アメリカ・ソ連は不参加。

❹ **戦後の世界**…ワシントン会議（軍縮条約締結など）。ドイツ→**ワイマール憲法**（社会権を取り入れた最初の憲法）成立。朝鮮独立運動→**三・一独立運動**。中国の反日運動→**五・四運動**。

2 護憲運動と成果 ☆☆

発展 **第一次護憲運動**→藩閥（はんばつ），議会無視の桂太郎（かつらたろう）内閣が退陣。**第二次護憲運動**→護憲派の加藤高明（かとうたかあき）内閣を成立させた。

❶ **大戦景気**…物価の急上昇→1918年**米騒動**（こめそうどう）。その後は戦後不況（ふきょう）（1923年に関東大震災が発生）。

❷ **社会運動**…労働・小作争議，部落解放（全国水平社結成）・女性運動がおこる。

❸ **護憲運動と政党政治**…①**大正デモクラシー**→**吉野作造**（よしのさくぞう）の**民本主義**（みんぽんしゅぎ）など民主主義が成長。②**政党内閣**→1918年立憲政友会の**原敬**（はらたかし）が樹立。③**普通選挙法**→満25歳（さい）以上の男子に普通選挙権。④**治安維持法**（ちあんいじほう）→社会主義運動を取り締（し）まるための法律。

> **すいすい暗記**
> 平塚（ひらつか）の　女性解放（じょせいかいほう）　正当（せいとう）だ
> 平塚らいてう（ちょう）　　青鞜社結成

3 第二次世界大戦 ☆☆☆

注意 五・一五事件によって，原敬内閣に始まり，加藤高明内閣から続いていた政党政治が終わった。また，二・二六事件以降，軍部は政治的な発言力を強めた。

発展 戦時下の国民生活→**勤労動員**，**学徒出陣**（しゅつじん），**学童疎開**（そかい）などが行われた。

❶ **世界恐慌（きょうこう）と各国の対策・状況（じょうきょう）**（1929年アメリカで株価が大暴落）…①**アメリカ**→ニューディール（新規まき直し）。②**英・仏**→ブロック経済。③**独・伊**→ファシズム（武力による対外侵略を主張）の台頭。

❷ **日本の動き**…①**満州事変**（まんしゅうじへん）→1931年，日本軍が満州占領。翌年（よくねん），**満州国**建国。②1933年に国際連盟脱退。③**軍部の政治支配**→1932年**五・一五事件**（**犬養毅**（いぬかいつよし）首相暗殺），1936年**二・二六事件**（陸軍の青年将校が大臣らを殺傷）。

❸ **日中戦争**…1937年，日中両軍の全面衝突（しょうとつ）へ。

❹ **日本の戦時体制**…1938年**国家総動員法**（議会の承認なしに労働力や物資を動員できる）制定。**大政翼賛会**（たいせいよくさんかい）成立。

❺ **第二次世界大戦**…1939年ドイツのポーランド侵攻で開戦。

❻ **太平洋戦争**…1940年**日独伊三国同盟**。1941年日本が**真珠湾**（しんじゅわん）を奇襲（きしゅう）し，開戦。1945年沖縄戦，広島・長崎に**原子爆弾**（ばくだん）投下。

❼ **終　戦**…1945年８月14日**ポツダム宣言**を受諾（じゅだく）し無条件降伏。

コレ重要

☞三国同盟と三国協商の対立，オーストリア皇太子夫妻暗殺（サラエボ事件）→第一次世界大戦へ。

☞世界恐慌→満州事変→日本の中国侵略→日本の軍部台頭→日中戦争・太平洋戦争へ。

① 2つの世界大戦の出題が多い。戦争の遠因と直接の原因を理解しよう。
② 大正デモクラシー，普通選挙法と治安維持法の成立の関係には注意。
③ 世界恐慌での各国の対策，日本の中国侵略，日中戦争への流れが大切。

時代	年	おもなできごと
大正	1912	護憲運動が始まる
	1914〜18	第一次世界大戦
	1915	中国に二十一か条の要求
	1917	ロシア革命がおこる
	1918	シベリア出兵・米騒動
		原敬の政党内閣
	1919	三・一独立運動
		五・四運動
		ベルサイユ条約 調印
	1920	国際連盟が成立
	1921〜22	ワシントン会議
	1922	全国水平社の結成
	1925	治安維持法の制定
		普通選挙法 が成立
昭和	1929	世界恐慌 がおこる
	1931	満州事変 がおこる
	1932	五・一五事件
	1936	二・二六事件
	1937〜45	日中戦争
	1939〜45	第二次世界大戦
	1941	日ソ中立条約
	1941〜45	太平洋戦争
	1945	ポツダム宣言受諾

大正デモクラシー

世界恐慌と各国の対策

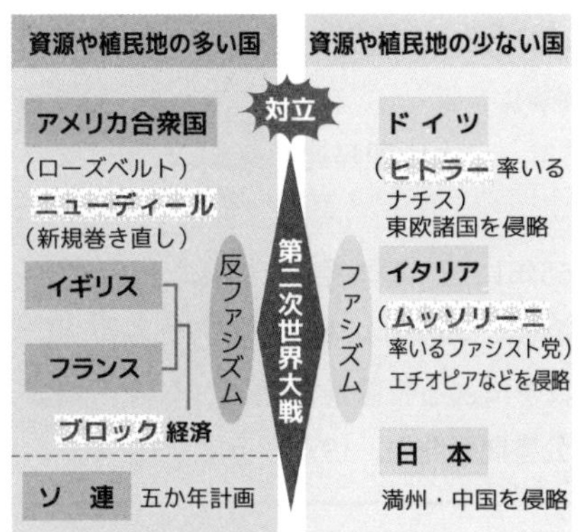

日本をめぐる国際関係

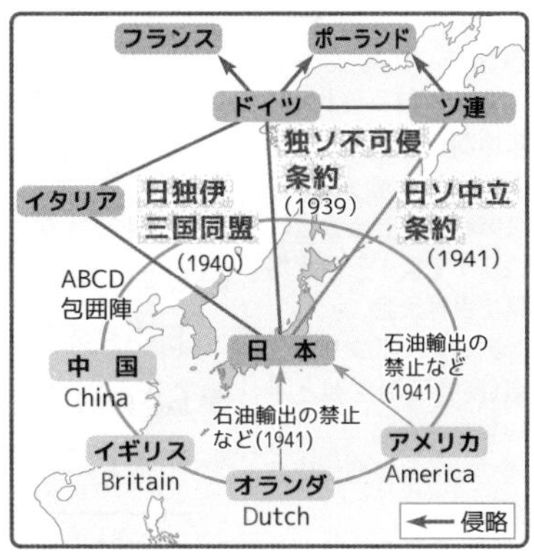

入試直前 チェック ☑

- [ ] 1．日本は何を理由に第一次世界大戦に参戦しましたか。
- [ ] 2．1918年に富山県で主婦たちがおこし，その後全国に広がった動きを何といいますか。
- [ ] 3．1922年，被(ひ)差別部落の人々がつくった全国組織は。
- [ ] 4．女性差別からの解放を掲(かか)げて青鞜社(せいとうしゃ)を結成した人は。
- [ ] 5．第一次世界大戦後の不景気をさらに深刻にした1923年の災害を何といいますか。
- [ ] 6．満25歳以上の男子全員に選挙権を与えた法は。
- [ ] 7．1925年に成立した社会主義運動を取り締まる法は。
- [ ] 8．五・一五事件で暗殺された首相はだれですか。
- [ ] 9．新体制運動を推進するため，1940年に政党を解散させて，新たにつくられた組織は何ですか。

解答

1．日英同盟
2．米騒動
3．全国水平社
4．平塚らいてう(ちょう)
5．関東大震災
6．普通選挙法
7．治安維持法
8．犬養毅
9．大政翼賛会

現代の日本と世界

月　日

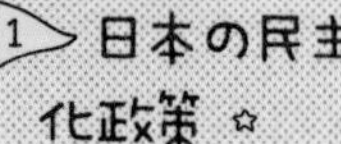

1 日本の民主化政策 ☆

発展　2015年の選挙法改正で18歳以上の男女全員が選挙権をもつようになった。

❶ 民主化政策…マッカーサーが指揮する連合国軍最高司令官総司令部（GHQ）による間接統治。①軍国主義の排除（軍隊の解散，戦犯の処罰（極東国際軍事裁判）），②公職選挙法の改正（満20歳以上の男女全員に選挙権），③農地改革，④財閥解体，⑤教育基本法（6・3・3・4制の教育制度）の制定など。

❷ 日本国憲法の制定…1947年（昭和22）年５月３日施行。

三大原則→国民主権（民主政治の根本）・平和主義（戦争放棄・戦力不保持）・基本的人権の尊重（平等権・自由権・社会権など）。

2 戦後の日本と世界 ☆☆☆

発展　1955年のできごと
①自由民主党（自民党）が発足，以後38年間にわたり第一党に（**55年体制**）。
②第五福竜丸事件（1954年）をきっかけに，広島市で第１回原水爆禁止世界大会。
③**アジア・アフリカ会議**（反植民地主義と平和共存を提唱）。
④ワルシャワ条約機構結成。

❶ 国際連合の成立…原加盟国51か国。安全保障理事会設置。
→p.62参照

❷ ２つの世界…西側資本主義諸国と東側共産主義諸国の対立（両陣営の対立＝冷たい戦争（冷戦））。

朝鮮戦争（1950～53年）では韓国をアメリカが，北朝鮮を中国（1949年，中華人民共和国成立）とソ連が援助。

❸ 日本の独立回復…1951年，サンフランシスコ平和条約。

①**日米関係**→1951年，日米安全保障条約で強化。1960年の改正で反対運動（**安保闘争**）。

②日ソ共同宣言→1956年，日本は**国際連合**（p.64）へ加盟し，国際社会に復帰。

❹ 日本の外交…韓国と1965年に日韓基本条約，中国と1972年に日中共同声明（国交正常化），1978年に日中平和友好条約締結。

❺ 日本の経済発展…朝鮮戦争による**特需景気**で復興。1955～73年まで高度経済成長（1964年に東海道新幹線開通，東京オリンピック・パラリンピック開催）→**公害問題**発生。1973年**石油危機**（オイル・ショック）。

> すいすい暗記
> 米・ソ冷戦　NATOにワルシャワ　対抗し
> アメリカ・ソ連　北大西洋条約機構　ワルシャワ条約機構

3 現代の日本と世界 ☆

発展　1980年代後半から続いた不健全な好景気（株価や地価の大幅な上昇を背景とした**バブル経済**）は1991年に崩壊した。

❶ 現代の世界…①**冷戦の終結**（1989年マルタ会談で米ソ首脳が宣言）→東西ドイツの統一，ソ連の解体。

②**多極化する世界**→地域統合：ヨーロッパ連合（EU），地域協力：アジア太平洋経済協力会議（APEC），国際協調：**主要国首脳会議**（サミット），平和維持活動（PKO）（日本は自衛隊をカンボジア・南スーダンなどへ派遣）など。

64ページのまとめもチェックしてね。

❷ 現代の課題…①**世界**→地域紛争，**南北問題**（p.64参照），地球環境問題。

②**日本**→**少子高齢化**，社会保障制度の整備，人権尊重，防災（1995年阪神・淡路大震災，2011年東日本大震災の教訓を生かす）。

コレ重要

☞ポツダム宣言の受諾→GHQによる日本の民主化→日本国憲法の公布・施行へ。
☞サンフランシスコ平和条約（1951年）→独立回復。日ソ共同宣言（1956年）→国連加盟。

合格アドバイス

① 日本の民主化→農地改革・財閥解体・労働三法・選挙法改正などに注意。
② サンフランシスコ平和条約と日米安全保障条約が締結された経緯(けいい)は大切。
③ 冷戦の終結とグローバル化が進展する中で，日本と世界の課題を把握(はあく)しよう。

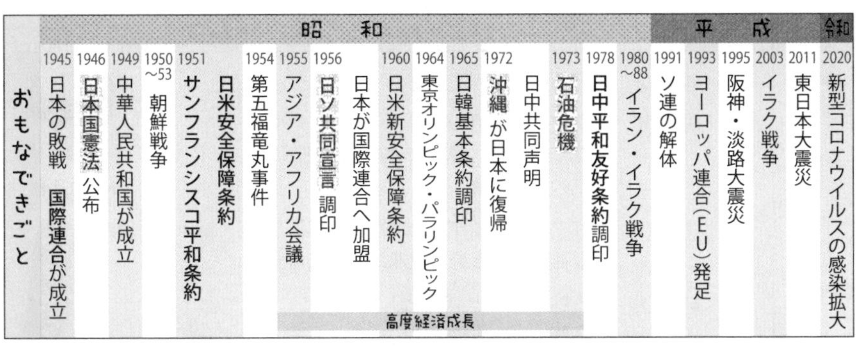

時代	年	おもなできごと
昭和	1945	日本の敗戦　国際連合が成立
昭和	1946	日本国憲法 公布
昭和	1949	中華人民共和国が成立
昭和	1950～53	朝鮮戦争
昭和	1951	サンフランシスコ平和条約
昭和	1951	日米安全保障条約
昭和	1954	第五福竜丸事件
昭和	1955	アジア・アフリカ会議
昭和	1956	日ソ共同宣言 調印
昭和	1956	日本が国際連合へ加盟
昭和	1960	日米新安全保障条約
昭和	1964	東京オリンピック・パラリンピック
昭和	1965	日韓基本条約調印
昭和	1972	沖縄が日本に復帰
昭和	1972	日中共同声明
昭和	1973	石油危機
昭和	1978	日中平和友好条約調印
昭和	1980～88	イラン・イラク戦争
平成	1991	ソ連の解体
平成	1993	ヨーロッパ連合（EU）発足
平成	1995	阪神・淡路大震災
平成	2003	イラク戦争
平成	2011	東日本大震災
令和	2020	新型コロナウイルスの感染拡大

高度経済成長（1955～1973）

◀サンフランシスコ平和条約に調印する日本の主席全権（吉田茂(よしだしげる)首相）。

日本の領土をめぐる問題

第二次世界大戦後の戦争（紛争）地域

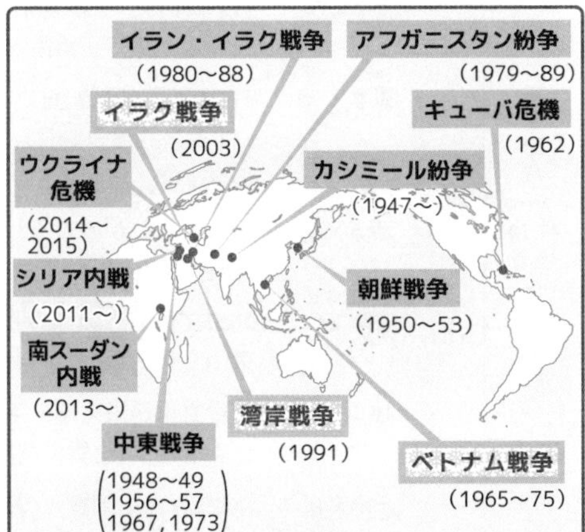

入試直前チェック

□ 1．日本の農業の民主化のために実施された改革は。
□ 2．1945年の選挙法改正で認められた有権者の条件は。
□ 3．1954年にアメリカが行った核実験によって，日本漁船が「死の灰」をあびたできごとは何ですか。
□ 4．1955年に第三世界の国々が集まり，反植民地主義や平和共存を訴(うった)えた会議は何ですか。
□ 5．第四次中東戦争を発端(ほったん)に，石油輸出国が原油の値上げなどを行い，先進国に大きな打撃(だげき)を与えたできごとは。
□ 6．発展途上(とじょう)国と先進国間の経済格差をめぐる問題は。
□ 7．2011年，日本で東北地方を中心に発生した震災(しんさい)は。

解答

1．農地改革
2．満20歳以上の男女
3．第五福竜丸事件
4．アジア・アフリカ会議
5．石油危機（オイル・ショック）
6．南北問題
7．東日本大震災

月　日

日本の文化史のまとめ

時代	年	文化	文化の移り変わり
旧石器時代		旧石器文化	打製石器，岩宿遺跡
縄文時代	1万年前	縄文文化	縄文土器，磨製石器 たて穴住居，貝塚（大森貝塚など） 三内丸山遺跡
弥生時代	前4世紀ごろ	弥生文化	弥生土器，稲作，金属器，青銅器（銅剣・銅矛・銅鐸） 登呂遺跡・吉野ヶ里遺跡，高床倉庫
古墳時代	3世紀	古墳文化	古墳（前方後円墳など），埴輪 仏教伝来，大陸文化の伝来→漢字・儒教など
飛鳥時代	6世紀	飛鳥文化	法隆寺（釈迦三尊像・玉虫厨子など），四天王寺
奈良時代	710年	天平文化	『古事記』，『日本書紀』，『万葉集』 東大寺大仏，正倉院
平安時代	794年	国風文化	『古今和歌集』（紀貫之など）， 『枕草子』（清少納言），『源氏物語』（紫式部）， 仮名文字，寝殿造，平等院鳳凰堂
鎌倉時代	1185年	鎌倉文化	新しい仏教がおこる（浄土宗・禅宗），東大寺南大門金剛力士像， 『新古今和歌集』，『平家物語』，『徒然草』
室町時代（南北朝時代・戦国時代）	1333年 1338年 1392年 1467年	室町文化	**北山文化**　金閣（足利義満），能（観阿弥・世阿弥） **東山文化**　銀閣（足利義政），書院造，水墨画（雪舟）
安土桃山時代	1573年 1590年	桃山文化	南蛮文化が栄える，茶の湯（千利休） かぶき踊り（出雲の阿国），障壁画（狩野永徳）
江戸時代	1603年	元禄文化	浮世絵（菱川師宣），装飾画（尾形光琳），人形浄瑠璃の台本（近松門左衛門），浮世草子（井原西鶴），俳諧（松尾芭蕉）
		化政文化	浮世絵（葛飾北斎・歌川広重・喜多川歌麿） 俳諧（与謝蕪村），『解体新書』（杉田玄白ら），『古事記伝』（本居宣長）
明治時代	1868年	文明開化	鉄道・郵便制度，学問（福沢諭吉）
		近代の文化	小説（樋口一葉・夏目漱石・森鷗外），短歌（与謝野晶子） 日本画（横山大観），洋画（黒田清輝），自然科学（野口英世）
大正時代	1912年	大正デモクラシーと文化	吉野作造（民本主義），芥川龍之介・志賀直哉・武者小路実篤らの文学，ラジオ放送が始まる
昭和時代	1926年	現代の文化	戦後→民主化の動き，テレビ放送が始まる，文化の大衆化，湯川秀樹がノーベル物理学賞受賞，東京オリンピック・パラリンピック（1964年），3C，日本万国博覧会（1970年），インターネットと携帯電話の普及，東京オリンピック・パラリンピック（2021年）
平成時代	1989年		
令和時代	2019年		

▲縄文土器

▲銅鐸

▲平等院鳳凰堂

▲金閣

日本の世界遺産

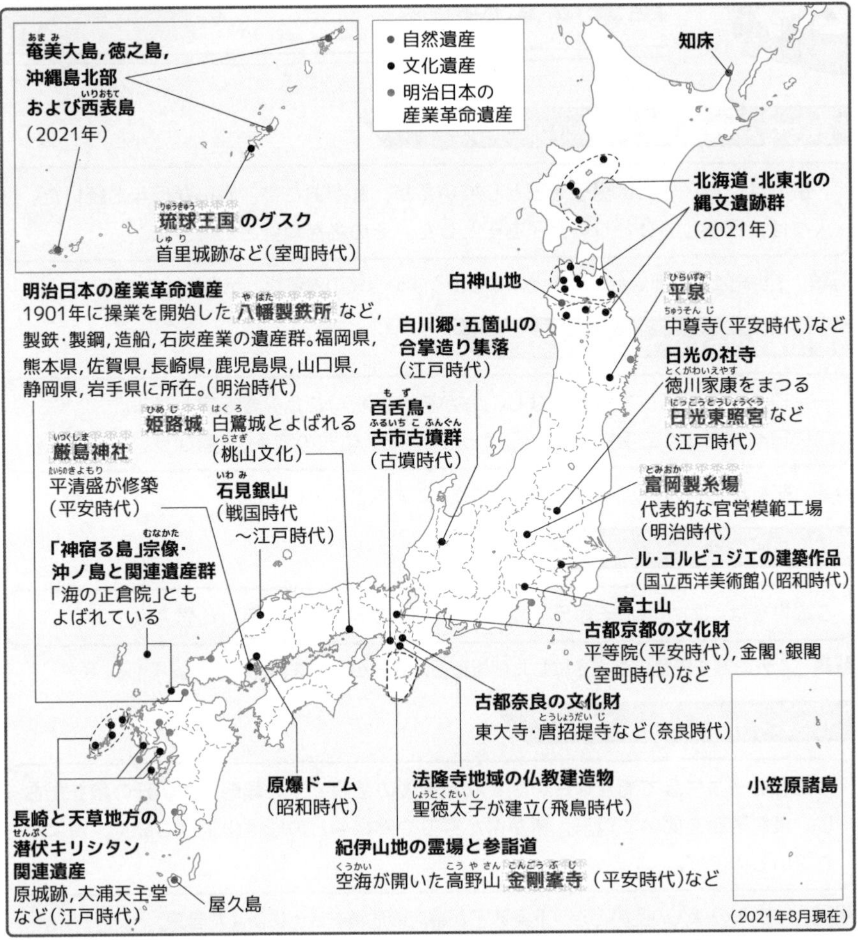

入試直前チェック

- [ ] 1．現存する世界最古の木造建築物とされるものは何ですか。
- [ ] 2．大伴家持などの歌を集めた日本で最古の歌集は何ですか。
- [ ] 3．平安時代の貴族の屋敷の建築様式を何といいますか。
- [ ] 4．鎌倉時代の軍記物の代表作品は何ですか。
- [ ] 5．運慶らが制作した東大寺南大門の彫刻は何ですか。
- [ ] 6．銀閣などにとり入れられている，床の間を設けて障子やふすまで部屋を仕切る室町後期の建築様式を何といいますか。
- [ ] 7．茶の湯を大成させた人物はだれですか。
- [ ] 8．江戸時代に発達した町人の風俗や風景を描いた絵画は。
- [ ] 9．『坊っちゃん』『草枕』を書いた作家はだれですか。

解答

1．法隆寺
2．『万葉集』
3．寝殿造
4．『平家物語』
5．金剛力士像
6．書院造
7．千利休
8．浮世絵
9．夏目漱石

月　日

重要な史料

魏志倭人伝（3世紀末，中国・三国時代の魏の歴史書）

倭では，……もとは男子を王としていたが，乱がおこり，戦いが何年も続いた。人々は，協議してひとりの女子を王とした。その名を卑弥呼といった。

解説　3世紀ごろ，邪馬台国が強大になるようすや当時の風俗などが書かれている。

聖徳太子の十七条の憲法（604年制定）

一に曰く，和をもって貴しとなし，さからう（争う）ことなきを宗とせよ。
二に曰く，あつく三宝を敬え。三宝とは仏・法（仏教の教え）・僧なり。

解説　聖徳太子が役人の心構えや，天皇に従うことなどを示したもの。

摂関政治（11世紀，『小右記』）

この世をば　わが世とぞ思う　望月の　欠けたることも　無しと思えば

解説　4人の娘を天皇のきさきにした藤原道長が自らの栄華を詠んだ和歌。

北条政子の訴え（『吾妻鏡』を要約）

皆心を一つにして聞きなさい。これが最後の言葉です。頼朝公が朝廷の敵をたおし，鎌倉幕府を開いて以来，皆が得た官位や俸禄などの恩は山よりも高く，海よりも深いものです。

解説　1221年の承久の乱のとき，北条政子が幕府の危機を武士に訴えた言葉。

永仁の徳政令〔1297（永仁5）年〕

一　質入れや売買した土地について　領地を質入れして流したり，売買したりすると，御家人が落ちぶれるので一切やめよ。売買された領地はもとの持ち主に返せ。

解説　これにより，御家人が借金することができなくなり，翌年，幕府は一部を撤回した。

二条河原落書（1334年）

このごろ都にはやるもの，夜討ち，強盗，にせ綸旨，召人，早馬，虚騒動，生頸，還俗，自由出家…

解説　後醍醐天皇の行った建武の新政を批判した落書。

社会
理科
数学
英語
国語

刀狩令(1588年)

諸国の百姓，刀・脇指・弓・やり・鉄砲，その他武具をもつことをかたく禁止する。その訳は，不要な道具をもつと，年貢を納めず一揆をくわだてることになるので，…右の武具，ことごとく取り集め，秀吉に差し出すこと。

解説 方広寺の大仏を鋳造するためと称して，秀吉は諸国の民衆から刀などを差し出させた。

武家諸法度(1615年)

一　文武や弓馬の道は，常に心がけて励むこと。
一　新たに城郭を構えることを禁止する。

解説 大名統制のための法令。江戸幕府の3代将軍徳川家光のときに参勤交代が制度として追加された。

人権宣言(フランス，1789年)

1　人は生まれながらに，自由で平等な権利をもつ。
3　主権は国民にある。

解説 フランス革命勃発後，国民議会が採択したもので，主権在民を主張している。

狂歌(1853年)

太平の　眠気をさます　上喜撰　たった四杯で　夜もねられず

解説 ペリー来航に対する幕府の動揺を皮肉った歌。

五箇条の御誓文(1868年)

一　広ク会議ヲ興シ，万機公論ニ決スベシ
一　上下心ヲ一ニシテ盛ニ経綸ヲ行フベシ

解説 5か条の政治方針を示し，近代国家に生まれ変わることを表明した。

入試直前チェック

- [ ] 1．卑弥呼が支配する邪馬台国のことが記された中国の書物名は何ですか。
- [ ] 2．聖徳太子(厩戸皇子)が定めた，役人の心得を示した法令は。
- [ ] 3．北条政子が御家人に幕府への忠誠を訴えた戦いは。
- [ ] 4．刀狩令を出して，民衆から武器をとりあげ，兵農分離の徹底をはかったのはだれですか。
- [ ] 5．江戸時代に大名が守るべき心構えを示した法令は。

解答

1．魏志倭人伝
2．十七条の憲法
3．承久の乱
4．豊臣秀吉
5．武家諸法度

月　日

現代社会と日本国憲法

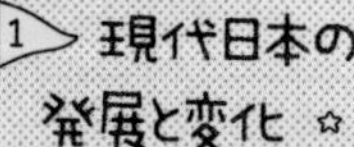

1 現代日本の発展と変化 ☆

発展 情報社会では情報を正しく活用する力(**情報リテラシー**)や情報を正しく利用していく態度(**情報モラル**)が求められる。

❶ **現代日本の発展と変化**…①**高度経済成長**→1955年から1973年の石油危機まで。電化製品などの普及(ふきゅう)。食料自給率の低下。
↳三種の神器→電気洗濯機・白黒テレビ・電気冷蔵庫。3C→自動車・カラーテレビ・クーラー
②**石油危機後**→経済の低成長。**バブル経済**と崩壊。平成不況。

❷ **現代社会の特色**…①**情報社会**→大量の情報。インターネットや携帯(けいたい)電話の普及。②**少子高齢社会**→**出生率**の低下と平均寿命の伸び。③**グローバル化の進展**→国際分業や多文化共生社会。
↳情報通信技術(ICT)が発達
↳合計特殊出生率の減少

❸ **社会生活と文化**…多様な文化，伝統文化(年中行事など)。
↳科学・宗教・芸術など

2 個人の尊重と社会・家族 ☆

発展 1986年に**男女雇用機会均等法**が施行。あらゆる分野で男女対等な社会づくりを目ざす**男女共同参画社会基本法**は1999年に施行。

❶ **個人の尊重**…すべて国民は個人として尊重される。
↳日本国憲法第13条

❷ **個人と社会**…人間は社会的存在→多様な集団に所属。

❸ **社会生活ときまり**…社会集団では**対立**が生じることがあり，そのときは**合意**を目ざそうとする←**公正**と**効率**が基準。
↳合意の方法には，全員一致や多数決などがある

❹ **家族と家族形態の変化**…①家族は基礎的な社会集団→「**個人の尊厳と両性の本質的平等**」(憲法第24条)。民法で家族関係を規定。②家族形態の多様化→**核(かく)家族**化，単独(1人)世帯が増加。
↳夫婦，夫婦と未婚の子ども，1人親と未婚の子どもの世帯

3 人権思想と日本国憲法 ☆☆☆

参考 同盟国が攻撃(こうげき)を受けたとき，自国は攻撃を受けていなくても，その国の防衛活動に参加する権利を**集団的自衛権**という。

発展 **新しい人権**→プライバシーの権利，知る権利，環境(かんきょう)権，自己決定権など。第13条の幸福追求権や第25条の生存権に基づく。

❶ **人権思想**…**基本的人権**→人間が生まれながらにしてもつ権利。
①**思想家**→**ロック**(英)，**モンテスキュー**(仏)，**ルソー**(仏)。
↳『統治二論』　↳『法の精神』　↳『社会契約論』
②**人権確立**→17～18世紀の市民革命で自由権的人権が確立。
権利章典(英)，独立宣言(米)，**人権宣言**(仏)。

❷ **世界の人権**…1948年**世界人権宣言**，1966年**国際人権規約**採択(さいたく)。

❸ **日本国憲法**…1946年11月3日公布，1947年5月3日施行。
①**大日本帝国(ていこく)憲法**→1889年発布，天皇主権の欽定(きんてい)憲法。
②**日本国憲法**→民定憲法。**三大基本原則**(**国民主権**・**平和主義**・**基本的人権の尊重**)や三大義務を規定。直接的には規定されていない権利(**新しい人権**)もある。
↳前文と第9条
↳子どもに普通教育を受けさせる義務・勤労の義務・納税の義務

すいすい暗記
基本(きほん)は平等(びょうどう)　自由(じゆう)・社会(しゃかい)を　守(まも)るため
基本的人権　平等権　自由権　社会権　人権を守るための権利

・コレ重要・
☞日本の現代社会→情報社会・少子高齢社会・グローバル化した社会。
☞日本国憲法の三大基本原則→国民主権・平和主義・基本的人権の尊重。

合格アドバイス

① 少子高齢社会，女性の社会進出などによる新しい家族関係を理解しよう。
② 人権思想の確立に貢献(こうけん)した人々の著書や考え方をまとめておこう。
③ 日本国憲法の三大基本原則の内容はよく出題されるので覚えておこう。

憲法改正の手続き

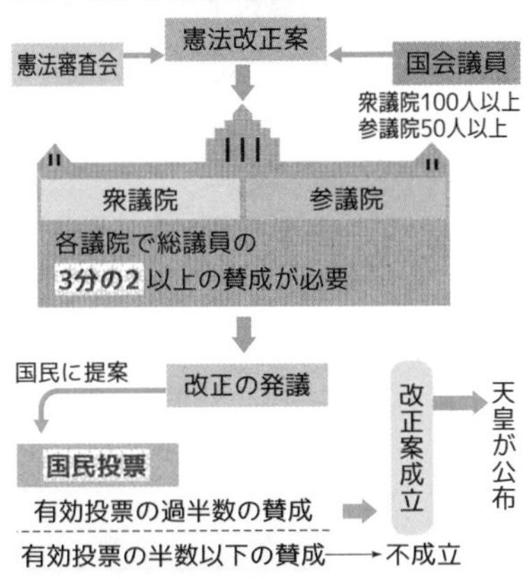

世界の人権思想の流れ

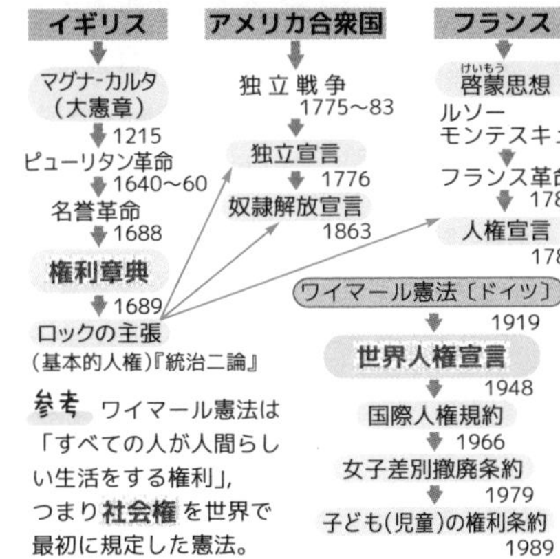

参考 ワイマール憲法は「すべての人が人間らしい生活をする権利」，つまり**社会権**を世界で最初に規定した憲法。

日本国憲法が保障する基本的人権

平等権	自由権	社会権
・個人の尊重	・精神の自由	・生存権
・法の下の平等	・生命・身体の自由	・教育を受ける権利
・男女の本質的平等	・経済活動の自由	・労働基本権

参政権	請求権
・選挙権・被選挙権	・国家賠償請求権
・国民審査	・裁判を受ける権利
・国民投票 など	・刑事補償請求権

差別への対策と共生社会への取り組み

男女差別への対策	・男女雇用機会均等法（1985年） ・男女共同参画社会基本法（1999年） ・女性活躍(かつやく)推進法（2015年）
民族差別への対策	・アイヌ文化振興法（1997年） ・アイヌ民族支援法（2019年）
部落差別への対策	・同和対策審議会（1960年設置） ・部落差別解消推進法（2016年）
障がい者差別への対策	・障害者基本法（1970年） ・障害者差別解消法（2013年）
共生社会への取り組み	・バリアフリー，ユニバーサルデザイン ・ノーマライゼーション ・インクルージョン

入試直前チェック

- [ ] 1．１人の女性が生涯に生む子どもの数を何といいますか。
- [ ] 2．性別に関係なく社会参画の推進を目ざした法律は。
- [ ] 3．平和主義を規定するのは日本国憲法前文と第何条ですか。
- [ ] 4．日本国憲法第25条で定められた，健康で文化的な生活を営む権利は何ですか。
- [ ] 5．新しい人権のうち，尊厳死など個人の生き方や生活の仕方について，個人が自由に決められる権利は何ですか。
- [ ] 6．個人の私生活に関する情報を公開されない権利は。
- [ ] 7．日本国憲法が規定した三大義務は，子どもに普通教育を受けさせる義務，勤労の義務ともう１つは何ですか。

解答

1．合計特殊出生率
2．男女共同参画社会基本法
3．第９条
4．生存権
5．自己決定権
6．プライバシーの権利
7．納税の義務

月　日

民主政治,政治のしくみとはたらき ①

1 選挙と政党 ☆☆☆

注意 衆議院は**小選挙区比例代表並立制**，参議院は比例代表制と都道府県単位(一部で合区)の選挙区制。

発展 **一票の格差**→各選挙区における議員1人あたりの有権者数が異なる問題。

1. **選挙は国民主権の行使**…**間接民主制**(代議制・議会制民主主義)。
   ↳選挙の実施方法などは公職選挙法に基づく
2. **選挙権の拡大**…**普通選挙**(1925年，満25歳(さい)以上の男子→1945年，満20歳以上の男女→2015年，満18歳以上の男女)。
3. **選挙の原則**…普通(ふつう)選挙・直接選挙・秘密選挙・平等選挙。
4. **被(ひ)選挙権**…①衆議院議員→満25歳以上，参議院議員→満30歳以上。②地方議会議員・市(区)町村長→満25歳以上，都道府県知事→満30歳以上。

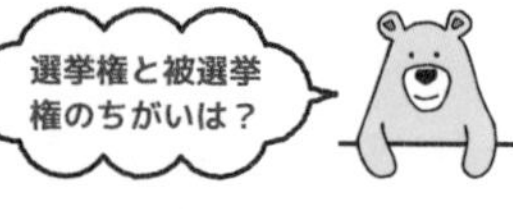

5. **選挙区制**…①**小選挙区制**，②**大選挙区制**，③**比例代表制**。
6. **政　党**…①**与党(よとう)と野党(やとう)**→政権を担当する**与党**，与党以外が**野党**。
   ↱複数の政党によって内閣が成立することを連立政権という
   ②**政党政治**→政党が中心となって政治を行う。
   ↱政党は政権公約(マニフェスト)を発表し，政策などを具体的に説明する

2 世論とマスメディア ☆

発展 あふれる情報の中から,情報を正しく読み解く力(**メディアリテラシー**)が求められる。

1. **世論(せろん/よろん)**…政治や社会の問題についての国民の意見のまとまり。
2. **世論と政治**…民主政治は世論の力によって動かされている。政党は世論を取り入れ，その支持で選挙に勝利→政策実現。
3. **世論とマスメディア**…世論は新聞・テレビ・ラジオなどのマスメディアを通して形成→近年は，インターネットの利用も活発に。
   双方向の関係で意見表明や政治参加する↲

3 国民主権と国会 ☆☆☆

注意 **衆議院の優越**→衆議院は任期が短く，解散があり，世論を反映しやすいから。

発展 内閣が衆議院を解散→40日以内に衆議院総選挙→30日以内に特別会を召集(召集前に内閣は総辞職)。

1. **国会の地位**…国権の最高機関であり，国の唯一(ゆいいつ)の立法機関。
2. **二院制(両院制)**…**衆議院**と**参議院**→慎重審議(しんちょうしんぎ)のため。
3. **国会の種類**…**常会**，臨時会，特別会，緊急集会(参議院)。
   (常会：通常国会ともいう。毎年1月に召集／臨時会：臨時国会ともいう／特別会：特別国会ともいう。総選挙後30日以内／緊急集会：衆議院解散中)
4. **はたらき**…**法律**の制定，国政調査権，**内閣総理大臣**の指名，予算の議決，条約の承認，弾劾(だんがい)裁判，憲法改正の発議など。
   ↳委員会で審議後，本会議で議決
5. **衆議院の優越(ゆうえつ)**…法律案の議決，**予算**の先議と議決，条約の承認，内閣総理大臣の指名，内閣不信任の決議など。
6. **衆議院の解散**…衆議院による内閣不信任決議(信任案の否決)→内閣は，10日以内に**衆議院を解散**するか，**総辞職**。

すいすい暗記
予算(よさん) 条約(じょうやく) 指名(しめい) 優越(ゆうえつ) 衆議院(しゅうぎいん)
予算の先議と議決　条約の承認　内閣総理大臣の指名　衆議院の議決が優先

・コレ重要・
☞日本の選挙権→満18歳以上のすべての男女に与えられている。
☞国会は衆議院と参議院の二院からなり，衆議院に多くの優越権がある。

① 選挙権拡大の歴史や選挙の原則，選挙制度についての理解が重要。
② 比例代表選挙の議席配分のしくみ（ドント式）を理解しよう。
③ 衆議院の優越や，国会と内閣の関係（議院内閣制）などが重要。

社会 理科 数学 英語 国語

日本の選挙権の拡大と選挙制度

実施年	有権者数	総人口比	選挙権者の範囲
1890年	45万	1.1%	国税15円以上 満25歳以上の男子
1928年	1,241万	20.0%	満25歳以上の男子（普通選挙法）
1946年	3,688万	48.7%	満20歳以上の男女
2016年	10,660万	83.6%	満18歳以上の男女

大選挙区制	1つの選挙区から2名以上を選出
小選挙区制	1つの選挙区から1名を選出
比例代表制	各政党の総得票数に応じて議席を配分，現在はドント式を採用

※衆議院選挙の小選挙区比例代表並立制では，小選挙区と比例代表の両方に立候補できる。また，比例代表制では政党名を書いて投票する。
※参議院選挙の比例代表制では，政党名，立候補者名のどちらを書いてもよい。

ドント式のしくみ

		A党	B党	C党
得票数		1,500	900	600
除数	1	1,500①	900②	600④
	2	750③	450⑥	300
	3	500⑤	300	200
	4	375	225	150
配分議席		3	2	1

● 各党の得票数を整数で割り，商の大きい順に当選者数が決まる。
※丸数字は当選順位
※議員定数6人の試算例

衆議院と参議院のしくみ

衆議院	国会	参議院
465人	議員数	248人※
4年	任期	6年（3年ごとに半数改選）
満25歳以上	被選挙権	満30歳以上
ある	解散	ない
小選挙区 289人 比例代表 176人	選挙区	選挙区 148人 比例代表 100人

※2018年6月，公職選挙法が改正され，参議院の定数は248人となった。2019年の参院選で245人，2022年から248人となる。

衆議院の優越

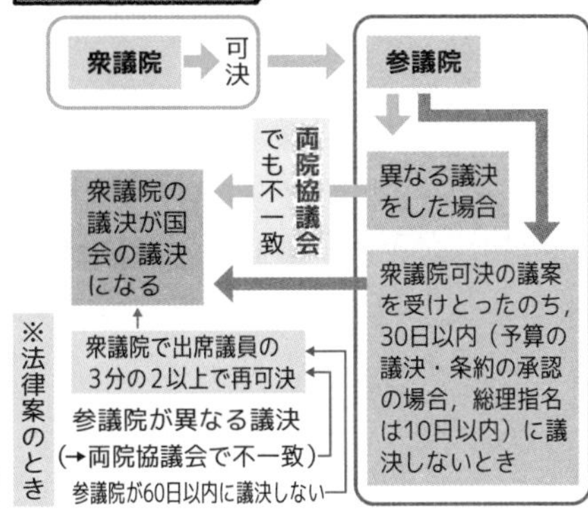

入試直前チェック

- [ ] 1．選挙のことについて規定した法律は何ですか。
- [ ] 2．現在行われている選挙の原則を4つあげなさい。
- [ ] 3．選挙区によって議員1人あたりの有権者数が異なる，日本の選挙制度の問題を何といいますか。
- [ ] 4．各政党が政権を担当したときに実施（じっし）する政策などを具体的に説明したものを何といいますか。
- [ ] 5．参議院にはなく，衆議院だけが決議できる権限は。
- [ ] 6．必ず衆議院が先議することと決められているものは。
- [ ] 7．国会が裁判官を裁判することを何といいますか。
- [ ] 8．両院の意見が一致（いっち）しないときに，意見を調整するために開かれる協議会を何といいますか。

解答

1．公職選挙法
2．普通選挙，秘密選挙，平等選挙，直接選挙
3．一票の格差
4．政権公約（マニフェスト）
5．内閣不信任の決議
6．予　算
7．弾劾裁判
8．両院協議会

月　日

政治のしくみとはたらき②，地方自治

1 行政のはたらきと内閣 ☆☆

参考 首相や国務大臣は，軍人でない**文民**でなければならない。

1. **内閣のしくみ**…**内閣総理大臣**と**国務大臣**で構成。（国務大臣：過半数は国会議員／内閣総理大臣：首相。必ず国会議員，閣議の議長，国務大臣の任免権）
2. **議院内閣制**…国会の信任で成立，**国会に対して連帯責任**を負う。
3. **はたらき**…予算の作成・国会提出，法律の執行（しっこう），政令の制定，条約の締結（ていけつ），天皇の**国事行為**（こうい）への助言と承認など。
4. **行政機関**…内閣府と省庁，行政委員会・審議会（しんぎ）も置かれる。（行政機関：公務員が「国民全体の奉仕者」として行政の仕事を行う／審議会：行政機関の政策立案に対して，関係者や学識経験者の意見を聞く機関）

2 司法権の独立と裁判所 ☆☆☆

発展 **三審制**・再審・**黙秘権**（もくひ）などで人権が守られている。

注意 民事裁判は裁判所に訴えた（うった）人が**原告**，訴えられた人が**被告**（ひこく）。刑事裁判は**検察官**が裁判所に訴え（起訴（きそ）），被疑者が**被告人**となる。

1. **司法権の独立**…裁判官は**良心**に従い，**憲法**・**法律**にのみ拘束（こうそく）。
2. **裁判所**…①司法権，②社会秩序（ちつじょ）の維持（いじ），③基本的人権を守る。
3. **裁判官**…最高裁長官←内閣が指名し，天皇が任命。他は内閣任命。（最高裁の裁判官は国民審査を受ける）
4. **裁判所の種類**…**最高裁判所**と**下級裁判所**。（下級裁判所：高等・地方・家庭・簡易裁判所）
5. **裁判の種類**…**民事裁判**（私人間の争い）と**刑事裁判**（けいじ）（犯罪行為（こうい））。
6. **裁判員制度**…国民が裁判員として**刑事裁判**に参加。（2009年から導入／第一審のみ）
7. **三審制**…**控訴**・**上告**し3回まで裁判が受けられる。**再審**もある。
8. **違憲立法審査権（法令審査権）**（いけん）…すべての裁判所にある。違憲立法審査の最終判断を行う最高裁判所→**「憲法の番人」**。
9. **司法の課題への取り組み**…取り調べの可視化，被害者参加制度。（えん罪や自白の強制を防ぐ／被害者の気持ちを配慮）
10. **権力分立**…国家権力の分散，濫用（らんよう）防止→**三権分立**・地方分権。（立法権・行政権・司法権）

3 地方自治 ☆☆☆

参考 地方自治は「**民主主義の学校**」とよばれることもある。

発展 行政が適正に行われているかを調査・監視し，行政への苦情を処理する**オンブズパーソン（オンブズマン）制度**が，1990年に川崎市で初めて導入された。

1. **地方自治**…都道府県・市（区）町村の住民による自主的な政治。（地方自治法で規定／地方公共団体（地方自治体））
2. **しくみ**…①**議会**→一院制，任期4年。条例の制定・改廃（かいはい），予算の議決。②**首長**→都道府県知事・市（区）町村長，任期4年。
3. **住民の権利**…①**参政権**→選挙権・被選挙権。②**直接請求権**（せいきゅう）→首長や議員の解職（**リコール**）。**条例**の制定や改廃。監査（かんさ）。議会の解散。③**特別法制定のときの住民投票権**→過半数の同意。（条例：法律の範囲内で，その地方公共団体にだけ適用される法規）
4. **地方財政**…①**歳出**（さいしゅつ）→民生費，土木費，教育費，公債費（こうさい）など。②**歳入**（さいにゅう）→地方税，**地方交付税交付金**，**地方債**，**国庫支出金**。（地方債：地方公共団体の借金／地方交付税交付金：国が地方自治体間の財政格差の是正のために支給するお金）

すいすい暗記
地方税（ちほうぜい）　交付（こうふ）・国庫（こっこ）が　主財源（しゅざいげん）
（交付：地方交付税交付金／国庫：国庫支出金）

・コレ重要・

☞国会・内閣・裁判所の三権は分立し，互いに抑制（よくせい）・均衡（きんこう）を保っている。
☞住民の権利→直接民主制的な権利（直接請求権・住民投票）がある。

合格アドバイス

① 国会・内閣・裁判所の三権のしくみと機能についてまとめておこう。
② 司法権の独立や，国民の人権を守る三審制について理解しておこう。
③ 地方自治は国民の身近な政治への参加の場であり，住民の諸権利が重要。

内閣が成立するまで

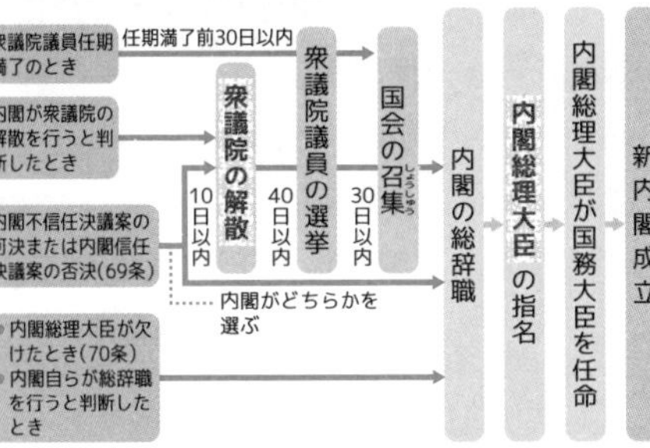

三審制

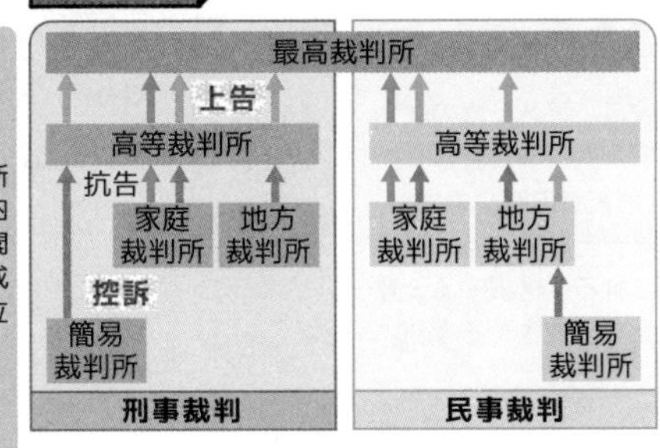

三権分立

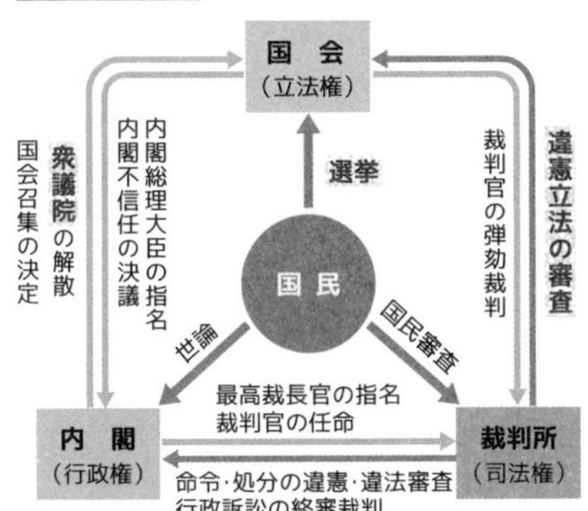

地方公共団体の首長と議会の関係

予算や条例の議決，
不信任決議

首長
都道府県知事
市(区)町村長

議会
都道府県議会
市(区)町村議会

議会の解散，
条例や予算の再議

住民の直接請求権

請求の種類	必要な署名数	請求相手先
条例の制定・改廃	有権者の1/50以上	首長
監査		監査委員
議会の解散	有権者の1/3以上	選挙管理委員会
首長・議員の解職		選挙管理委員会

入試直前チェック

- □ 1．内閣が国会の信任で成立し，国会に対して連帯責任を負う制度は何とよばれていますか。
- □ 2．政府の方針を決定するため，内閣総理大臣が中心となって開く会合は何ですか。
- □ 3．2009年から始まった，国民が刑事裁判に参加する制度は。
- □ 4．被告人が，自分に不利な供述をしなくてもよい権利は。
- □ 5．「憲法の番人」とよばれる終審の裁判所はどこですか。
- □ 6．地方公共団体の組織・運営などを定めた法律は何ですか。
- □ 7．住民が条例の制定や首長の解職などを要求する権利は。
- □ 8．国が使途(しと)を指定して地方公共団体に支出する財源は。
- □ 9．住民が行政を調査・監視したり，苦情を処理する制度は。

解答

1．議院内閣制
2．閣 議
3．裁判員制度
4．黙秘権
5．最高裁判所
6．地方自治法
7．直接請求権
8．国庫支出金
9．オンブズパーソン(オンブズマン)制度

月　日

消費生活と生産のしくみ

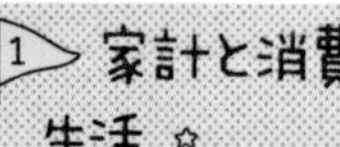

1 家計と消費生活 ☆

参考 アメリカのケネディ大統領が宣言した「消費者の四つの権利」→安全を求める・知らされる・選択する・意見を反映させる権利。

❶ **経済活動**…生産と分配，消費。家計・企業・政府で行われる。

❷ **家　計**…家庭を単位に行う消費中心の経済活動をいう。

①収入→**給与所得**，**事業所得**，**財産所得**など。
（給与所得→給料や賃金／事業所得→個人事業主の所得／財産所得→所有しているアパートや駐車場などから得る所得）

②支出→**消費支出**，税金，社会保険料，**貯蓄**など。
（消費支出→食料費・住居費・水道光熱費などサービスに対する支出／貯蓄→将来への支出の備え）

❸ **消費者保護**…**消費者主権**を守り，消費者の権利を保障。消費者保護基本法改正→**消費者基本法**。**製造物責任法（PL法）**や消費者契約法，**クーリング・オフ制度**など。2009年**消費者庁**が発足。
（消費者保護基本法→1968年／消費者基本法→2004年）

2 商品の流通と価格 ☆☆

参考 **公共料金**→電気・ガス・鉄道・バス・水道料金など，国会や政府，地方公共団体が決定，または認可する価格。

❶ **商　業**…商品の**流通**を専門的に行う→卸売業・小売業など。

❷ **価　格**…需要（買う）量と供給（売る）量の関係で決まる。

①需要量＞供給量→価格は**上**がる→生産量は**増加**する。

②供給量＞需要量→価格は**下**がる→生産量は**減少**する。

③種類→**均衡価格**，**市場価格**，**独占価格**，**公共料金**。
（均衡価格→需要量と供給量が一致／市場価格→市場で売買されている価格）

❸ **物　価**…多くの商品の値段を平均化したもの。

3 生産と企業のしくみ ☆☆

参考 ・**中小企業**（製造業では資本金3億円以下または従業員数300人以下）の中には，ＩＴ分野などで先端技術を用いた新しいビジネスに取り組む**ベンチャー企業**も増え，海外に進出する企業もある。
・「持続可能な開発目標（SDGs）」に合わせ，環境保護（E）や社会問題の解決（S），企業統治（G）に取り組む企業にお金を投資する**ESG投資**が注目されている。

❶ **資本主義経済**…市場経済，経済活動の自由。

❷ **生産要素**…**自然**（土地），**労働力**，**資本**，**知的資源**。
（知的資源→特許・ノウハウなど）

❸ **拡大再生産**…再生産のたびに生産規模を拡大→経済成長。
（→他に生産規模を変えない単純再生産，縮小する縮小再生産がある）

❹ **企　業**…資本をもとに，**財**や**サービス**をつくりだす組織。

❺ **企業の種類**…①**私企業**→個人企業（農家・個人商店など），組合企業（農協・漁協など），会社企業（株式会社など）。

②**公企業**→国や地方公共団体が運営。③公私合同企業。
（公私合同企業→第3セクターともいう）

❻ **株式会社**…資金を**株式**で集める→出資者（**株主**）の有限責任。
（株式→小額の株式に分けて集めるため，巨額の資金を集めやすい）

❼ **企業の集中**…少数の大企業が生産・販売を支配→生産の集中。

①**独占の形態**→**カルテル**，トラスト，コンツェルン。

②**独占の禁止**→**独占禁止法**制定→**公正取引委員会**が監視。

❽ **大企業と中小企業**…①**大企業**→設備投資や技術革新が進む。
（中小企業→日本の企業数の9割以上を占めている／技術革新→イノベーション）

②**中小企業**→大企業と比べて生産性・労働条件などが劣る。

❾ **企業の社会的責任**…環境保全や文化活動の支援などを行う。
（企業の社会的責任→CSRという）

・コレ重要・

☞商品の価格→市場における需要量と供給量の関係で決まる。

☞資本主義経済の特色→経済活動の自由と利潤の追求。企業は株式会社が多い。

社会
理科
数学
英語
国語

合格アドバイス

① 家計・企業・政府による国民経済の動きについて理解しよう。
② 価格の種類，価格の決まり方，需要と供給の関係が重要。
③ 生産要素，拡大再生産，現代企業の中心形態である株式会社の特徴，独占の形態などが重要。

経済の循環

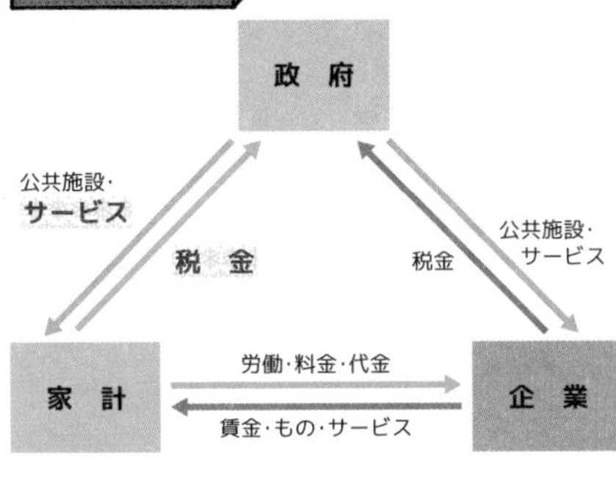

価格の決定

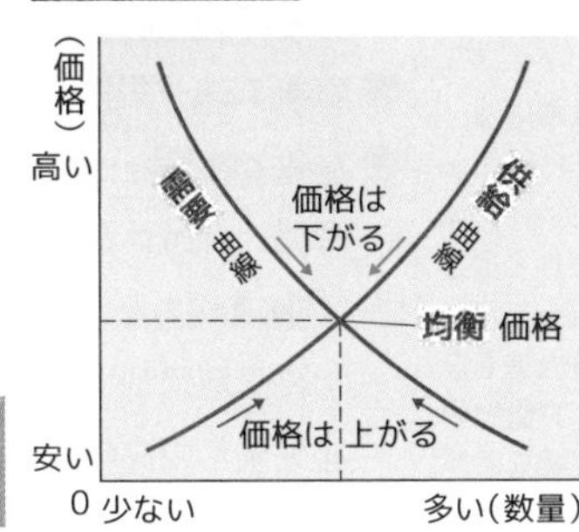

価格が上がると売り手は供給を増やし，価格が下がると買い手の需要が増える

企業の集中と独占の問題

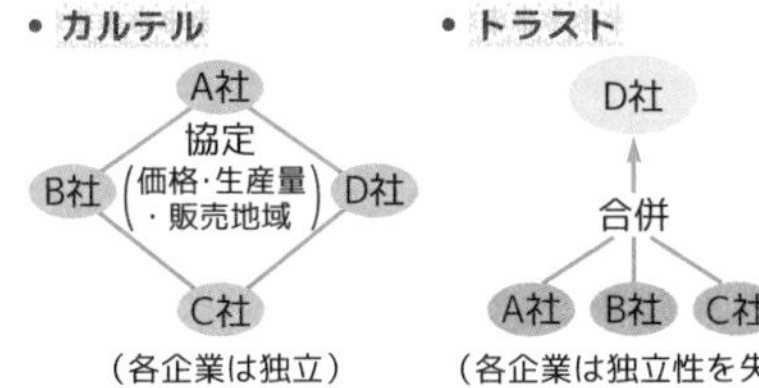

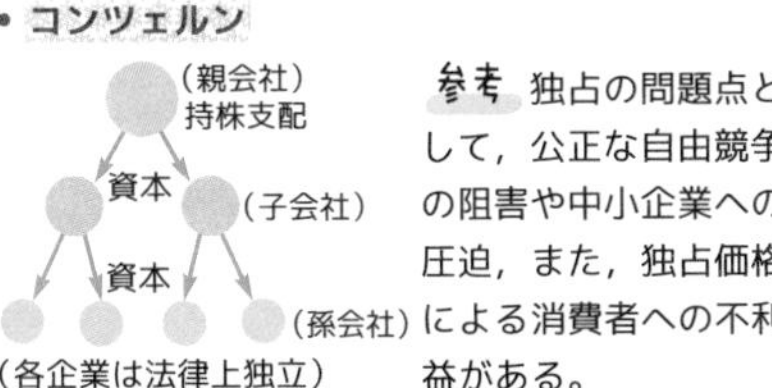

参考 独占の問題点として，公正な自由競争の阻害や中小企業への圧迫，また，独占価格による消費者への不利益がある。

● スタグフレーション…不景気であるにもかかわらず，物価が上昇していく現象。

株式会社のしくみ

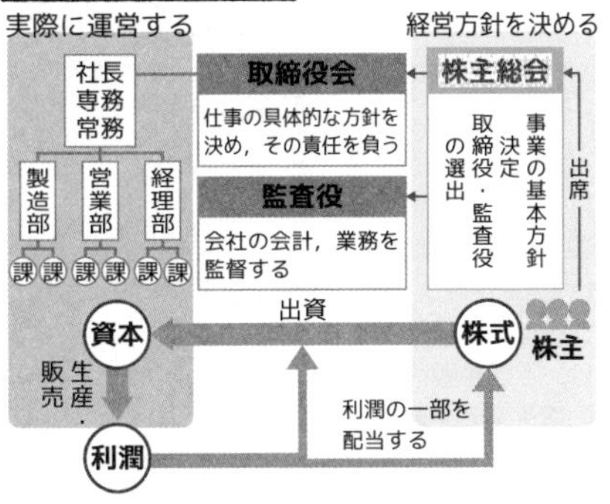

入試直前チェック

	問題	解答
□	1．製品の欠陥によって消費者が被害を受けたとき，製造業者に責任がなくても被害者への救済を義務づけた法律は。	1．製造物責任法(PL法)
□	2．訪問販売などで消費者が意にそわない契約をした場合，一定期間内であれば，無条件で契約を解除できる制度は。	2．クーリング・オフ制度
□	3．2009年，消費者行政を一元化して設置された官庁は。	3．消費者庁
□	4．１つあるいは少数の企業の指導で決定される価格は。	4．独占価格
□	5．国や地方公共団体の認可によって決定される価格は。	5．公共料金
□	6．多額の資金調達に適した今日の代表的な会社は何ですか。	6．株式会社
□	7．株主が持ち株数に応じて受けとる会社の利潤の分配は。	7．配当
□	8．大企業の独占を取り締まり，自由な競争を守る機関は。	8．公正取引委員会

月　日

職業と労働，金融と景気変動

1 職業と労働 ☆☆☆

注意 **労働基準法**は，労働時間（週40時間，1日8時間以内）・休日（最低週1日）・賃金（男女同一賃金）など，労働条件の最低基準を定めている。労働局や労働基準監督署などが関係機関。

参考 年功序列賃金制や終身雇用制は法律で定められたものではない。

1 **職業の意義**…収入を得て生計を維持，個性・能力の発揮など。
　→憲法第27条で勤労の権利・義務を保障。また，第22条で職業選択の自由が認められている

2 **労働三権（憲法第28条）**…**団結権**，**団体交渉権**，**団体行動権**。

3 **労働三法**…**労働基準法**，労働組合法，労働関係調整法。
　→労働条件の最低基準　→労働三権の保障　→労使紛争の予防・解決

4 **女性と職場**…女性の職場進出が増加。**男女雇用機会均等法**，育児・介護休業法，男女共同参画社会基本法。
　→セクシャル・ハラスメントのない環境づくりが求められる

5 **労働環境の変化と課題**…①**年功序列**賃金制→**成果主義**へ。
②終身**雇用制**→**非正規労働者**や**外国人労働者**の増加へ。
　→派遣社員・契約社員，パート・アルバイトなど
③失業や中高年の雇用不安，過労死や労働条件の格差→セーフティネットの整備の課題。
　→労働災害
④仕事と家庭の両立（**ワーク・ライフ・バランス**）の実現→ICT技術を使った**テレワーク**や**ワークシェアリング**の導入。
　→1人ひとりの仕事を分業する

すいすい暗記　労三権（労働三権）　団（団結権）　交しよう（団体交渉権）　そうしよう（争議権（団体行動権））

2 金融と景気変動 ☆☆☆

注意 **公開市場操作**（オペレーション）→日本銀行は，不景気のときは，民間金融機関から国債や手形を買うこと（**買いオペレーション**）で市場に出まわるお金の量（通貨量）を増やし，好景気のときは，日本銀行がもつ債権などを民間金融機関に売る（**売りオペレーション**）。

参考 経済活動がネットを通じて提供されていく**経済活動のデジタル化**が進む。

1 **金　融**…企業間や個人間での資金の貸し借り。銀行が中心。

2 **管理通貨制度**…国や中央銀行が紙幣の発行量を管理・調整。

3 **日本銀行の仕事**…①**政府**の銀行，②**銀行の銀行**，③**発券銀行**。
　→日本の中央銀行

4 **景気変動**…好景気→後退→不景気→回復→好景気の繰り返し。
①**好景気**（好況）→生産拡大，失業者減少，活発な経済活動。
②**不景気**（不況）→生産縮小，失業者増大，経済活動が停滞。
　→急激に不景気な状況が発生し，企業の倒産など社会が混乱することを恐慌という

5 **インフレーション（インフレ）**…物価が持続的に**上昇**すること。

6 **デフレーション（デフレ）**…物価が持続的に**下落**すること。

7 **日本銀行の金融政策（景気対策）**…政府の**財政政策**とともに，日本銀行は公開市場操作や預金準備率操作などの**金融政策**で国内の通貨量を調整し，景気変動を安定させている。
　→日銀が国債や手形を売買すること
　一般の銀行の預金の一部を日銀に預け入れさせる割合を操作すること

すいすい暗記　中央は（日本の中央銀行（日本銀行））　政府の（政府の銀行）　銀行（銀行の銀行）　発券バンク（発券銀行）

・コレ重要・

☞労働三権→日本国憲法で保障された社会権の1つで，労働組合法で具体化。

☞景気対策→日本銀行の金融政策と政府の財政政策←通貨量の調整で対応。

合格アドバイス

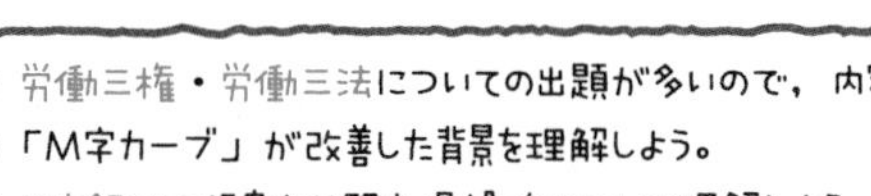

① 労働三権・労働三法についての出題が多いので，内容を把握（はあく）しておこう。
② 「M字カーブ」が改善した背景を理解しよう。
③ 日本銀行の役割と公開市場操作について理解しよう。

日本国憲法と労働三法

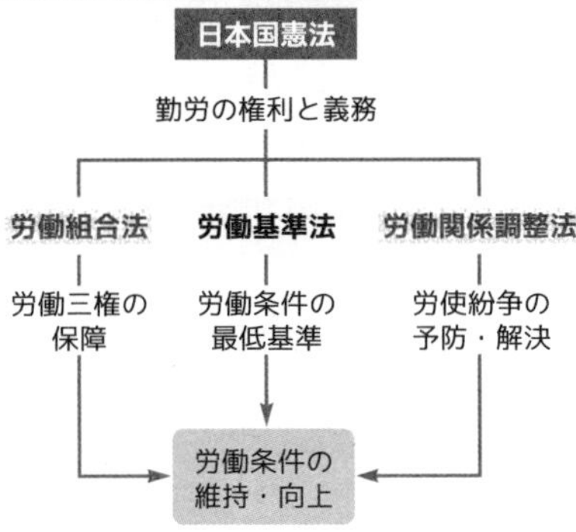

女性の年齢階級別労働力率

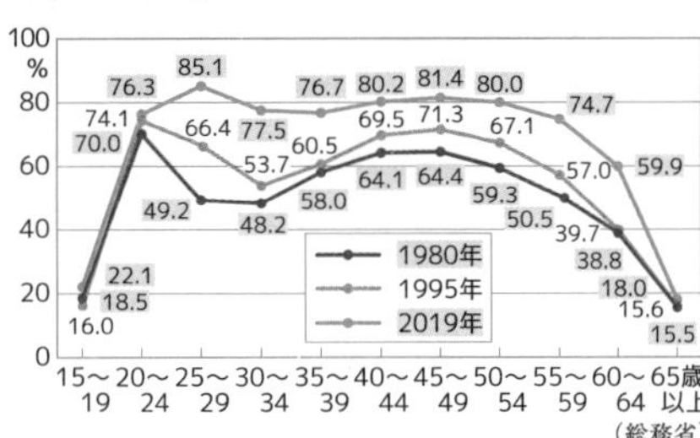

※かつてはM字型であったが，近年はM字のカーブが浅くなってきている。

日本銀行の役割

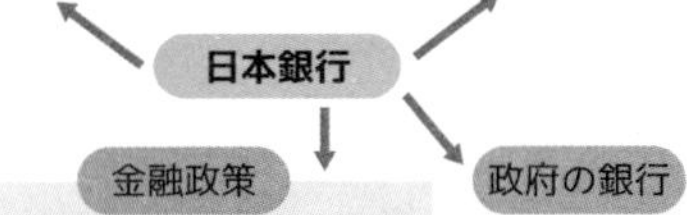

日本銀行

金融政策
- **通貨量** の調節 → 景気の調整
- 預金準備率（一般の銀行が日本銀行に預金する資金の割合）を上げたり，下げたりする

政府の銀行
- 税金などの政府資金の取り扱い
- 政府への資金の貸付

- **公開市場操作** …公債などの有価証券を売買する

景気変動の波

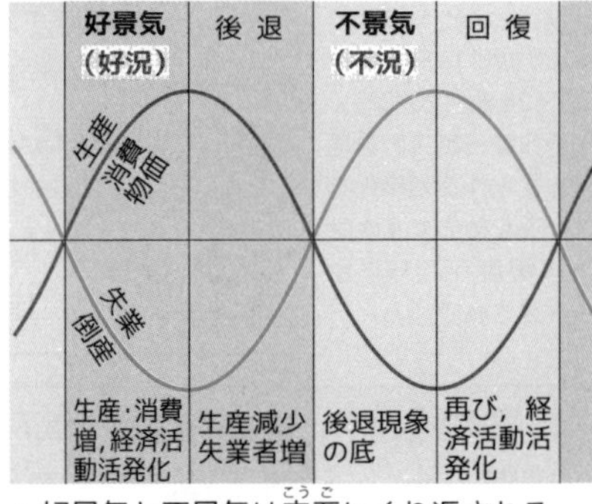

- 好景気と不景気は交互（こうご）にくり返される。

入試直前チェック

- [ ] 1．労働三権のうち，労働者が労働組合をつくる権利は。
- [ ] 2．憲法27条に基づき，労働条件の最低基準を定めた法律は。
- [ ] 3．採用・賃金・昇進などで男女の格差を禁止した法律は。
- [ ] 4．政府や日本銀行が紙幣の発行量を管理・調整する制度は。
- [ ] 5．物価が持続的に上昇する経済状況を何といいますか。
- [ ] 6．公債などの売買によって景気の安定をはかる，日本銀行の金融政策を何といいますか。

解答

1．団結権
2．労働基準法
3．男女雇用機会均等法
4．管理通貨制度
5．インフレーション
6．公開市場操作

月　日

国民生活の向上と福祉

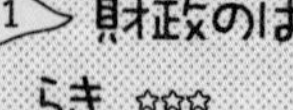

1 財政のはたらき ☆☆☆

参考 国が歳入不足を補うために発行する**国債**には，公共事業など特定の財源にあてる建設国債と，諸経費の財源にあてる赤字国債がある。なお，日本銀行が赤字国債を直接買うことは禁止されている。

❶ 財　政…国や地方公共団体の経済活動。**予算**で実行。

①(国の)**歳入**→**税金**(法人税・所得税・消費税など)・**公債金**など。
（→租税）

②(国の)**歳出**→**社会保障**費が最大，他に**国債**費，地方財政費。

❷ 財政のはたらき…①公共の財(**社会資本**)や**公共サービス**の提供。
（→高速道路・空港・港湾など）（→教育・警察・医療など）

②**所得の再分配**→**累進**課税制度などを利用し社会保障費に支出。

③**景気の調整(財政政策)**→国内の通貨量の増減で調整。
（→デフレの時…財政支出増，減税→景気を刺激。インフレの時…財政支出減，増税→景気を抑制）

❸ 租　税…**納税**の義務。国税・地方税，直接税・間接税に分類。

①**直接税**→税金負担者が直接納める。**所得税**・法人税など。

②**間接税**→納税者と負担者が異なる。**消費税**・酒税など。

❹ 累進課税…所得や**遺産**が多いほど税率が高い。負担の公平化。
（→所得税・相続税・贈与税）

2 社会保障と環境保全 ☆☆☆

参考 ・**老年人口**(65歳以上)が全人口に占める割合は14.5%(1995年)→28.8%(2020年)。
・行政サービスの管理一元化と作業効率化をはかるための**マイナンバー制度**が2015年から運用されている。

❶ 社会保障…憲法第25条で「健康で文化的な最低限度の生活」(生存権)を保障。**社会保険**・**公的扶助**・**社会福祉**・**公衆衛生**の４つ。

❷ 社会保障制度の課題…少子高齢社会進展→**介護保険**制度の導入。高齢者の年金財源や高齢者福祉費用の財源不足など。
（→現在は少ない生産年齢人口で多くの高齢者を支えている）（40歳以上の人が介護サービスを受けられる）

❸ 公　害…大気汚染や水質汚濁など。高度経済成長期に四大公害病。
（四大公害裁判ではいずれも患者側が全面勝訴）

❹ 公害防止と環境保全…1967年**公害対策基本**法，93年**環境基本**法，97年**環境アセスメント**法制定。環境庁→2001年**環境省**設置。
（→環境影響評価）（→1971年設置）

すいすい暗記　住民が（住民運動）　公害防ぐ（公害対策基本法）　基本法（環境基本法）

3 日本経済の課題 ☆☆

注意 円高→輸出が不利。円安→輸入が不利。

❶ 食料問題…低下する**食料自給率**(小麦16%・大豆６%，2019年)。

❷ 農業問題…主業(専業)農家の減少，農産物の**輸入自由化**。

❸ 資源・エネルギー問題…日本は**化石燃料**を輸入に**依存**。省資源・省エネルギーとリサイクルの推進→**循環型社会**の実現。原子力発電の安全性確保の課題→**再生可能エネルギー**の利用。
（→石油・石炭・天然ガスなど）（3R(リデュース・リユース・リサイクル)）（→2000年に循環型社会形成推進基本法制定）（→太陽光・風力・地熱・水力・バイオマスなど）

❹ 外国為替相場……円と外国通貨との交換比率。１ドル＝100円が110円になると**円安**(ドル高)，90円になると**円高**(ドル安)。
（→1973年より変動相場制）（→為替レートともいう）

コレ重要

☞財政の機能→社会資本・公共サービスの提供，所得の再分配，景気の調整。

☞日本の社会保障制度→社会保険・公的扶助・社会福祉・公衆衛生の４つが中心。

① 歳入・歳出の内容，財政の景気調整や所得の再分配機能などが重要。
② 憲法第25条の生存権の内容と社会保障制度のしくみ・課題について理解しよう。
③ 円高・円安とその影響について理解しよう。

一般会計の戦前と現在の比較

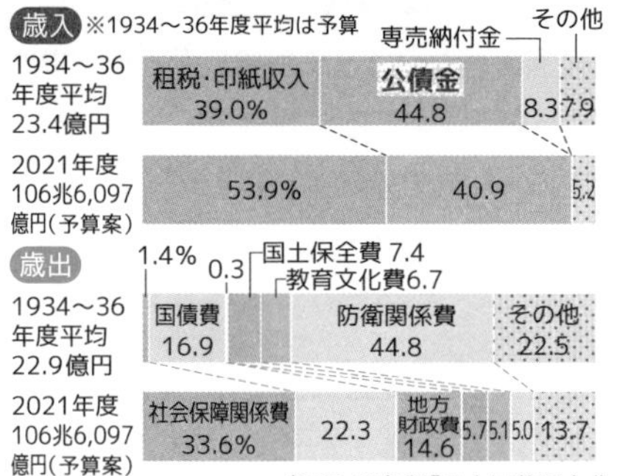

(2021/22年版「日本国勢図会」)

- 2021年度末の国債残高(見込み)は約990兆円で，国民１人あたり約792万円の借金になる。

税の種類

		直接税	間接税
国税		所得税 法人税 相続税など	消費税・酒税・ 揮発油税・たばこ税・ 関税など
地方税	(都)道府県税	(都)道府県民税 事業税 自動車税など	地方消費税 ゴルフ場利用税 (都)道府県たばこ税など
	市(区)町村税	市(区)町村民税 固定資産税 など	市(区)町村たばこ税 入湯税　　　　など

日本の四大公害病

公害病名	被害地域	原因物質
新潟水俣病	阿賀野川流域	メチル水銀
四日市ぜんそく	四日市市	亜硫酸ガス
イタイイタイ病	神通川流域	カドミウム
水俣病	八代海沿岸	メチル水銀

日本の社会保障制度

種　類	はたらきとしくみ
社会保険	加入者や国・事業主が保険料を積み立てておく。医療保険・年金保険・雇用保険・労災保険・介護保険。
公的扶助	貧困で生活が困難な人に生活費などを給付する。生活保護(生活・住宅・教育・医療扶助など)。
社会福祉	自立することが困難な人の生活の保障や援助をする。高齢者福祉・障がい者福祉・児童福祉・母子福祉など。
公衆衛生	感染症予防や上下水道などの公衆衛生の確保。予防接種・上下水道整備・廃棄物処理・食品衛生など。

日本の社会保障関係費の割合

2020年度 358,421億円	年金給付	医療給付	社会福祉	介護福祉	その他
	35.4%	33.4	11.4	9.7	10.1

(2021/22年版「日本国勢図会」)

入試直前チェック

- [ ] 1．国が財政収入の不足を補うために発行する借金の証書は。
- [ ] 2．企業の所得にかかる国税は何ですか。
- [ ] 3．所得税などで高所得者ほど税率が高くなる課税制度は。
- [ ] 4．環境保全を総合的に推進することを目的に，1993年に制定された法律は何ですか。
- [ ] 5．ごみの削減(リデュース)，資源の再使用(リユース)，再生利用(リサイクル)をまとめて何といいますか。
- [ ] 6．容器包装や家電など各種のリサイクル法をとりまとめ，2000年に制定された法律は何ですか。
- [ ] 7．１ドル90円が80円になると円高ですか，円安ですか。
- [ ] 8．自国の通貨と他国の通貨との交換比率を何といいますか。

解答

1．国債
2．法人税
3．累進課税制度
4．環境基本法
5．３R
6．循環型社会形成推進基本法
7．円高
8．外国為替相場(為替レート)

月　日

現代の国際社会

1 国際社会のしくみ ☆☆☆

参考 国際社会の原則→領土の不可侵・主権平等・内政不干渉。国際慣習法と**条約**からなる国際法によって**国際協調**の体制がつくられている。

注意 国が主権をもつ範囲を**領域**といい，日本は領海を**12海里**以内，排他的経済水域を**200海里**以内と設定している。

参考 国連は，世界の平和維持のため**平和維持活動**(PKO)を行い，紛争地域に国連平和維持軍(PKF)を派遣している。

❶ **国　家**…**主権**，**国民**，**領域**(領土・領海・領空)をもつ。

❷ **国連の成立**…1945年，**国際連合憲章**採択→51か国で発足。
(本部はニューヨーク／国連の目的・原則などを定める)

❸ **国連の組織**…総会・安全保障理事会などの主要機関と専門機関。

①**総会**→全加盟国で構成する最高機関。１国１票，多数決制。

②**安全保障理事会**→世界の平和と安全の維持に責任をもつ機関。

米・英・ロ・仏・中の５か国の**常任理事国**→**拒否権**をもつ。
(他に10の非常任理事国(任期２年)で構成される)

> **すいすい暗記**
> 常任理事国　フロアーに(フランス・ロシア・アメリカ)　チューイ(中国・イギリス)

❹ **地域主義の動き**…地域的な国際組織→ヨーロッパ連合(EU)，東南アジア諸国連合(ASEAN)，アジア太平洋経済協力会議(APEC)，環太平洋経済連携協定(TPP)など。

❺ **新興国の問題と経済格差**…1960年代以降NIES，21世紀にBRICSが急成長→**南北問題**や**南南問題**→政府開発援助(**ODA**)や非政府組織(**NGO**)の活動。
(NIES：韓国・台湾・ホンコン・シンガポールなどの新興工業経済地域／BRICS：ブラジル・ロシア・インド・中国・南アフリカ共和国／南北問題：発展途上国と先進国間の経済格差／南南問題：石油など資源の有無による発展途上国間の格差)

❻ **核軍縮**…1968年**核拡散防止条約**，96年包括的核実験禁止条約，2021年核兵器禁止条約の発効。唯一の被爆国の日本は**非核三原則**の立場から核廃絶を訴える。
(非核三原則：核兵器を「もたず，つくらず，もちこませず」)

2 国際社会の課題 ☆☆☆

発展 ・サヘルで砂漠化，中国で大気汚染(日本へも越境汚染)が深刻である。
・国家が自国の民と国土を守る「国家の安全保障」→すべての人間の命・人権を守る「人間の安全保障」へ，安全保障のあり方が変化。

❶ **地球環境問題**…国際的取り組み→1972年国連人間環境会議，92年国連環境開発会議(**地球サミット**)，97年**地球温暖化防止京都会議**，2015年第21回国連気候変動枠組条約締約国会議。
(国連人間環境会議：ストックホルム／地球サミット：リオデジャネイロ／京都会議：京都議定書採択／締約国会議：パリ協定)

①**地球温暖化**…CO_2などの**温室効果ガス**の増加が原因。②**酸性雨**…窒素・硫黄酸化物の増加が原因。③**熱帯林の破壊**…過剰な焼畑や樹木の伐採→**砂漠化**。④**オゾン層の破壊**…**フロン**が原因。
(地球温暖化：海水面が上昇し，水没の危機に直面している国もある(ツバルなど)／酸性雨：森林の枯死など／オゾン層の破壊：有害な紫外線で健康被害)

❷ **資源・エネルギー**…化石燃料から再生可能エネルギーへ。
(化石燃料：石炭・石油・天然ガスなど／再生可能エネルギー：太陽光・風力・地熱・バイオマスなど)

❸ **貧困問題**…飢餓の増加→マイクロクレジットやフェアトレード。
(マイクロクレジット：貧しい人々に経済的自立を促すため，少額の資金を提供すること／フェアトレード：対等な立場で途上国と先進国が貿易を行い，途上国の生産者の利益を守る)

❹ **持続可能な開発目標(SDGs)**…2030年までに達成すべき17の目標→貧困や飢餓の撲滅，教育の普及などのとり組み。
(「だれ一人取り残さない」を理念に，2015年に国連総会で全加盟国が賛成し，採択された)

> **コレ重要**
> ☞国連の安全保障理事会→５常任理事国(拒否権をもつ)と10非常任理事国で構成される。
> ☞地球温暖化→二酸化炭素などの温室効果ガスの増加が原因である。

社会
理科
数学
英語
国語

合格アドバイス

① 国連の総会・安全保障理事会の役割について理解しよう。
② 地球的規模の環境問題・環境会議について，地理的分野と関連させること。
③ 国際政治に関しては，時事問題も多いのでマスメディアの報道に注意。

国際連合のおもな組織

総会
- 安全保障理事会 ― 平和維持活動(PKO)など
- 国際司法裁判所
- 信託統治理事会(活動停止中)
- 経済社会理事会 ― 専門機関
- 事務局
- 総会によって設立された機関：国連貿易開発会議 UNCTAD／国連難民高等弁務官事務所 UNHCR／国連児童基金 UNICEF など
- 関連機関：国際原子力機関 IAEA／世界貿易機関 WTO など

専門機関
国際労働機関 ILO
国連教育科学文化機関 UNESCO
国際復興開発銀行(世界銀行) IBRD
国連食糧農業機関 FAO
世界保健機関 WHO
国際通貨基金 IMF

世界の軍縮への動き

年	ことがら
1963	**部分的核実験停止条約**調印〔米英ソ〕
1968	核拡散防止条約(NPT)調印
1972	**戦略兵器制限交渉**(SALT)調印〔米ソ〕
1987	中距離核戦力(INF)全廃条約調印〔米ソ〕
1991	**戦略兵器削減条約**(START Ⅰ)調印〔米ソ〕
1993	START Ⅱ調印〔米ロ〕
1995	核拡散防止条約の無期限延長合意
1996	国連の包括的核実験禁止条約(CTBT)採択〔未発効〕
2002	戦略攻撃力削減条約〔米ロ〕
2010	新戦略兵器削減条約調印〔米ロ〕 核セキュリティ・サミット
2021	核兵器禁止条約発効

世界の環境問題

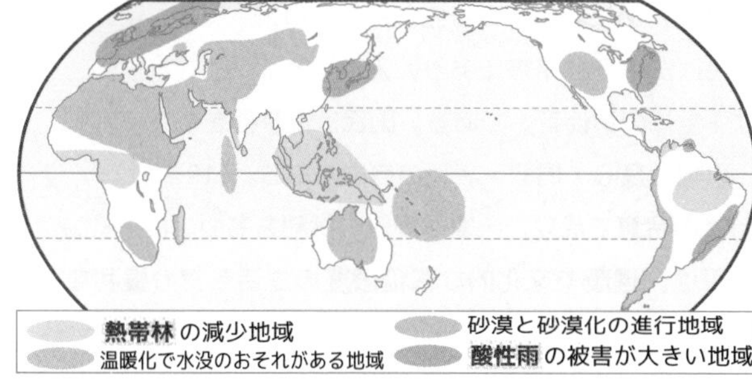

政府開発援助の支出金割合

総額 1,517億ドル

国	割合(%)
アメリカ	22.1%
ドイツ	15.9
イギリス	12.8
日本	10.3
フランス	8.0
オランダ	3.5
その他	27.4

(2019年)
(2021/22年版「日本国勢図会」)

入試直前チェック

- □ 1．国連の安全保障理事会の５常任理事国は。
- □ 2．海水面の上昇が心配されている地球的規模の環境問題は。
- □ 3．全ての国が温室効果ガスの排出削減目標を定めて削減に取り組むとして，2015年にCOP21で採択されたものは。
- □ 4．途上国の生産者が作った商品を，適正な価格で先進国が購入することを何といいますか。
- □ 5．日本の核兵器に対する立場を示す原則は何ですか。
- □ 6．発展途上国間の経済格差にともなっておこる問題は。
- □ 7．中国・ロシアなどの急成長している５か国の総称は。
- □ 8．環太平洋経済連携協定の略称は何ですか。

解答

1．アメリカ，イギリス，ロシア，フランス，中国
2．地球温暖化
3．パリ協定
4．フェアトレード
5．非核三原則
6．南南問題
7．BRICS
8．TPP

月　日

日本国憲法のまとめ

章	ポイント〔（　）内は条を示す〕
前　文	①日本国憲法は，民定憲法である。 ②日本国民は，国民主権を貫（つらぬ）く。 ③日本国民は，国際協調をはかり，永久平和主義を守りぬく。
第1章 天　皇	①天皇は，日本国と日本国民統合の象徴（しょうちょう）である。（1） ②天皇は，内閣の助言と承認（しょうにん）により，国事行為（こくじこうい）を行う。（3） ③天皇は，国政に関するいっさいの権能をもたない。（4－①）
第2章 戦争の放棄	①日本国民は国際平和を求め，武力の行使は放棄（ほうき）する。（9－①） ②戦力はもたない。また，国の交戦権も認めない。（9－②）
第3章 国民の権利及び義務	①国民の基本的人権は，侵（おか）すことのできない永久の権利。（11） ②日本国憲法は，自由や権利の濫用（らんよう）を認めず，国民は常にそれらを公共の福祉（ふくし）のために利用する責任がある。（12） ③すべて国民は法の下（もと）に平等であり，差別されない。（14－①） ④公務員は「全体の奉仕（ほうし）者」である。国民は選挙権をもつ。（15） ⑤国民は，思想・良心・信教・表現の自由がある。（19～21） ⑥結婚は両性の合意で成立，夫婦は同等の権利をもつ。（24－①） ⑦すべて国民は，健康で文化的な最低限度の生活を営む権利を有する。→生存権（25），教育権（26），勤労権（27） ⑧労働者は団結権・団体交渉（こうしょう）権・団体行動権をもつ。（28） ⑨国民は裁判を受ける権利がある。（32）
第4章 国　会	①国会は国権の最高機関で，国の唯一（ゆいいつ）の立法機関である。（41） ②衆議院（４年）は解散があり，参議院（６年）はない。（45～46） ③国会議員には，不逮捕（ふたいほ）特権などの特権がある。（49～51） ④国会の常会は毎年１回召集（しょうしゅう）される。（52） ⑤両議院の定足数は総議員の３分の１以上の出席，議決は出席議員の過半数の賛成が必要である。（56） ⑥予算の審議・条約の承認など，衆議院に優越（ゆうえつ）権がある。（59～61） ⑦両院議員で組織する裁判所で裁判官の弾劾（だんがい）裁判を実施（じっし）する。（64）

第5章 内閣	①行政権は，内閣に属する。(65) ②内閣は内閣総理大臣(首相)と国務大臣で構成される。(66－①) ③内閣は国会に対して，**連帯責任**を負う。(66－③)→議院内閣制 ④首相と国務大臣の過半数は国会議員から選出される。(68) ⑤衆議院が内閣不信任案を可決すれば，内閣は10日以内に衆議院を解散するか，**総辞職**しなければならない。(69) ⑥内閣は法律執行，外交，条約締結，予算作成，政令の制定や大赦・減刑などを実施する。(73)
第6章 司法	①司法権は裁判所(最高裁判所・下級裁判所)に属する。(76－①) ②裁判官は，**良心**と憲法・法律にのみ拘束される。(76－③) ③裁判官は心身の故障，弾劾裁判以外は身分が保障される。(78) ④最高裁判所裁判官は10年に１度**国民審査**を受ける。(79－②) ⑤最高裁判所は**違憲立法審査権**をもつ終審の裁判所である。(81)
第7章 財政	①国の財政処理権は国会にある。(83) ②予算は**内閣**が作成，国会に提出し，議決される。(86)
第8章 地方自治	①地方公共団体の長や議員は，住民の直接選挙で選出される。(93－②) ②地方公共団体は，法律の範囲内で**条例**を制定できる。(94) ③地方公共団体に適用の特別法は住民投票で過半数の賛成が必要。(95)
第9章 改正	①憲法改正は**国会**が発議し，国民に提案。国民投票を実施し，過半数の賛成が必要→承認後，天皇が国民の名で公布。(96)
第10章 最高法規	①憲法が保障する基本的人権は永久不可侵の権利。(97) ②憲法は国の**最高法規**である。(98－①)
第11章 補則	①憲法は公布から６箇月後(1947年5月3日)に施行する。(100－①)

入試直前チェック ✔

- [ ] 1．日本国憲法の３つの基本原則は何ですか。
- [ ] 2．憲法第15条で「全体の奉仕者」と規定されているのは。
- [ ] 3．憲法第27条に規定された日本国民の権利および義務は。
- [ ] 4．国会は国権の最高機関であると同時に，もう１つの機関であるが，それは何ですか。
- [ ] 5．内閣が国会に対して連帯責任を負うしくみは。
- [ ] 6．裁判官が裁判を行うにあたって拘束されるのは，良心とあと２つは何ですか。

解答

1．国民主権，基本的人権の尊重，平和主義
2．公務員
3．勤労
4．唯一の立法機関
5．議院内閣制
6．憲法，法律

月　日

光と音

図でおさえよう

◎凸レンズによる像 → 2

▶物体を焦点距離の２倍よりも遠い所に置く

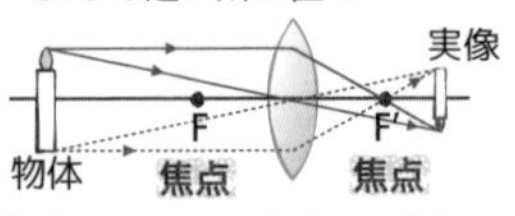

実物よりも小さい倒立した実像

▶物体を焦点距離の２倍の所に置く

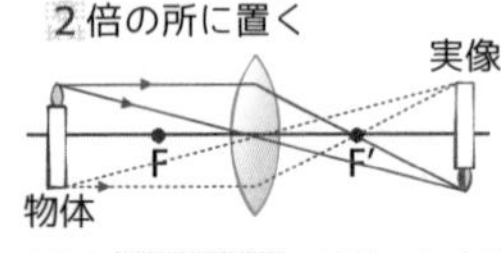

実物と同じ大きさの倒立した実像

▶物体を焦点と焦点距離の２倍の間に置く

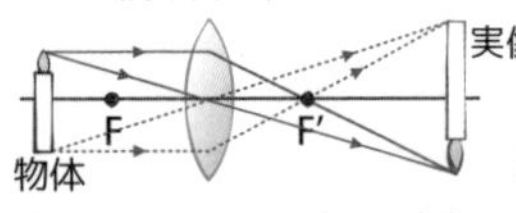

実物よりも大きい倒立した実像

▶物体を焦点とレンズの間に置く

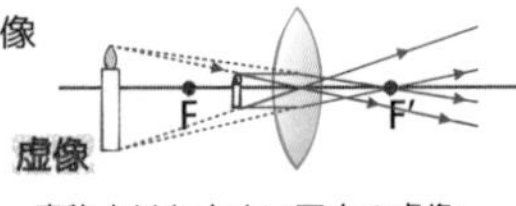

実物よりも大きい正立の虚像

◎音の大小と高低 → 3

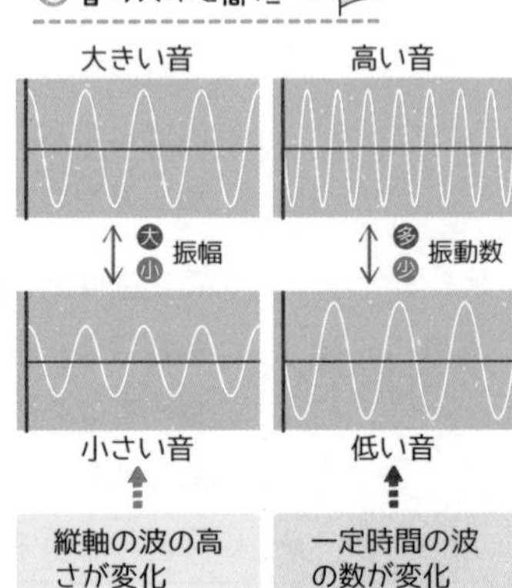

縦軸の波の高さが変化

一定時間の波の数が変化

1 光の性質 ☆☆

参考 光の直進
光源を出た光は，まっすぐに進む。

発展 水に入れたコインは浮き上がって見える。

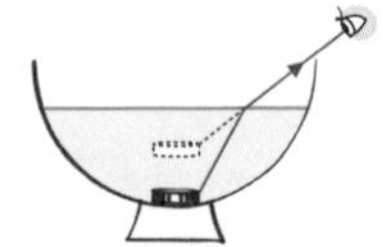

1 反射と屈折…光は，異なる物質どうしの境界面で一部は反射し，一部は屈折する。

コレ重要
☞光の反射の法則　入射角＝反射角

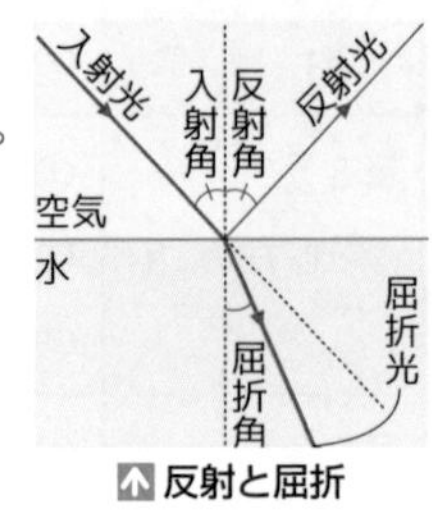

反射と屈折

2 乱反射…でこぼこした面に光があたると，いろいろな方向に反射する。

3 全反射…水やガラスから空気へ進む光の**入射角**が一定以上になると，**屈折光**がなくなり**反射光**だけになる現象を**全反射**という。（入射角がある角度をこえると起こる）

2 凸レンズによる像 ☆☆☆

注意 物体を焦点の上に置くと，像はできない。

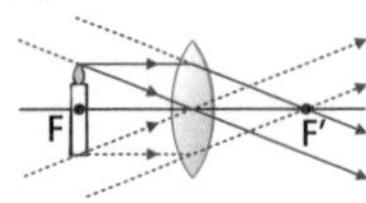

1 光軸（凸レンズの軸）…凸レンズの中心を通り，レンズ面に垂直な直線。

2 焦点…光軸に平行に進む光が，レンズを通過後に集まる点。（Fで表すことが多い）
レンズの中心から焦点までの距離を**焦点距離**という。

3 凸レンズを通る光の作図

①光軸に平行に入射する光は，レンズを通過後に**焦点**を通る。

②レンズの中心を通る光は，まっすぐに通り抜ける。（直進する）

③焦点を通る光は，レンズを通過後に光軸と平行に進む。

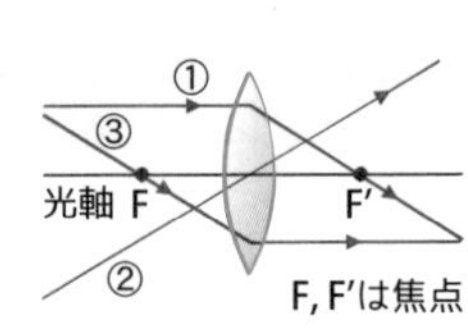

合格アドバイス

① 凸レンズによる像の作図ができるようにしよう。
② 音の大小と高低の区別を覚えよう。
③ 光や音の性質を理解しよう。

参考　鏡にうつった像
スクリーンにうつすことができないので，虚像である。

4 実　像…スクリーンにうつすことができる像。

5 虚　像…スクリーンにうつすことができない像。

6 像の明るさ…レンズの一部をおおうと，像は欠けることなく，暗くなる。
↳レンズを通る光の量が少なくなるから

3 音の性質 ☆☆

注意　弦をはじき，高い音を出すには，
①弦の長さを短くする。
②弦の太さを細くする。
③弦の張りを強くする。

1 振　幅…音源（発音体）が振動する幅。
↳振動して音を出すもの

2 振動数…音源が1秒間に振動する回数。単位は**ヘルツ（Hz）**。

3 音の大きさ…**振幅**が大きいほど大きい音に聞こえる。

4 音の高さ…**振動数**が多いほど高い音に聞こえる。

コレ重要
☞音が大きい→振幅が大きい　音が高い→振動数が多い

4 音の伝わり方 ☆

参考　オシロスコープやコンピュータで音の振動のようす（波形）を調べることができる。

1 空　気…音は物体の振動がまわりの空気を振動させ，**波**として伝わる。**真空**中では，音は伝わらない。

2 空気以外のもの…音は，空気（気体）のほかに，水（液体）やガラス，金属（固体）などの中も伝わる。

3 音が伝わる速さ…空気中での音の速さは約**340 m/s**である。
気温15℃くらいのとき↲

4 光と音の速さ…音の速さは，光と比べてはるかにおそい。
↳秒速約30万km

すいすい暗記
振幅は音の大小　振動数は音の高低
振幅の大小　振動数の多少

入試直前チェック ✔

□ 1. 凸レンズの焦点距離より遠い所に物体を置いたとき，
(1) スクリーンにうつる像を何といいますか。
(2) (1)の像は正立，倒立のどちらですか。

□ 2. 凸レンズの焦点の内側に物体を置いたとき，
(1) レンズを通して見ることのできる像を何といいますか。
(2) (1)の像は，正立，倒立のどちらですか。
(3) (1)の像と物体では，どちらが大きいですか。

□ 3. 1秒間に音源（発音体）が振動する回数を何といいますか。

□ 4. 1秒間に空気中で音はおよそ何m伝わりますか。

□ 5. 振動数が多いほど，音はどのようになりますか。

解答
1. (1)実　像
(2)倒　立
2. (1)虚　像
(2)正　立
(3)(1)の像
3. 振動数
4. 340 m
5. 高くなる。

力と圧力

図でおさえよう

◎圧　力 → 4

単位面積あたりの力を圧力という。

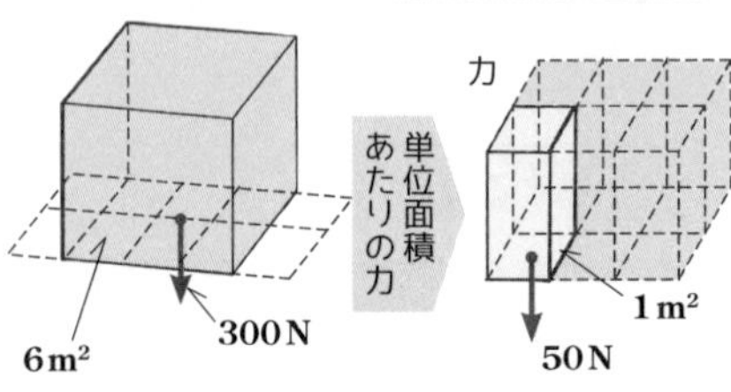

圧　力	$300\,N \div 6\,m^2 = 50\,N/m^2 (=50\,Pa)$

（直方体の下面$6\,m^2$に$300\,N$の力がはたらいている）

◎面にはたらく力 → 4

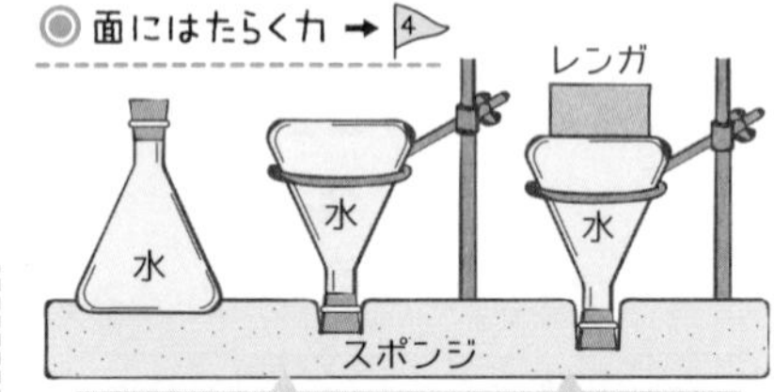

おす面積が小さく，おす力が大きいほど，おすはたらきは大きい。

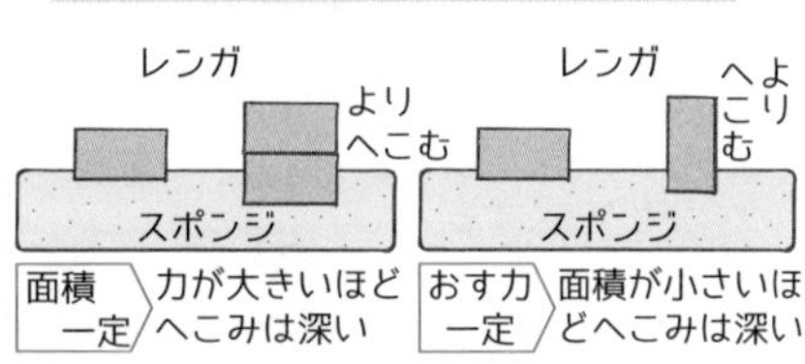

面積一定 ＞ 力が大きいほどへこみは深い

おす力一定 ＞ 面積が小さいほどへこみは深い

1 いろいろな力 ☆

注意　垂直抗力

物体がある力で面をおすと同時に，面から物体に対して，逆向きで同じ大きさの力がはたらく。

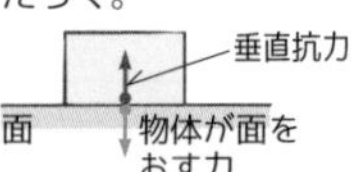

1 **力とは**…物体を変形させたり，物体を支えたり，物体の運動のようす（速さ・向き）を変えるはたらきをするものである。

①**離れた物体間にはたらく力**→磁石の力・電気の力・重力。

②**接した物体間にはたらく力**→人が物体をおす（引く）力・摩擦力・弾性力・垂直抗力。

2 **重　力**…地球が物体を引く力を**重力**という。

3 **弾性力**…輪ゴムやつるまきばねが変形したとき，もとにもどろうとする性質を**弾性**といい，その力を**弾性力**という。

4 **摩擦力**…ふれ合う面の間で動きを妨げる力を**摩擦力**という。

5 **垂直抗力**…面の上の物体を面が支える力を**垂直抗力**という。

2 力の表し方 ☆☆

注意　ばねののび

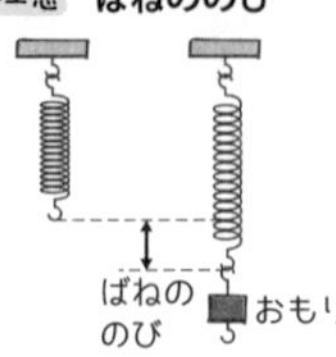

1 **力の三要素**…力の**大きさ**，**向き**，力のはたらいている点（**作用点**）の3つの要素を**力の三要素**という。

力の大きさ
力の向き
作用点

力の表し方

2 **力の大きさの単位**…**ニュートン**（記号N）を用いる。1Nは約100gの物体にはたらく重力の大きさ。

3 **力とばねののび**…**ばねののび**は，ばねにはたらく力の大きさに**比例**する。これを**フックの法則**という。

合格アドバイス

① 力の三要素を理解し，力の作図ができるようにしておこう。
② 2力のつりあい条件を覚えておこう。
③ 圧力の計算ができるようにしておこう。

3 力のつりあい ☆

注意 2力のつりあい

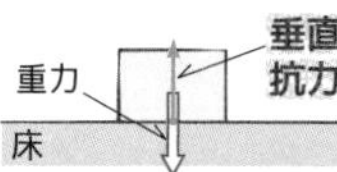

1 力のつりあい…1つの物体に，2つ以上の力が同時にはたらいて，物体の運動のようすが変化しないとき，これらの力は**つりあっている**という。

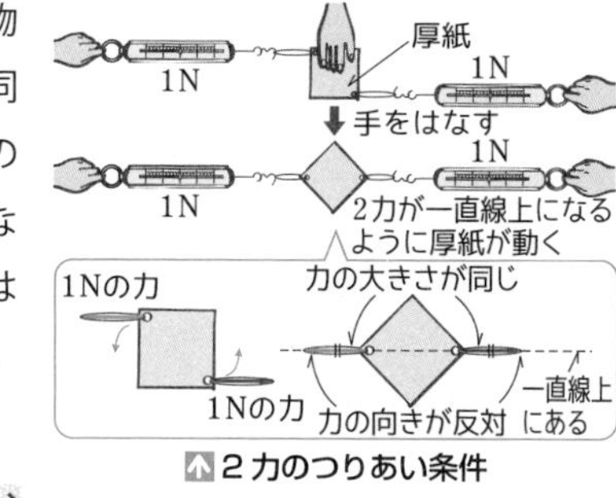

2力のつりあい条件

2 2力のつりあい条件

①2力の大きさが**等しい**。

②2力の向きが互いに**反対向き**である。

③2力が**一直線上**にある。

4 圧 力 ☆☆☆

注意 圧力の違い

同じものでも置き方によって圧力は違う。

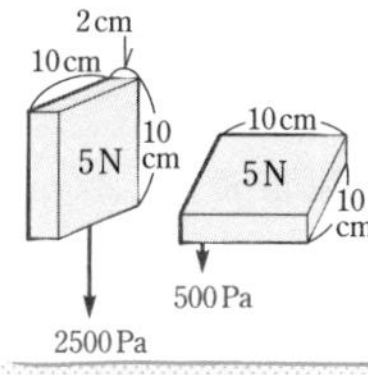

1 圧 力…一定面積あたりにはたらく力の大きさを**圧力**という。

2 圧力の単位…**N/cm²**，**N/m²**（ニュートン毎平方メートル），**Pa**（パスカル）。1 N/m² = **1** Pa

3 圧力を利用している道具…画びょう（圧力を大きくする），くぎ，スキーの板（圧力を小さくする）

コレ重要

☞ $\text{圧力[Pa]} = \dfrac{\text{面を垂直におす力 [N]}}{\text{力を受ける面積 [m}^2\text{]}}$

☞おす力が大きく，おす面積が小さいほど圧力が大きい。

5 大気圧 ☆

注意 大気圧

大気圧は，上空にいくほど**小さく**なる。

大気圧…空気の重さによる圧力であり，標高が高くなるほど小さくなる。海面では約**101300** Pa（1気圧）である。（約1013 hPa（ヘクトパスカル））

すいすい暗記 ニュートンを（N（力の大きさ）） 広さ（ひろ）で割れ（わ）ば（面積（m²）） パスカルに（圧力（Pa，N/m²））

入試直前チェック ✔

□ 1．力の三要素とは，（①　　），力の（②　　），力の（③　　）の3つです。
□ 2．質量10 kgの物体にはたらく重力の大きさは何Nですか。
□ 3．ばねののびはばねにはたらく力の大きさに比例する。このことを何といいますか。
□ 4．圧力の単位を答えなさい。
□ 5．大気圧は上空にいくほどどのようになりますか。

解答

1．①作用点 ②，③大きさ，向き
2．約100 N
3．フックの法則
4．Pa（N/m²，N/cm²）
5．小さくなる。

月　日

回路と電流・電圧

図でおさえよう

◎回　路 → 1

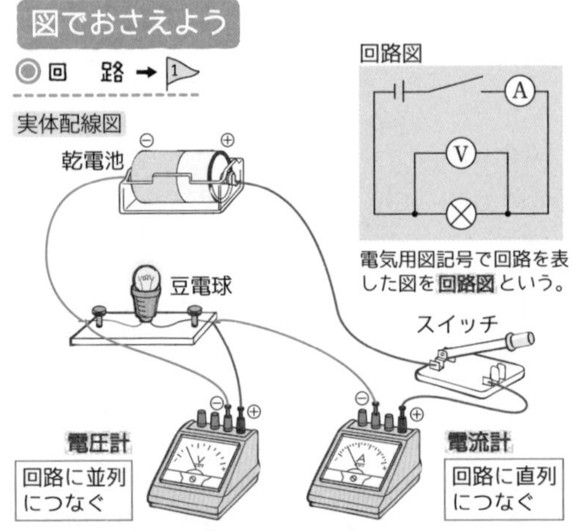

◎電圧と電流の関係 → 4

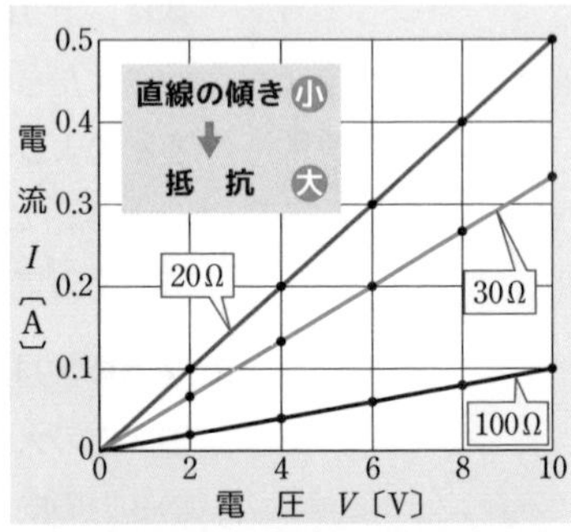

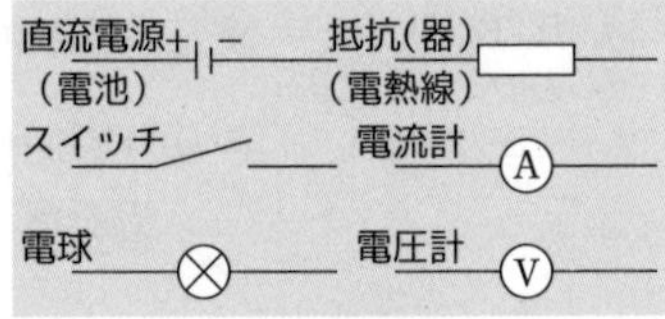
抵抗や電熱線に流れる電流は，これらにかかる電圧に比例する。この関係を**オームの法則**という。

1 回　路 ☆

注意　導体と不導体
電流が流れる物質を**導体**，電流が流れない物質を**不導体**（**絶縁体**（ぜつえんたい））という。

1 **回　路**…電気が流れるひと続きの道筋を**回路**という。

2 **回路図**…右図のような電気用図記号を用いて，回路を表したものを**回路図**という。

電気用図記号

2 電　流 ☆☆

注意　電流の単位
電流の大きさの単位は**アンペア**（記号 A）で表す。また，電流は**＋極から－極**に向かって流れる。

1 **直列回路の電流**
回路のどこでも大きさは等しい。

2 **並列回路の電流**
枝分かれした各点を流れる**電流の和**は電源から流れ出る電流の大きさに等しい。

$I=I_1=I_2=I_3$
直列回路

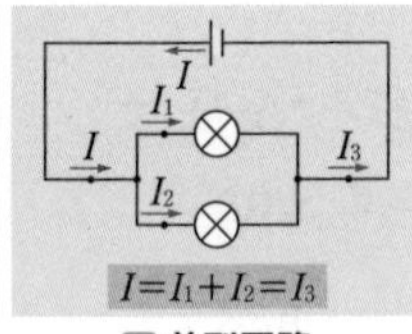
$I=I_1+I_2=I_3$
並列回路

3 電　圧 ☆☆

注意　電圧の単位
電圧の大きさの単位は**ボルト**（記号 V）で表す。

1 **直列回路の電圧**
各部分にかかる電圧の和は，電源の電圧に等しい。

2 **並列回路の電圧**
各部分にかかる電圧は，電源の電圧に等しい。

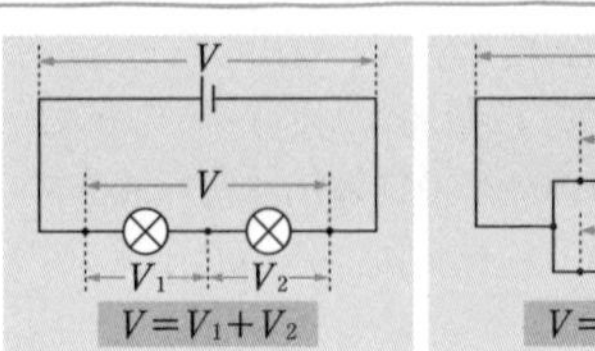
$V=V_1+V_2$
直列回路

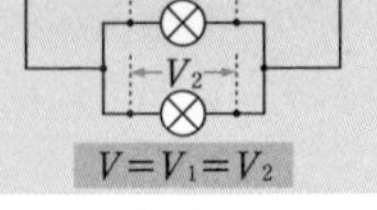
$V=V_1=V_2$
並列回路

合格アドバイス

① 回路図を描(か)けるようにしよう。
② 各部分を流れる電流の大きさ，各部分にかかる電圧の大きさを理解しよう。
③ 電流・電圧・抵抗(ていこう)の関係の計算式やグラフをおさえよう。

4 オームの法則 ☆☆☆

注意 オームの法則による計算
電圧や抵抗を求めるとき，電流の単位はAで計算する。
1 A＝1000 mA

参考 金属線の抵抗
金属線の抵抗は，
①抵抗の長さに比例
②抵抗の断面積に反比例
する。
また，金属線の**種類**によって異なる。

銅	0.017 Ω
鉄	0.098 Ω
ニクロム	1.1 Ω

金属線の抵抗
(断面積 1 mm²，長さ 1 m)

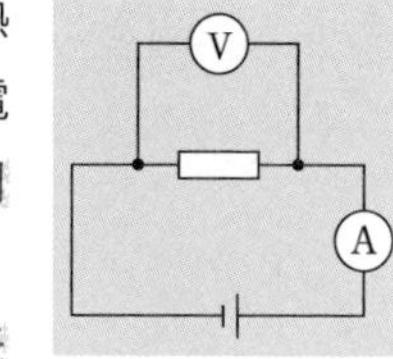

1 オームの法則…右図のような回路で，電熱線などに流れる電流は，電熱線にかかる電圧に**比例**する。この関係を**オームの法則**という。

2 抵　抗…電流の流れにくさを**電気抵抗**(**抵抗**)という。

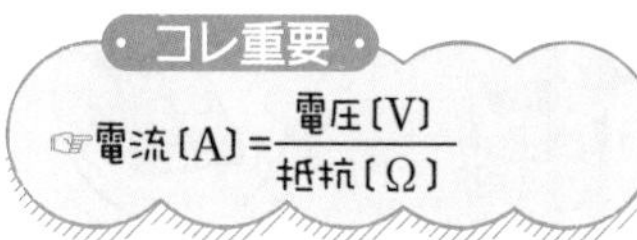

3 抵抗の大きさ…抵抗の大きさは**オーム**(記号Ω)という単位で表す。1 Vの電圧で，1 Aの電流が流れるときの抵抗の大きさが1 Ωである。抵抗が大きいほど電流は小さくなる。(流れにくくなる)

$$R=\frac{V}{I}$$　(電圧 V〔V〕，電流 I〔A〕，抵抗 R〔Ω〕)

$$V=RI$$

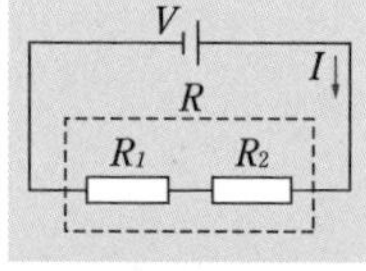

4 合成抵抗…**回路全体の抵抗**の大きさを合成抵抗(全体の抵抗)という。(各部分の抵抗を部分抵抗という)

5 直列回路の合成抵抗

$$R=R_1+R_2$$

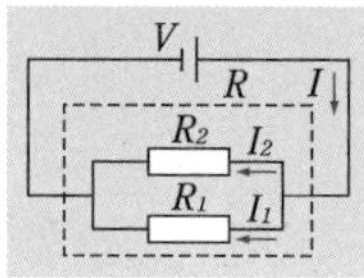

6 並列回路の合成抵抗

$$\frac{1}{R}=\frac{1}{R_1}+\frac{1}{R_2}$$

すいすい暗記　合成抵抗(ごうせいていこう)(回路全体の抵抗)　直列(ちょくれつ)アップ(大きくなる)　並列(へいれつ)ダウン(小さくなる)

入試直前チェック ✓

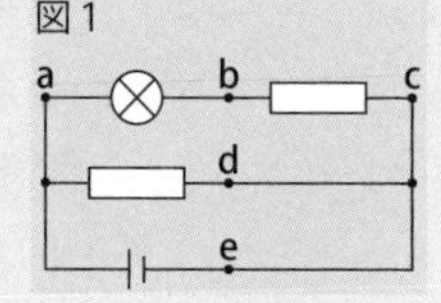
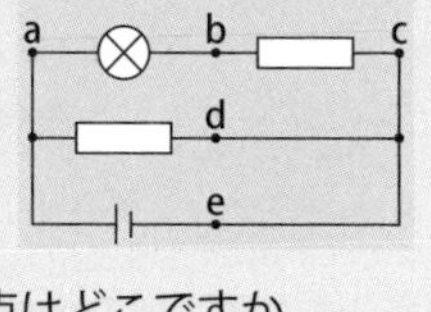
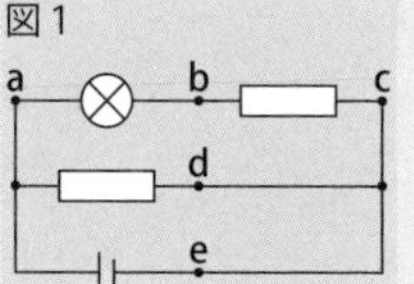

☐ 1. 図1で，⊗は何を表しますか。

☐ 2. 図1で，⊗の両端(りょうたん)にかかる電圧を調べるためには，点a～eのどことどこに電圧計の端子を接続すればよいですか。

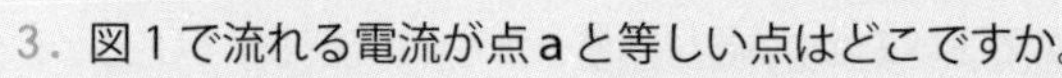

☐ 3. 図1で流れる電流が点aと等しい点はどこですか。

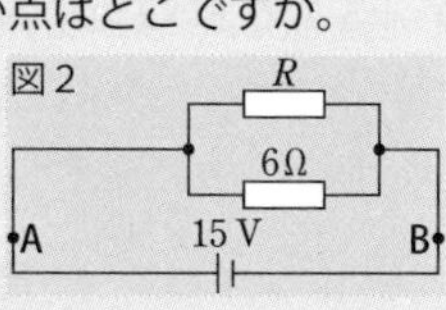

☐ 4. 図2の回路の点Aに3 Aの電流が流れるとき，AB間の合成抵抗を求めなさい。

☐ 5. 図2の抵抗 R の値(あたい)を求めなさい。

解答
1. 電　球
2. 点aと点b
3. 点b，点c
4. 5 Ω
5. 30 Ω

月　日

電流のはたらきと電流・電子

図でおさえよう

◎電熱線の発熱量 → 1

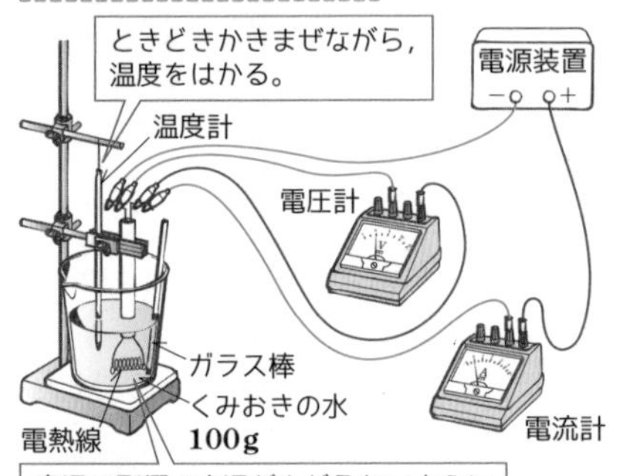

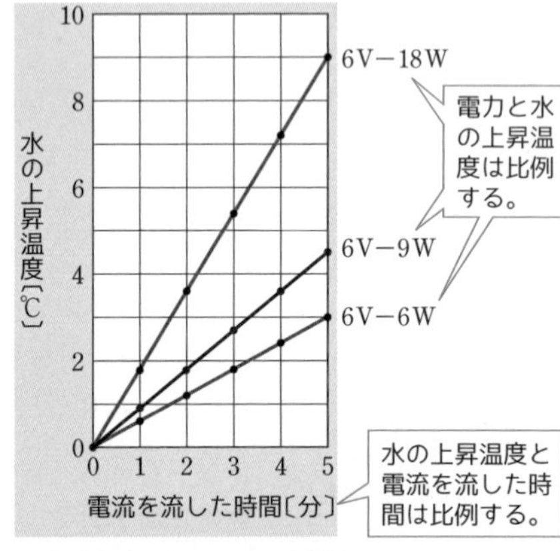

水が得た熱量＝4.2 J/(g·℃)×水の質量〔g〕×上昇温度〔℃〕

1 電力と熱量

☆☆☆

参考　電力の利用効率

6 V−18 W の電熱線を使って，水 100 g の上昇温度を調べると，5 分間で 9℃ 上昇した。

①電熱線の発熱量
18〔W〕×300〔s〕
＝5400〔J〕

②水が得た熱量
4.2×100〔g〕×9〔℃〕
＝3780〔J〕

③電力の利用効率
$\frac{3780}{5400}$×100＝70〔%〕

1 電　力…電気器具の能力(熱，光，音，力を出す能力)を表す量を**電力**といい，電圧と電流の積で表す。単位として，**ワット**(記号は**W**)が用いられる。

1 V の電圧を加えて 1 A の電流が流れたときの電力が 1 W である。電気器具に「100 V−1000 W」と表示されるとき，100 V を加えると 1000 W を消費することを表している。

コレ重要

☞電力〔W〕＝電圧〔V〕×電流〔A〕
($P = V \times I$)
☞熱量〔J〕＝電力〔W〕×時間〔s〕
($Q = P \times t$)
☞電力量〔J〕＝電力〔W〕×時間〔s〕
($W = P \times t$)

2 電力量と熱量…電気器具を一定時間使用したときに消費される電力の量を**電力量**という。また，電熱線に電流を流したときに発生する熱を**熱量**といい，**電力に比例**する。電力量も熱量も単位は**ジュール**(記号は**J**)で表す。

3 水を 1 ℃上げるのに必要な熱量…水 1 g の温度を 1℃ 上げるのに必要な熱量は，約 **4.2 J** である。
(1 cal＝約 4.2 J)

4 電力量の単位…実用的に使われる**電力量**の単位は，**ワット時**(Wh)や**キロワット時**(**kWh**)が多い。
(J はワット秒(Ws))(1 Wh＝3600 J)

合格アドバイス

① 電力や熱量などの語句の意味をしっかりおさえ，計算力をつけよう。
② 表やグラフの読み取りが問題を解くための重要ポイント！
③ 電子の性質と電流についてしっかり覚えておこう。

2 静電気 ☆

参考 静電気

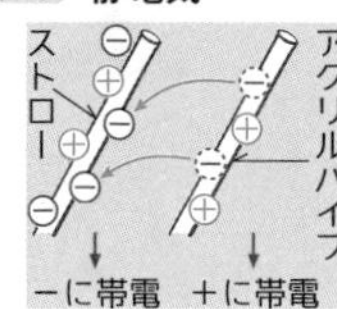

1 静電気…ストローと布などの2種類の違(ちが)った物質をこすり合わせると**一方に＋の電気，他方に－の電気**がたまる。この摩擦(まさつ)によって生じた電気のことを**静電気**という。

（一方に＋の電気…：－の電気をもつ電子が移動する）
（静電気：摩擦による静電気は摩擦電気ともいう）

2 電気の力…電気には＋の電気と－の電気の2種類があり，同じ種類の電気どうしでは退(しりぞ)け合い(斥力(せきりょく))，違う種類の電気どうしでは引き合う(引力)。

3 電子と電流 ☆

注意 電子の移動と電流

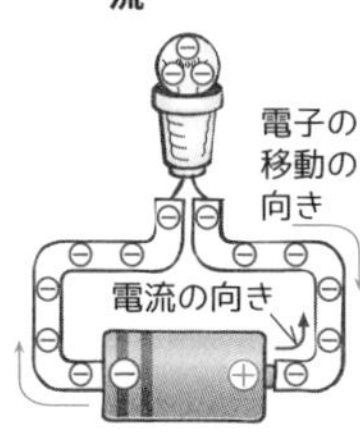

1 真空放電…気圧の低い空間に電流が流れる現象を**真空放電**という。

コレ重要
☞電流→＋極から－極に流れる。
☞電子→－極から＋極に動く。

2 電子と陰極線(いんきょくせん)…真空放電管に電圧をかけると，蛍光板が光る。この道筋を**陰極線**という。陰極線は，**－極から＋極へ電子**が移動する現象である。

（陰極線：現在では陰極線のことを電子線という）
（電子：電流の向きとは逆である）

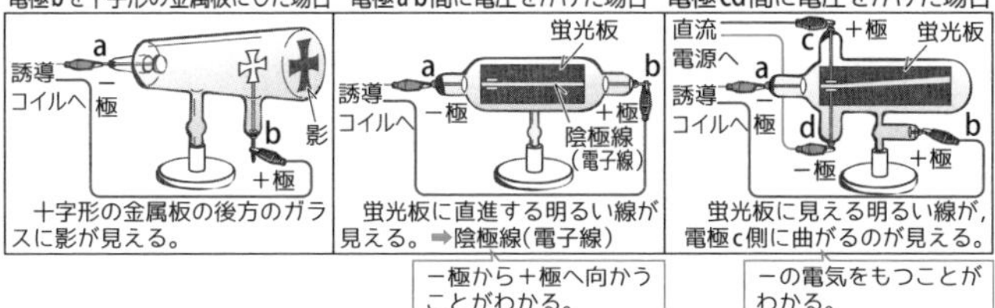

－極から＋極へ向かうことがわかる。

－の電気をもつことがわかる。

すいすい暗記
電子線(でんしせん) 陰極(いんきょく)とび出(だ)し 発光(はっこう)する
電子の流れ　蛍光灯，ネオン管など

入試直前チェック ✔

☐ 1．ある電熱線に6Vの電圧をかけたところ1.5Aの電流が流れました。この電熱線が消費する電力はいくらですか。

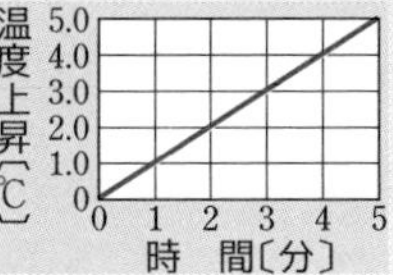

☐ 2．9Wの電熱線に5分間，6Vの電圧をかけたときの熱量はいくらですか。

☐ 3．水100gを9Wの電熱線を使ってあたためたところ，上図のようになりました。水1gの温度を1℃上げるのに必要な熱量を4.2Jとすると，5分間で水が得た熱量はいくらですか。

解答
1．9W
2．2700J
3．2100J

電流と磁界

図でおさえよう

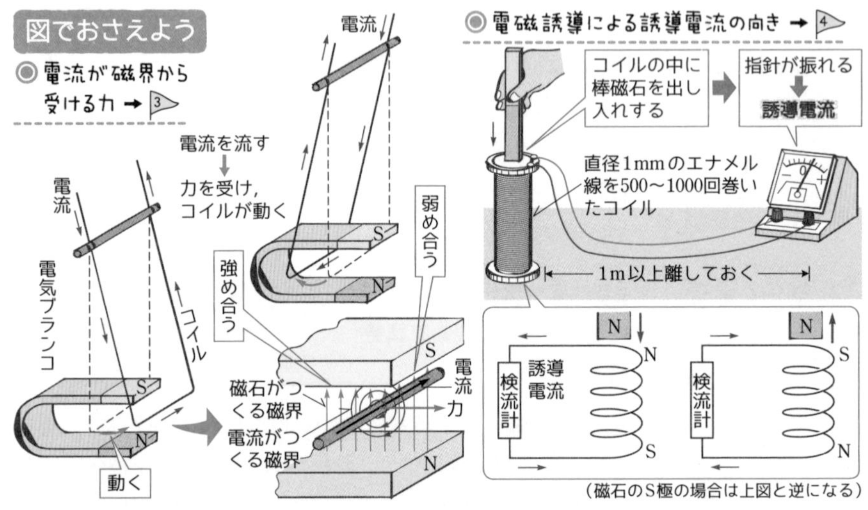

1 磁　界 ☆☆

注意 棒磁石のまわりの磁界

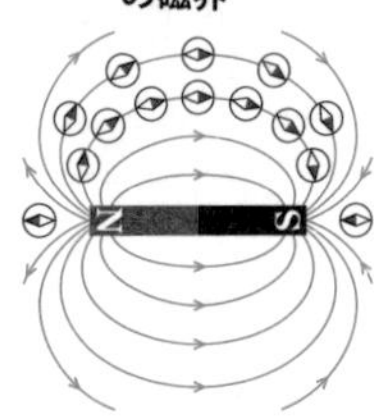

❶ **磁石と極**…磁石のN極，S極を**極**という。

❷ **磁　力**…２つの磁石の極を接近させると，互(たが)いに力をおよぼす。この力が**磁力**である。

❸ **磁　界**…磁力のはたらいている空間を**磁界**（**磁場**）という。

❹ **磁力線**…磁界の各点での磁界の向きを表す線を**磁力線**という。磁力線には，次のような性質がある。
（→実在する線ではない）

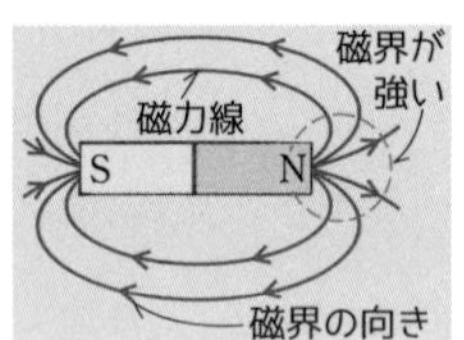

①磁石のN極からS極に向かう。
②交わったり，途中(とちゅう)で消えたりしない。
③磁力線が密な所ほど磁界は強い。

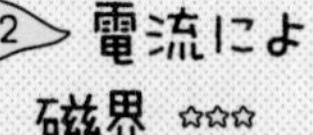

2 電流による磁界 ☆☆☆

注意 磁界の向き

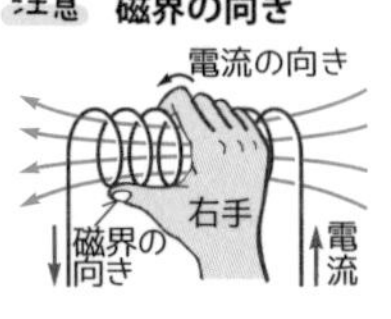

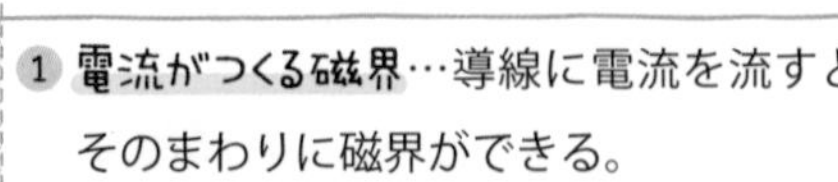

❶ **電流がつくる磁界**…導線に電流を流すと，そのまわりに磁界ができる。

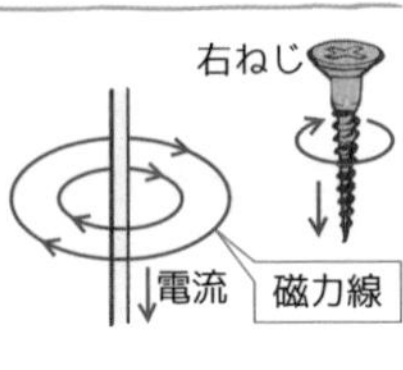

❷ **磁界の向き**…電流の流れる向きをねじの進む向きと一致(いっち)させると，電流のつくる磁界の向きは，**右ねじ**を回す向きと一致する。
（→右ねじの法則ともいう）

❸ **コイルのつくる磁界**…コイルに電流を流すと，磁界ができる。

合格アドバイス

① 右ねじの法則を使って，電流のまわりの磁界の向きをおさえよう。
② 磁界中の電気ブランコの振(ふ)れ方を理解しよう。
③ 電磁誘導(ゆうどう)による誘導電流の向き，大きさなど，しっかり覚えよう。

3 電流が磁界から受ける力 ☆☆

発展 フレミングの左手の法則

磁界の向き　電流の向き　力の向き

フレミングの左手の法則

1 電流が磁界から受ける力…磁石のN極とS極の間に導線を置き，これに電流を流すと，電流の磁界と磁石の磁界とが作用し合って，導線が動く。

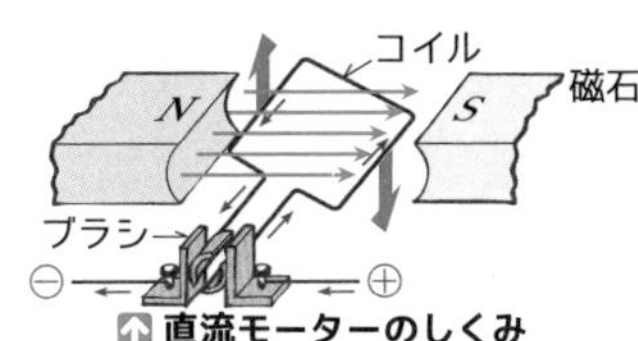

直流モーターのしくみ

2 モーターのしくみ…電流が磁界から受ける力を応用したものがモーターである。

4 電磁誘導 ☆☆

参考 発電機

コイルの間で磁石を回すか，磁界内でコイルを回すことで電磁誘導により発電するものを**発電機**という。電流は向きや大きさが変化する交流となる。

1 電磁誘導…コイル内の磁界を変化させると，コイルに電圧が生じ，閉じた回路では電流が流れる。この現象を**電磁誘導**という。また，このとき流れる電流を**誘導電流**という。

コレ重要

☞コイルに生じる誘導電流は，コイルの中の磁界の変化を妨(さまた)げる向きに流れる。

2 誘導電流（電圧）の大きさ　①磁界が強いほど大きい。
②コイルの巻き数が多いほど大きい。
③コイルの中の磁界の変化がはやいほど大きい。

5 直流と交流 ☆☆

1 直流と交流…**一定の**向きに流れる電流を**直流**（乾電池など），**周期的に**向きが変化する電流を**交流**（家庭用電源など）という。

2 周波数…交流の電圧の大きさが1秒間に変化する回数を**周波数**といい，**ヘルツ（Hz）**で表す。（東日本は50 Hz，西日本は60 Hz）

すいすい暗記　誘導電流(ゆうどうでんりゅう)　磁石(じしゃく)の動き(うご)（出し入れ，速さ）　電流(でんりゅう)決める（誘導電流の向きや強さ）

入試直前チェック✔

□ 1．右の図1で，Aには何極ができますか。

□ 2．右の図2で，導線はア～エのどの向きに振(ふ)れますか。

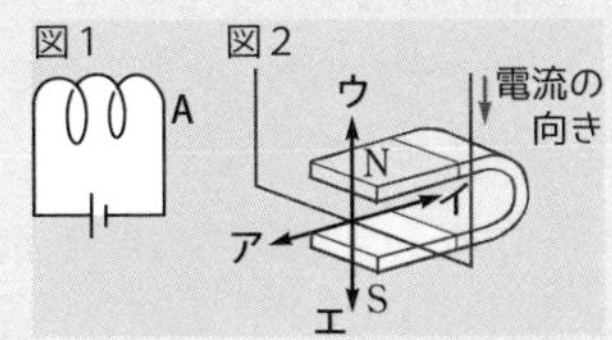

□ 3．コイルの上端(じょうたん)近くに磁石のN極を急に近づけると，コイルの上端には何極ができるような電流が流れますか。

解答

1．N極
2．ア
3．N極

月　日

6 力の規則性

図でおさえよう

◎ 水圧の大きさ → 1

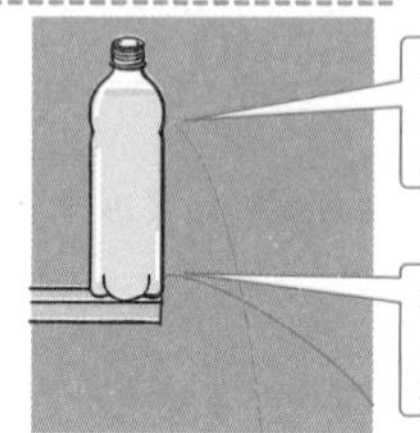

◎ 力の合成 → 2

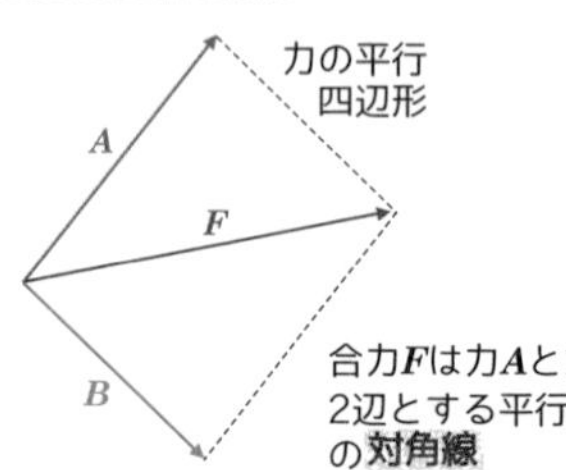

1 水圧と浮力 ☆☆☆

注意 浮力

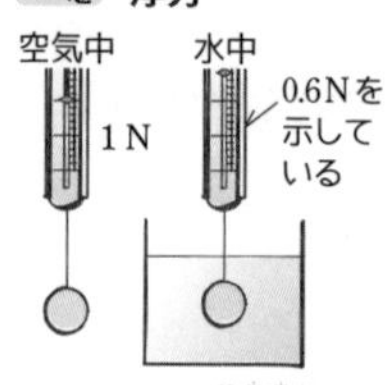

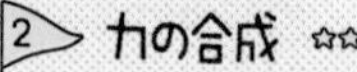

浮力 → **0.4 N**

❶ **水の圧力**…水の圧力を**水圧**という。

❷ **浮力**(ふりょく)…水(液体)中において，物体が水(液体)から受ける上向きの力を**浮力**という。物体がおしのけた水(液体)にはたらく重力と同じ大きさである。

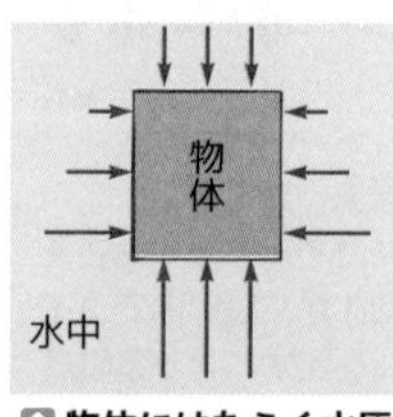

物体にはたらく水圧

・コレ重要・

☞浮力〔N〕＝空気中の物体の重さ〔N〕－水中の物体の重さ〔N〕

2 力の合成 ☆☆

注意 平行線のかき方

①三角定規を力Bに合わせる。
②定規を力Aの先端まですべらせる。
③力Bと平行な線を描(か)く。

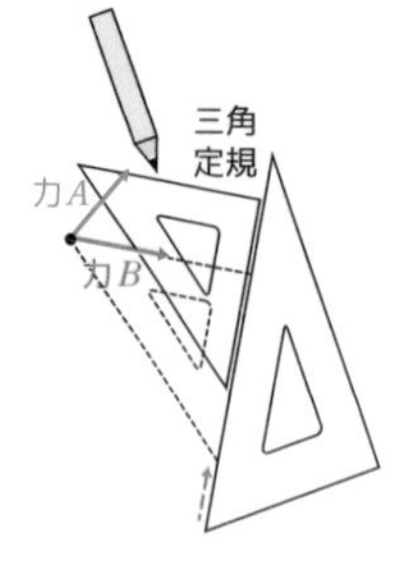

❶ **力の合成と合力**…2つの力と同じはたらきをする1つの力を求めることを**力の合成**という。2つの力と同じはたらきをする1つの力を**合力**という。

❷ **力の合成の作図**

①**向きが同じ**→それぞれの力と**同じ向き**に，**それぞれの力の大きさの和**の大きさの矢印を描く。

②**向きが反対**→**大きい**ほうの力の向きに，**それぞれの力の大きさの差**の矢印を描く。

③**一直線上にない**→力Aと力Bを2辺とする**平行四辺形の対角線**が合力F'となる。

力の向きが同じ　$F=A+B$

力の向きが反対　$F=B-A$

力の向きが異なる

力の合成の作図

❸ **3力のつりあい**…となりあう2つの力の合力と，残りの力がつりあっている。

合力F'と力Fがつりあう

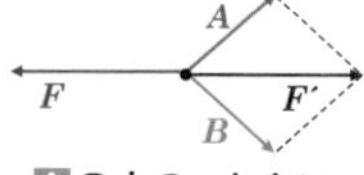

3力のつりあい

① 力の合成の作図をできるようにしよう。
② 力の分解の作図をできるようにしよう。
③ 2力のつりあいと作用・反作用の違いをしっかりと区別しておこう。

3 力の分解 ☆☆

注意 斜面方向の分力

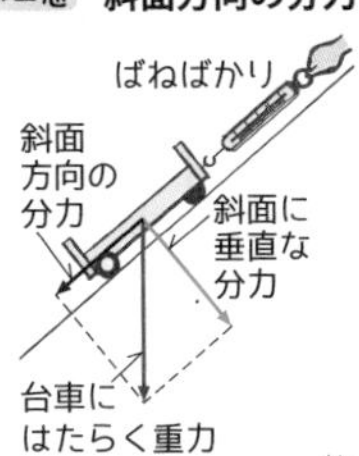

ばねばかりが示す値は，斜面方向の分力に等しい。

1 力の分解…1つの力を，同じはたらきをする2つの力に分けることを**力の分解**という。

2 分　力…力の分解によって得られた2つの力を，もとの力の**分力**という。

分解する方向を決める。→ もとの力が対角線になる平行四辺形を作図する。

⇧ 力の分解の作図

3 斜面上の物体にはたらく重力の分解…斜面上の物体にはたらく重力は，**斜面方向の分力**と**斜面に垂直な分力**に分解される。

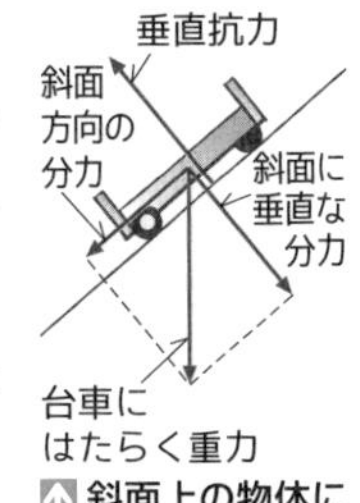

⇧ 斜面上の物体にはたらく力

4 斜面方向にはたらく力の大きさ…斜面の**角度を大きく**するにつれて，斜面方向の**分力は大きくなっていく**。
└斜面に垂直な分力は小さくなっていく

4 作用と反作用 ☆

注意 作用・反作用とつりあいの力

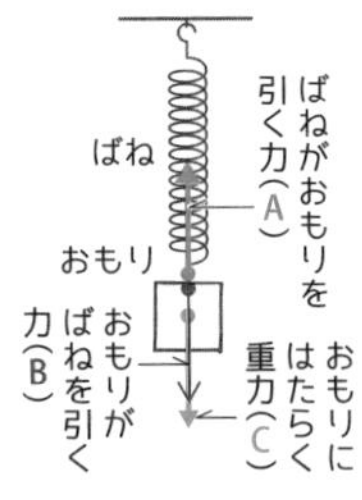

つりあう2力……AとC
作用と反作用……AとB

作用・反作用の法則…物体Aが物体Bに力(**作用**)を加えると，同時に物体Bから物体Aに対して，同じ大きさで逆向きの力(**反作用**)がはたらく。このことを**作用・反作用の法則**という。

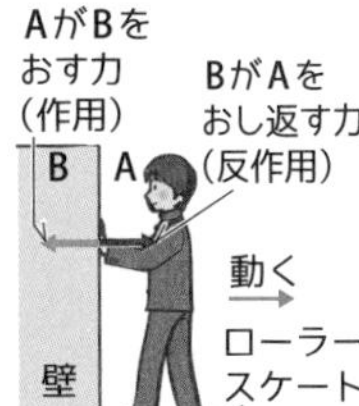

⇧ 作用・反作用

コレ重要
☞つりあう2力と作用・反作用の違い
つりあう2力→同じ物体にはたらく。
作用・反作用→別々の物体にはたらく。

すいすい暗記 対角線　2辺に分けると　分力に
平行四辺形の対角線(合力)

入試直前チェック ✔

□ 1. 物体にはたらく水圧は，水面からの深さが深くなるほどどうなりますか。
□ 2. 2つの力と同じはたらきをする1つの力を何といいますか。
□ 3. 作用と反作用は，別々の物体にはたらき，大きさが(①　　)で(②　　)向きの力です。

解答
1. 大きくなる
2. 合 力
3. ①同 じ　②逆(反対)

月　日

物体の運動

図でおさえよう

◎記録タイマーを使って運動を記録する → 1

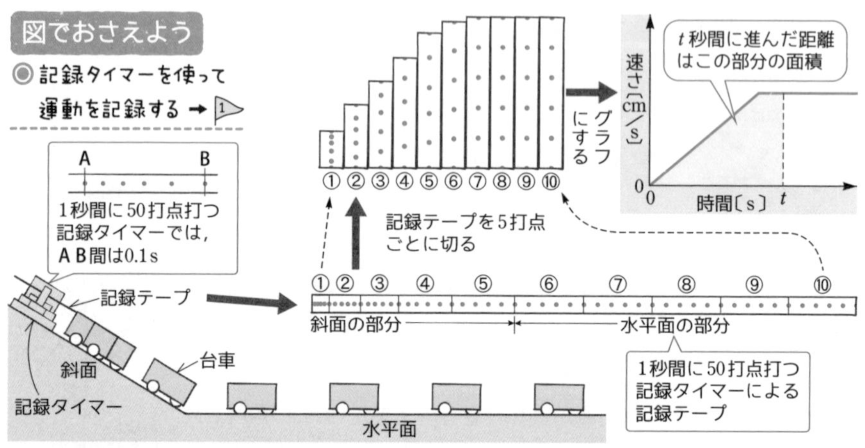

1 物体の運動と速さ ☆

注意 瞬間の速さ
ごくわずかな時間に進んだ距離とその時間から求めた速さを**瞬間の速さ**という。

参考 単位の表示
例えば，「秒」にはs，「時」にはhの記号をそれぞれ使う。

1 **運動とは**…時間の経過にともない，物体の位置が変化すること。

2 **運動の表し方**…物体の運動は，**速さ**と**向き**によって表される。

3 **運動の記録**…一定の時間ごとの位置を記録すると，運動のようすがよくわかる。運動の記録には，**記録タイマー**（記録テープの読み方に慣れておく）やストロボスコープ装置を使う。

4 **速　さ**…物体が単位時間に移動した距離（きょり）で表す。単位には，**cm/s**，**m/s**，**km/h**（キロメートル毎時と読む）などを使う。

コレ重要

☞速さ v〔m/s〕$=\dfrac{\text{動いた距離 } s\text{〔m〕}}{\text{時間 } t\text{〔s〕}}$

5 **速　度**（速さと区別せよ）…速さと向きをもった量。速度の大きさが**速さ**。

6 **平均の速さ**…ある**瞬間（しゅんかん）の速さ**（スピードメーターなど）に対して，ある時間内に移動した距離を移動に要した時間で割ったものを**平均の速さ**という。

2 いろいろな運動 ☆☆☆

1 **等速直線運動**…物体が**一定**の速さで一直線上を動く運動をいう。

2 **等速直線運動のグラフ**…等速直線運動では，物体の移動距離 s〔m〕は，時間 t〔s〕に比例する。

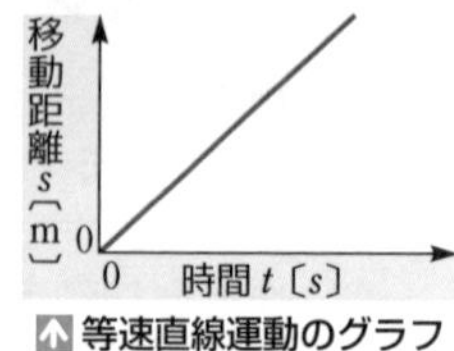

等速直線運動のグラフ

合格アドバイス
① 記録タイマーの記録テープの読み方，グラフ化などを十分に理解しよう。
② 等速直線運動・斜面(しゃめん)をくだる運動の特徴(とくちょう)を理解しよう。
③ 慣性の法則を理解しよう。

社会 理科 数学 英語 国語

3 **斜面をくだる運動**…物体には，重力により生じる斜面に沿った下向きの力（重力の斜面方向の分力）がはたらき，時間とともに速さが一定の割合で増加（加速度運動という）する。

4 **摩擦(まさつ)のある面での運動**…摩擦のある面上では，物体の移動方向と**逆向き**の**摩擦力**（動摩擦力という）がはたらき，速さは時間とともに減少する。

5 **自由落下**…物体を垂直に落下させたときの運動を**自由落下**または**自由落下運動**という。

3 慣　性 ☆☆

参考　慣性の法則
電車が急にとまると，乗客は前にたおれそうになる。これは慣性の法則の一例である。

1 **慣性の法則**…ほかの物体から力（力がつりあっている場合も同じ）が加わらない限り，静止している物体は静止を続け，運動している物体は**等速直線運動**を続ける。これを**慣性の法則**という。

2 **慣　性**…すべての物体は，慣性の法則に述べられているような性質をもつ。この性質を**慣性**という。

コレ重要
☞物体は外から力がはたらかないかぎり，
静止している物体→静止し続ける。
運動している物体→そのときの速さで等速直線運動を続ける。

すいすい暗記
等速直線(とうそくちょくせん)（等速直線運動）　距離(きょり)は時間(じかん)に　比例(ひれい)する

入試直前チェック ✔

□ 1．30 km を 40 分で走る自動車の平均の速さは何 km/h ですか。
□ 2．次のうち，等速直線運動をしている物体はどれですか。
ア 摩擦(まさつ)のある水平面をすべる物体。
イ 摩擦のない斜面上(しゃめんじょう)をすべり落ちている物体。
ウ 摩擦のない水平面をすべる物体。
□ 3．右のグラフで 0 ～ 2 秒間の平均の速さはいくらですか。
□ 4．右のグラフで 0 ～ 4 秒間の移動距離(きょり)を求めなさい。
□ 5．慣性の法則が成り立つとき，運動している物体は，どのような運動をしていますか。

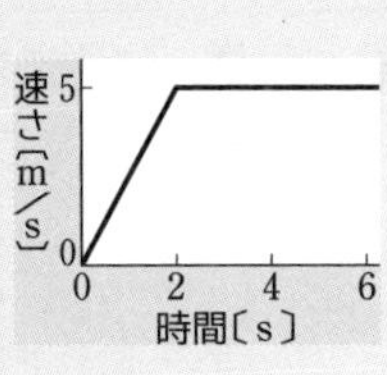

解答
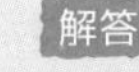
1．45 km/h
2．ウ
3．2.5 m/s
4．15 m
5．等速直線運動

月　日

仕事とエネルギー

図でおさえよう

◎力学的エネルギー →1

	A	B	C	D	E	D	C	B	A
運動エネルギー	0	増加	最大	減少	0	増加	最大	減少	0
位置エネルギー	最大	減少	0	増加	最大	減少	0	増加	最大

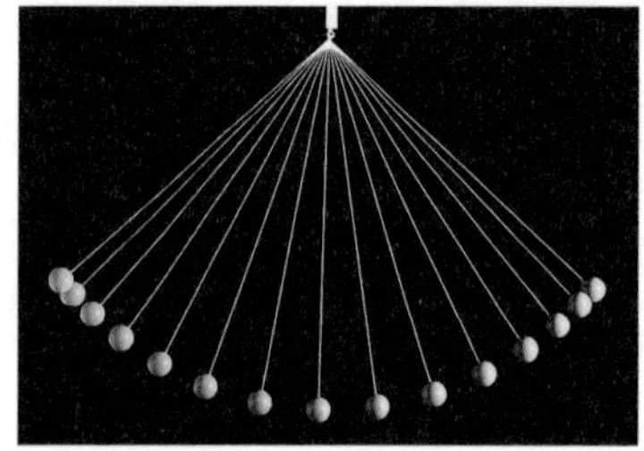

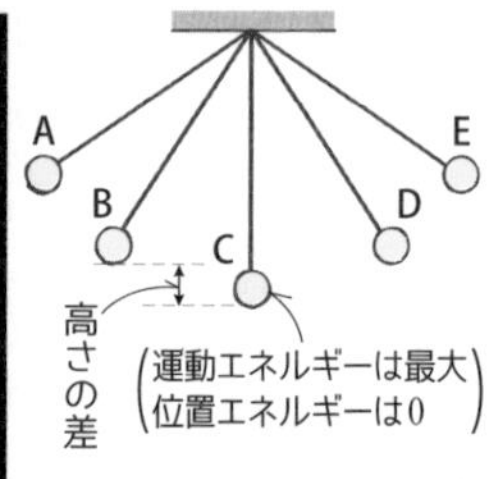

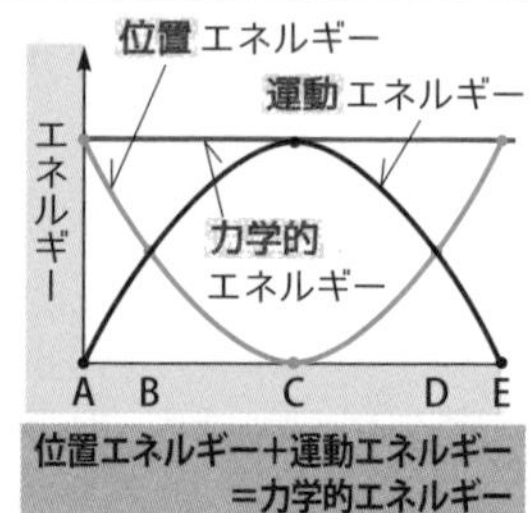

位置エネルギー＋運動エネルギー＝力学的エネルギー

1 力学的エネルギー ☆☆

発展　位置エネルギー
位置エネルギー〔J〕＝物体にはたらく重力〔N〕×基準面からの高さ〔m〕

発展　運動エネルギー
運動エネルギー〔J〕$=\frac{1}{2}$×質量〔kg〕×速さ〔m/s〕×速さ〔m/s〕

参考　力学的エネルギーの保存
空気抵抗や摩擦のない振り子の運動，凹面上の運動などに，位置エネルギー＋運動エネルギー＝一定 を使う。

1 **エネルギー**…ほかの物体を動かしたり変形させたりする能力がある物体は**エネルギー**をもっているという。

2 **位置エネルギー**…高い所にある物体がもつエネルギー。

3 **運動エネルギー**…動いている物体がもつエネルギー。

4 **力学的エネルギー**…位置エネルギーと運動エネルギーの和を**力学的エネルギー**という。

5 **力学的エネルギーの保存**…振り子が運動すると位置エネルギーと運動エネルギーは互いに移り変わる。もし，摩擦や空気抵抗がなければ，位置エネルギーと運動エネルギーの和は一定に保たれる。（振り子はいつまでも振れ続ける）これを**力学的エネルギーの保存**（**力学的エネルギー保存の法則**）という。

ジェットコースターの運動ではエネルギーの一部が熱や音などのエネルギーに移り変わってしまうよ。

コレ重要
☞位置エネルギー＋運動エネルギー＝一定

2 仕事と仕事率，仕事の原理 ☆☆☆

1 **仕　事**…物体に**力を加えて動かした**とき，力はその物体に**仕事**（熱量の単位と同じ）をしたという。

コレ重要
☞仕事〔J〕＝力の大きさ〔N〕×力の向きに動いた距離〔m〕

2 **仕事率**…一定時間にする仕事を**仕事率**という。

合格アドバイス
① 位置エネルギーと運動エネルギーの関係について理解しよう。
② 仕事の意味を理解し，計算力を身につけよう。
③ 電気器具や発電におけるエネルギーの移り変わりについて理解しておこう。

仕事率〔W〕＝仕事〔J〕÷仕事にかかった時間〔s〕
（電力の単位と同じ）

注意 仕事が0のとき

3 仕事の原理…道具（斜面，てこ，動滑車など）を使っても，使わなくても仕事の大きさは変わらない。このことを**仕事の原理**という。

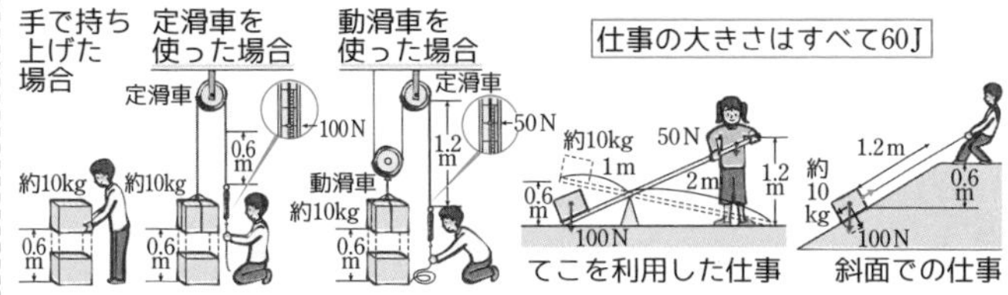

3 エネルギーの移り変わり ☆

注意 エネルギーの種類
- **熱エネルギー**…加熱した水などの熱がもつエネルギー
- **電気エネルギー**…電気がもつエネルギー
- **光エネルギー**…太陽光などの光がもつエネルギー
- **化学エネルギー**…石油などがもつエネルギー

1 エネルギーの保存…エネルギーには種類があり，相互(そうご)に変換(へんかん)することができる。しかし，エネルギーの姿は変わっても，その総量は一定に保たれる。これを**エネルギーの保存**（エネルギー保存の法則ともいう）という。

2 エネルギーの移り変わり

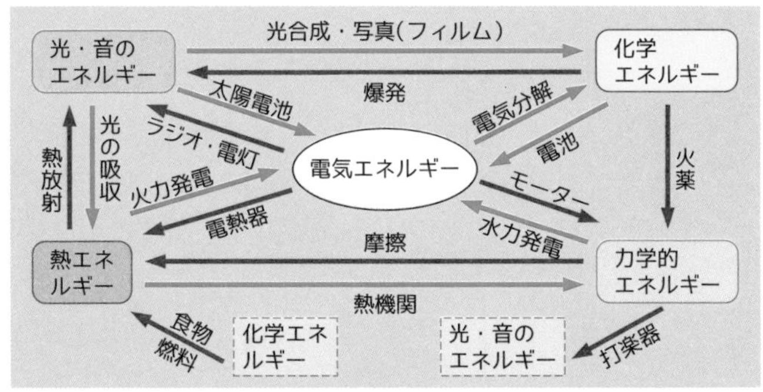

すいすい暗記 仕事(しごと)の大(おお)きさ（力×距離） 道具(どうぐ)は何(なん)でも 同(おな)じだね

入試直前チェック ✔

- ☐ 1．高い所にある物体がもつエネルギーを何といいますか。
- ☐ 2．運動している物体がもつエネルギーを何といいますか。
- ☐ 3．位置エネルギーと運動エネルギーの和を何といいますか。
- ☐ 4．位置エネルギーと運動エネルギーの和が一定に保たれることを（　　）といいます。
- ☐ 5．道具を使っても，使わなくても仕事の大きさが変わらないことを何といいますか。

解答
1．位置エネルギー
2．運動エネルギー
3．力学的エネルギー
4．力学的エネルギー（の）保存（の法則）
5．仕事の原理

月　日

身のまわりの物質，状態変化

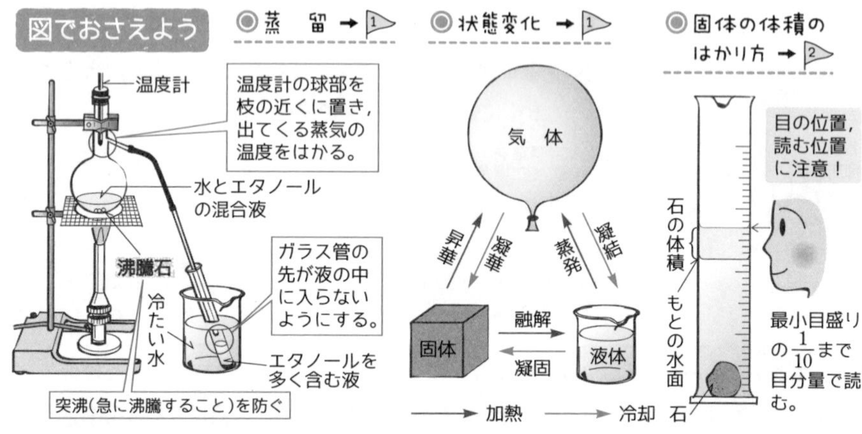

1 物質の状態 ☆

参考　沸点・融点の違い

純粋な物質(純物質)か混合物かは，沸点・融点が一定かどうかで判断する。また，混合物の凝固点(ぎょうこてん)は，純粋な物質の凝固点より低い。

1. **水の状態変化**…水(液体)は熱すると水蒸気(気体)，冷やすと氷(固体)に状態が変化する。
2. **物質の状態変化**…水以外の物質についても，その温度条件によって，固体 ⇄ 液体 ⇄ 気体 と状態変化する。
3. **融(ゆう)　点(てん)**…固体から液体に融解するときの温度を**融点**という。
4. **沸(ふっ)　点(てん)**…物質が沸騰(ふっとう)し，液体の内部から気体に変化するときの温度を**沸点**という。
   ↳蒸発ではない
5. **物質の融点と沸点**

物　質	融点〔℃〕	沸点〔℃〕
水	0	100
ナフタレン	81	218
食　塩	801	1485

（1気圧）

↑ 水の融点と沸点

6. **純物質(純粋(じゅんすい)な物質)と混合物**…1種類でできている物質を**純物質(純粋な物質)**，2種類以上でできている物質を**混合物**という。
7. **純粋な物質と混合物の加熱曲線**…固体の純粋な物質を加熱していくと，融解している間，沸騰している間は温度変化しない。
   ↳グラフで水平になった所を融点という

コレ重要

☞純粋な物質の融点と沸点は，物質によって一定である。

合格アドバイス

① 密度の計算，グラフの読み取りは重要である。単位にも気をつけよう。
② 純物質(純粋な物質)と混合物の違いを理解し，混合物の分離方法をよく知ろう。
③ 蒸留装置などの実験装置の使用法をよく理解しよう。

発展 **蒸留の利用(石油の精製)**

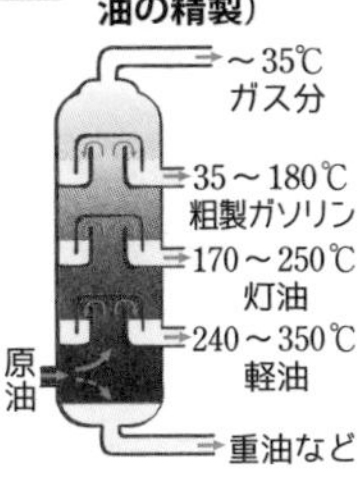

8 蒸　留…液体を沸騰させ，出てきた気体を冷やして液体にして集める操作を**蒸留**という。**沸点の違い**を利用して混合物を分離するときに用いる。

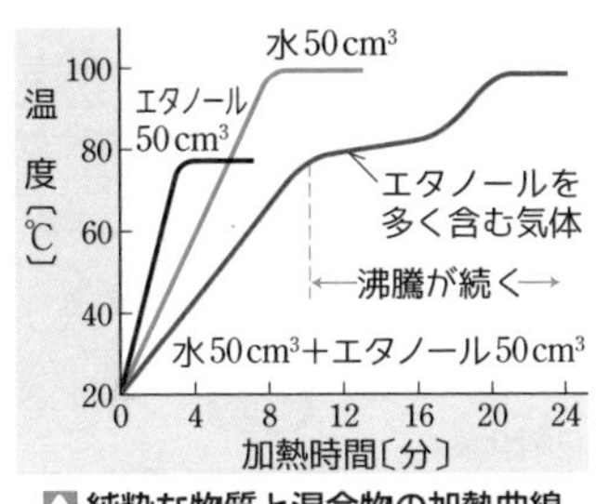

↑ 純粋な物質と混合物の加熱曲線

2 密　度 ☆☆☆

注意　水の密度は 1.0 g/cm³ であるが，これよりも密度が大きい物質は水に沈み，小さい物質は水に浮く。

1 物質の質量…物質の質量は**上皿てんびん**ではかる。

2 体積と質量の関係…均質な物質の体積と質量は比例する。

3 密　度…物質 1 cm³ あたりの質量を**密度**という。密度の単位は **g/cm³**。密度の値(あたい)から物質が何であるか推定できる。
↳グラフの傾きから物質を推定する問題もある

コレ重要

☞ 密度〔g/cm³〕= 物質の質量〔g〕/ 物質の体積〔cm³〕

3 有機物と無機物 ☆☆

1 有機物…加熱すると**二酸化炭素**や水が発生し，黒く焦(こ)げたりする。砂糖，紙，ロウ，エタノール，プラスチックなど。
↳石灰水を白くにごらせる　　炭素が含まれている↵

2 無機物…加熱しても二酸化炭素が発生しない。
↳食塩などの非金属，鉄，銅などの金属

すいすい暗記　液混(えきこん)は　沸点(ふってん)の差(さ)で　分離(ぶんり)する
液体の混合物　純粋な物質の沸点の違い

入試直前チェック ✔

☐ 1. 物質が固体から液体になるときの温度を何といいますか。
☐ 2. 物質は，(①　　) ⇄ 液体 ⇄ (②　　) と状態変化します。
☐ 3. 右図のような装置で物質を分離する方法を何といいますか。
☐ 4. 右図の枝付きフラスコに入れる素焼(すや)きの小さなかけらは何ですか。また，何のために入れますか。

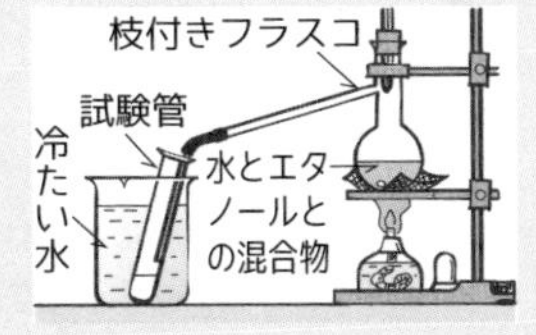

解答

1. 融　点
2. ①，② 固体，気体
3. 蒸　留
4. 沸騰石(ふっとうせき)，突沸(とっぷつ)を防ぐため。

月　日

気体とその性質

図でおさえよう

◎気体の発生の方法 → 1 2

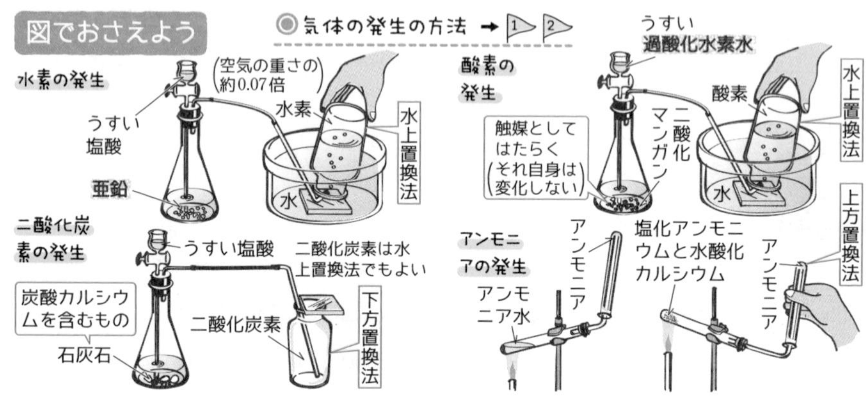

1 気体のつくり方 ☆☆

注意　においを嗅ぐとき

においを嗅ぐときは手であおぐようにして嗅ぐ。

1. **水　素**…亜鉛(あえん)，マグネシウムなどにうすい塩酸を加える。
2. **酸　素**…二酸化マンガンにうすい過酸化水素水を加える。
   ↳オキシドール
3. **二酸化炭素**…**石灰石**(せっかいせき)（炭酸カルシウム）にうすい塩酸を加える。
   ↳貝殻や卵の殻でもよい
4. **アンモニア**…塩化アンモニウムに水酸化カルシウムを混合して加熱する。また，アンモニア水を加熱しても発生する。

・コレ重要・

☞塩酸と石灰石で二酸化炭素，塩酸と金属で水素が発生する。

2 気体の集め方 ☆☆☆

参考　二酸化炭素の集め方

二酸化炭素は水上置換法でも集めることができるが，水に少し溶けるため，正確な量はわかりにくい。

1. **水上置換法**(ちかん)…水に**溶け**(と)**にくい**気体は，水上置換法で集める。
   ↳発生した気体の体積がわかる
2. **下方置換法・上方置換法**…水に溶けやすい気体は，空気より密度が**大きい**（重い）ものは下方置換法，空気より密度が**小さい**（軽い）ものは上方置換法で集める。
   ↳水素は上方置換法で集める場合もある

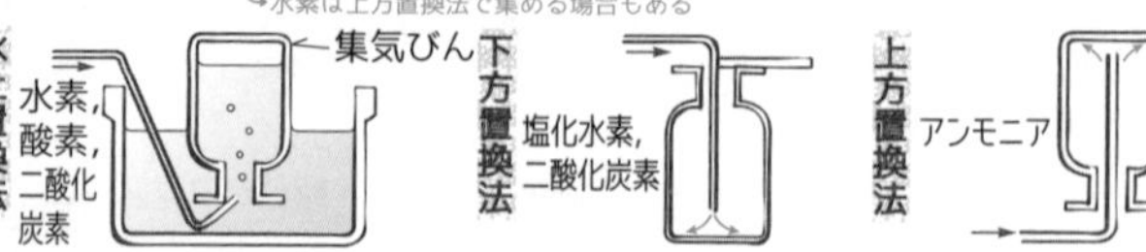

・コレ重要・

☞水上置換法→水に溶けにくい気体

☞下方置換法→水に溶け，空気より密度が大きい気体

☞上方置換法→水に溶け，空気より密度が小さい気体

合格アドバイス

① 気体の性質は，気体の集め方・発生した気体の確認法に着目しよう。
② 酸素，水素，二酸化炭素，アンモニアの発生方法や性質を理解しておこう。
③ アンモニアの性質を利用した噴水実験の原理を説明できるようにしよう。

3 気体の性質 ☆☆☆

参考 アンモニアの噴水実験

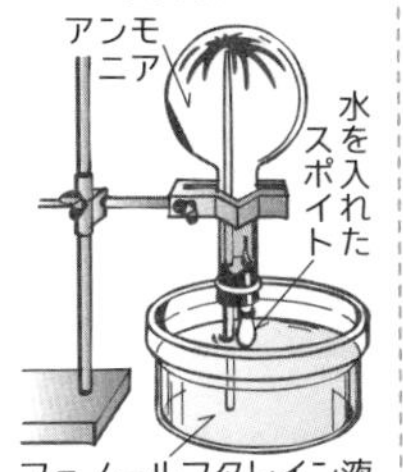

フェノールフタレイン液を5～6滴加えた水

1. スポイトをおす。
2. アンモニアが水によく溶けるため、フラスコ内の気圧が下がる。
3. 水槽の水がフラスコ内に入る。
4. フラスコに入ったフェノールフタレイン液を加えた水にアンモニアが溶けて**アルカリ性**を示し，赤色になる。

1 水　素…無色，無臭で，水に溶けにくい。物質の中で最も**密度が小さく**，火をつけると燃え，水を生じる。（→水蒸気）

2 酸　素…無色，無臭で，水に溶けにくく，空気より少し密度が大きい（空気の約1.1倍）。ものが燃えるのを助ける性質(**助燃性**)がある。酸素の中で物質を燃やすと，激しく燃える。

3 二酸化炭素…無色，無臭で，水に少し溶ける。空気より密度が大きい（空気の約1.5倍）。**石灰水**を白濁させ（→白く濁る），水溶液は**酸性**を示す。➡ BTB液を緑色から黄色にする。

4 アンモニア…水によく溶け，アルカリ性を示す。➡ BTB液を緑色から青色にする。フェノールフタレイン液を赤色にする。空気より密度が小さい。無色で**刺激臭**(鼻をつくにおい)がある。

気体	窒　素	塩　素	二酸化硫黄
つくり方	液体空気の分留	塩酸に二酸化マンガン	硫黄の燃焼
色	無　色	黄緑色	無　色
におい	無　臭	刺激臭	刺激臭
水への溶け方	溶けにくい	溶ける	溶ける
空気に対する重さ	少し軽い	たいへん重い	たいへん重い
その他の性質	空気の約80%を占める。安定な気体である。	きわめて毒性の強い気体。殺菌，漂白作用がある。	酸性雨の原因となる。漂白作用がある。

⬆ **その他の気体のつくり方と性質**

5 硫化水素…硫化鉄にうすい塩酸を加えると発生する。（p.94参照）

すいすい暗記 石灰水 二酸化炭素で（二酸化炭素と反応） 白くなり（白濁する）

入試直前チェック ✔

- □ 1．水に溶けにくい気体を集める方法を何といいますか。
- □ 2．石灰石にうすい塩酸を加えると発生する気体は何ですか。
- □ 3．亜鉛に塩酸を加えると発生する気体は何ですか。
- □ 4．水にたいへん溶けやすく，刺激臭があり，空気より密度が小さい気体は何ですか。
- □ 5．石灰水を白く濁らせる気体は何ですか。
- □ 6．空気の成分の約80%を占める気体は何ですか。

解答

1．水上置換法
2．二酸化炭素
3．水　素
4．アンモニア
5．二酸化炭素
6．窒　素

月　日

水溶液の性質

図でおさえよう

◎ガスバーナー → 1

空気調節ねじ　コック
ガス調節ねじ

① 2つのねじが閉まっていることを確認する。

（開いた状態）

（コックつきの場合はコックも開く。）

② 元栓を開く。

③ ガス調節ねじを開きながら点火する。

青い炎

④ 空気調節ねじを開いて青い炎にする。

◎溶解度曲線 → 2

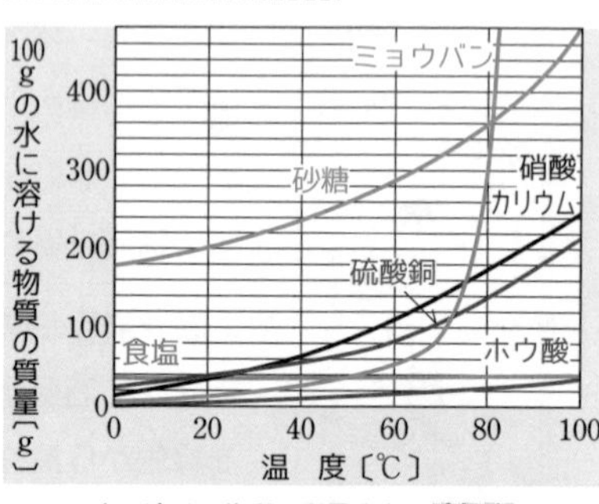

100gの水に溶ける物質の質量〔g〕を**溶解度**という。

1 水溶液 ☆☆

参考　溶　液

溶媒が水なら水溶液，エタノールならエタノール溶液という。

注意　溶液の質量

溶液の質量〔g〕＝溶媒の質量〔g〕＋溶質の質量〔g〕

注意　水溶液の性質

物質が水に溶けると，時間がたっても液のこさはどの部分も同じままである。

1 溶　液…物質を水などの液体に溶かし，均一で透明な液体となったとき，これを**溶液**という。溶液では，溶かしている液体を**溶媒**，溶けている物質を**溶質**という。

（色がついている溶液もある）（溶質：固体の場合が多い）

2 溶液の濃度…溶液の質量に対する溶質の質量の割合（%）で表す。

（質量パーセント濃度）

・コレ重要・

☞質量パーセント濃度〔%〕＝$\dfrac{\text{溶質の質量〔g〕}}{\text{溶液の質量〔g〕}}\times 100$

3 飽和水溶液…溶質を，もうこれ以上溶かすことができない状態の水溶液。

4 ガスバーナーの使い方（ガスバーナーの使い方の順序）

①ガス調節ねじ，空気調節ねじが閉まっているか確認する。

②元栓を開き，ガス調節ねじを開いて点火する。

③炎の大きさを調節してから空気調節ねじを回し，炎の色がうす青色になるように空気量を調節する（消し方は逆の手順）。

（空気調節ねじを回す：ガス調節ねじをおさえて回す）（うす青色：完全燃焼している）

5 水に溶けていくようす…砂糖が水に溶けるとき，砂糖の粒が少しずつばらばらになっていき，やがて均一に広がり**見えなくなっていく**。

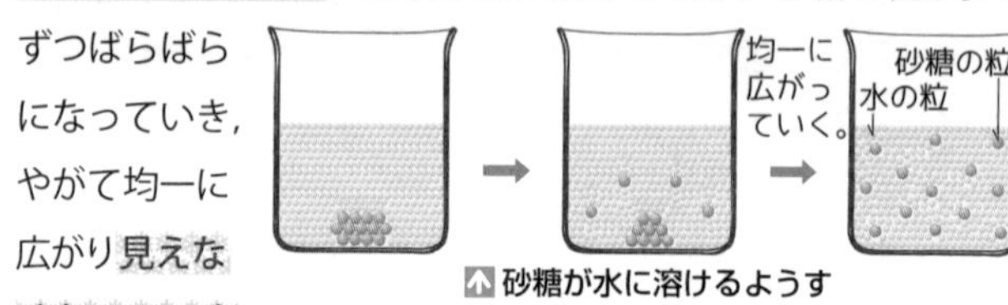

砂糖が水に溶けるようす

合格アドバイス

① 溶液の濃度の計算力を身につけるとともに，用語の意味をおさえよう。
② ろ過やガスバーナーの使い方など実験操作を正しく覚えよう。
③ 溶解度曲線の読み取りができるようにしよう。

2 溶解度曲線と再結晶 ☆☆☆

注意 ろ過

参考 混合物の分離

食塩とナフタレンの混合物は，水を加えて食塩だけを溶かし，水に溶けないナフタレンをろ過により分離することができる。

1 溶解度…水 100 g に溶かすことができる物質の限度の質量を**溶解度**という。

2 溶解度曲線…水の温度ごとの溶解度をグラフに表したものを**溶解度曲線**という。

3 再結晶…固体を一度水に溶かし，溶解度の違いを利用して再び純粋な結晶としてとり出す方法を**再結晶**という。

溶解度曲線

コレ重要

☞〈溶けている固体のとり出し方〉
- 溶媒の温度によって，溶解度が大きく変わる物質。
  →**溶液を冷やす。**
- 溶媒の温度によって，溶解度がほとんど変わらない物質。
  →**溶媒を蒸発させる。**

4 ろ過…ろ紙や細かい目の布などを使って，液体中に溶けずに混ざっている固体をこしとる方法を**ろ過**という。溶液を冷やす方法でとり出した**結晶**は，ろ過で溶液と分ける。
（結晶 → 硝酸カリウムなど）

すいすい暗記 水100に（100 g） 溶ける限度が（その物質の質量） 溶解度

入試直前チェック ✔

□ 1．60℃，100 g の水に硝酸カリウムをちょうど溶けるだけ溶かしました。この水溶液を何といいますか。

□ 2．1 のとき，硝酸カリウム水溶液の質量パーセント濃度を整数値で求めなさい。ただし，60℃のときの溶解度を 110 g とします。

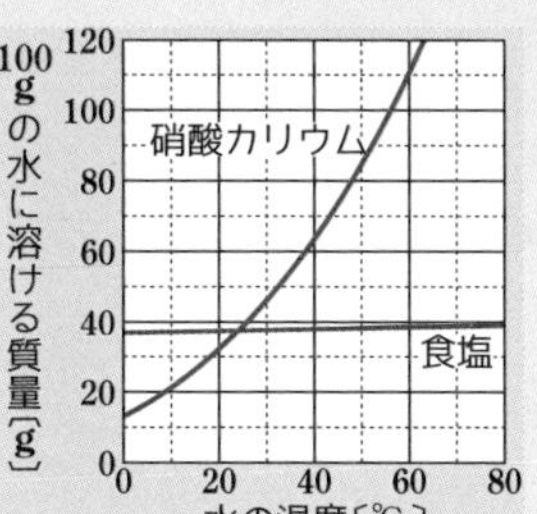

□ 3．1 の硝酸カリウム水溶液を 20℃まで冷やしたとき，何 g の結晶ができますか。ただし，20℃のときの溶解度を 32 g とします。

解答

1．飽和水溶液
2．52 %
3．78 g

月　日

物質の分解と原子・分子

図でおさえよう

◎分子になる物質 → 1

O O　H H

O C O　H O H

◎分子にならない物質 → 1

Cu　Mg

Na Cl　Cu O

◎炭酸水素ナトリウムの分解 → 2

試験管の口を少し下げる

石灰水中のガラス管をぬいてから火を消すこと

炭酸水素ナトリウム

炭酸ナトリウムが残る。

水滴がつく。

水の逆流　試験管 破損

石灰水

二酸化炭素が発生　石灰水が白濁

◎水の電気分解 → 2

水素（－極側）

酸素（＋極側）

水槽

電池

極板

発生する水素と酸素の体積比　**2：1**

$2H_2O \longrightarrow 2H_2 + O_2$

1 分子と原子

☆

注意　単体と化合物
単体・化合物は，いずれも純物質（純粋な物質）である。空気は，窒素 N_2，酸素 O_2 などの純物質が混じった混合物である。

1 **分　子**…物質の性質をもつ最小の粒子（りゅうし）を**分子**という。分子はいくつかの原子が集まっている。

2 **原　子**…物質をつくっている最小の粒子が**原子**で，化学変化により，それ以上に分けることはできない。また，種類が変わったり，なくなったりしない。
（物質の成分を表すときには元素という用語を用いる）

3 **単　体**…１種類の原子からなる物質。　例 酸素，銅

4 **化合物**…２種類以上の原子からなる物質。　例 水，酸化銅

5 **物質の状態と分子**

①**固体**→分子，原子どうしが規則正しく並んでいる状態。（わずかであるが運動している）

②**液体**→分子，原子どうしが並ばずに，ばらばらの状態。

③**気体**→分子，原子１個ずつが自由に飛び回っている状態。

6 **原子の大きさと質量**…原子には，それぞれ決まった質量と大きさがある。

7 **原子の種類**…110 種類以上ある。

8 **元素記号**…原子を表す記号を**元素記号**という。元素記号を用いて物質を表したものが**化学式**である。

例　銅 Cu，ナトリウム Na，炭素 C，窒素（ちっそ） N

化学式：水素 H_2，水 H_2O，二酸化炭素 CO_2　など。

（重要な原子の記号，化学式は必ず覚えること）

① 分解は，化学変化の基本となるのでよく理解しておこう。
② 炭酸水素ナトリウムの熱分解は，実験方法・化学変化をよく知っておこう。
③ 水の電気分解は，実験方法とその目的をしっかりとおさえよう。

2 分解 ☆☆☆

注意 フェノールフタレイン液の変化
炭酸ナトリウムの水溶液は，フェノールフタレイン液で赤くなるが，炭酸水素ナトリウム水溶液ではうす赤くなるだけである。

注意 塩化銅水溶液の電気分解
塩化銅水溶液の電気分解は，炭素棒を電極にすると，陽極では塩素が発生し，陰極では電極に銅が付着する。
塩素はプールの消毒剤などに用いられる刺激臭のある気体で，水に溶けやすい。銅は赤色で，みがくと金属光沢が出る。

1 分　解…1種類の物質が2種類以上の別の物質に分かれる化学変化(化学反応)を**分解**という。

2 熱分解…物質を加熱して起こる分解のことを**熱分解**という。

①**炭酸水素ナトリウムの(熱)分解**→炭酸水素ナトリウムを加熱すると，分解して**炭酸ナトリウム**と二酸化炭素と**水**が発生。
（重そうともいい，ベーキングパウダーの主成分である）
炭酸水素ナトリウム ⟶ 炭酸ナトリウム＋**二酸化炭素＋水**

▶**分解された物質を確認する方法**→水は塩化コバルト紙を青色から赤色に変化させる。二酸化炭素は石灰水を白く濁らせる。炭酸ナトリウムは水によく溶け，水溶液にフェノールフタレイン液を加えると濃い赤色に変化する。（濃い：強いアルカリ性）

②**酸化銀の(熱)分解**→黒色の酸化銀を加熱すると白色の銀と酸素に分かれる。　酸化銀 ⟶ **銀＋酸素**

▶**分解された物質を確認する方法**→銀はこすると光り(金属光沢)，たたくと延びる(延性という)。また，電流を流す。酸素の中に火のついた線香を入れると，線香は炎を出して燃える。

3 電気分解…物質に電流を流して分解することを**電気分解**という。

①**水の電気分解**→水に少量の水酸化ナトリウム(うすい硫酸を用いてもよい)を溶かし電流を流しやすくした状態で直流電流を流すと，水が分解されて陽極(電源の＋極とつないだ電極)で酸素，陰極(電源の－極とつないだ電極)で水素が発生する。
（炭素棒を電極として用いる(ステンレス電極を用いてもよい)）

② ①で発生した気体の体積比は，水素：酸素＝**2：1** である。

すいすい暗記　ふくらし粉　熱分解で　炭酸ガス
（ベーキングパウダー(炭酸水素ナトリウム)　CO_2発生）

入試直前チェック ✔

- □ 1．物質の性質をもつ最小の粒子を何といいますか。
- □ 2．1種類の原子からなる物質を何といいますか。
- □ 3．炭酸水素ナトリウムが分解すると，何という液体ができますか。
- □ 4．水の電気分解を行うことにより，何という物質に分解されますか。
- □ 5．酸化銀を加熱すると，何色から何色へ変化しますか。

解答
1．分子
2．単体
3．水
4．水素，酸素
5．黒色から白色へ変化する。

月　日

化学式と化学反応式

図でおさえよう

◎周期表 → 1

元素を原子番号の順に並べたものを**周期表**という。

原子番号 ― 1 H ― 元素記号
元素の名前 ― 水素
原子量 ― 1
原子のおよその相対的な質量

白文字…単体が金属
黄文字…単体が非金属

20℃のときの単体の状態：固体　液体　気体

	1	2	3	4	5	6	7	8	9	10	11	12	13	14	15	16	17	18
1	1 H 水素 1																	2 He ヘリウム 4
2	3 Li リチウム 7	4 Be ベリリウム 9											5 B ホウ素 11	6 C 炭素 12	7 N 窒素 14	8 O 酸素 16	9 F フッ素 19	10 Ne ネオン 20
3	11 Na ナトリウム 23	12 Mg マグネシウム 24											13 Al アルミニウム 27	14 Si ケイ素 28	15 P リン 31	16 S 硫黄 32	17 Cl 塩素 35	18 Ar アルゴン 40
4	19 K カリウム 39	20 Ca カルシウム 40	21 Sc スカンジウム 45	22 Ti チタン 48	23 V バナジウム 51	24 Cr クロム 52	25 Mn マンガン 55	26 Fe 鉄 56	27 Co コバルト 59	28 Ni ニッケル 59	29 Cu 銅 64	30 Zn 亜鉛 65	31 Ga ガリウム 70	32 Ge ゲルマニウム 73	33 As ヒ素 75	34 Se セレン 79	35 Br 臭素 80	36 Kr クリプトン 84
5	37 Rb ルビジウム 85	38 Sr ストロンチウム 88	39 Y イットリウム 89	40 Zr ジルコニウム 91	41 Nb ニオブ 93	42 Mo モリブデン 96	43 Tc テクネチウム 99	44 Ru ルテニウム 101	45 Rh ロジウム 103	46 Pd パラジウム 106	47 Ag 銀 108	48 Cd カドミウム 112	49 In インジウム 115	50 Sn スズ 119	51 Sb アンチモン 122	52 Te テルル 128	53 I ヨウ素 127	54 Xe キセノン 131
6	55 Cs セシウム 133	56 Ba バリウム 137	ランタノイド 57〜71	72 Hf ハフニウム 178	73 Ta タンタル 181	74 W タングステン 184	75 Re レニウム 186	76 Os オスミウム 190	77 Ir イリジウム 192	78 Pt 白金 195	79 Au 金 197	80 Hg 水銀 201	81 Tl タリウム 204	82 Pb 鉛 207	83 Bi ビスマス 209	84 Po ポロニウム 210	85 At アスタチン 210	86 Rn ラドン 222
7	87 Fr フランシウム 223	88 Ra ラジウム 226	アクチノイド 89〜103	104 Rf ラザホージウム 267	105 Db ドブニウム 268	106 Sg シーボーギウム 271	107 Bh ボーリウム 272	108 Hs ハッシウム 277	109 Mt マイトネリウム 276	110 Ds ダームスタチウム 281	111 Rg レントゲニウム 280	112 Cn コペルニシウム 285	113 Nh ニホニウム 278	114 Fl フレロビウム 289	115 Mc モスコビウム 289	116 Lv リバモリウム 293	117 Ts テネシン 293	118 Og オガネソン 294

ランタノイド	57 La ランタン 139	58 Ce セリウム 140	59 Pr プラセオジム 141	60 Nd ネオジム 144	61 Pm プロメチウム 145	62 Sm サマリウム 150	63 Eu ユウロピウム 152	64 Gd ガドリニウム 157	65 Tb テルビウム 159	66 Dy ジスプロシウム 163	67 Ho ホルミウム 165	68 Er エルビウム 167	69 Tm ツリウム 169	70 Yb イッテルビウム 173	71 Lu ルテチウム 175
アクチノイド	89 Ac アクチニウム 227	90 Th トリウム 232	91 Pa プロトアクチニウム 231	92 U ウラン 238	93 Np ネプツニウム 237	94 Pu プルトニウム 239	95 Am アメリシウム 243	96 Cm キュリウム 247	97 Bk バークリウム 247	98 Cf カリホルニウム 252	99 Es アインスタイニウム 252	100 Fm フェルミウム 257	101 Md メンデレビウム 258	102 No ノーベリウム 259	103 Lr ローレンシウム 262

1 元素記号 ☆

発展 周期表の配列

周期表は，質量の順に並べてあるのではなく，原子番号の順で並べてある。

縦に並んでいる元素は性質が似ている。

1 元素を記号で表す…元素には，1つずつに名前がつけられており，すべてに簡単に表記するための記号（**元素記号**）が決められている。

2 元素記号の書き方…元素記号は**アルファベット1文字，もしくは2文字**で表す。

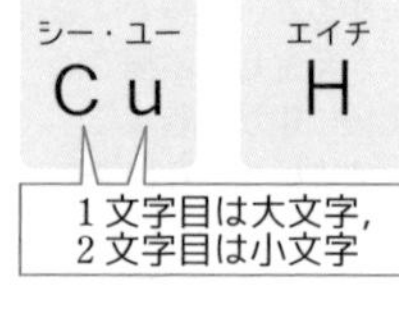

3 周期表…原子番号の順に元素を並べて元素の性質を表した表を**周期表**という。現在，118種類の元素がすでに知られている。

2 化学式 ☆☆

注意 原子・分子の数

化学式から，その物質をつくる元素が何で，原子はどのくらいの数なのかを知ることができる。

▶Ag…銀1個

▶H_2O…水素2個
　酸素1個

1 化学式…物質を元素記号を使って表したものを**化学式**という。

2 分子をつくる物質の化学式の表し方

①単体

O O → O O → O_2

分子をモデルで表す　モデルを元素記号で表す　同じ原子が複数あるときは小さく書く

②化合物

H O H → H O H → H_2O（1は書かない）

分子をモデルで表す　モデルを元素記号で表す　同じ原子を1つにまとめて書く

3 分子をつくらない物質の化学式の表し方

①単体

Mg Mg Mg … → Mg → Mg

1種類の元素でできている　代表して1つで表す　元素記号で表す

②化合物

Cl Na Cl Na Cl Na … → Na Cl → NaCl

原子の数が1：1でできている　代表して1組で表す　元素記号で表す

合格アドバイス

① 実験で扱う物質の元素記号はすべて書けるようにしよう。
② 分子をつくる，つくらない，化合物，単体の違(ちが)いをおさえよう。
③ 化学反応式を正しく表すことができるようにしておこう。

3 化学反応式 ☆☆

発展 かぎとかぎ穴

原子と原子が決まった数で結びつくことは，「かぎ」と「かぎ穴」で説明できる。

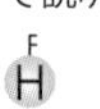
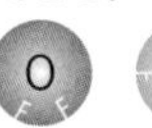

物質は上の図のように決まった数のかぎかかぎ穴をもっている。

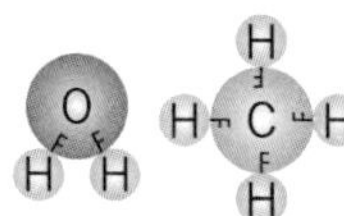

余りがないように結びつき，決まった数で原子どうしは結びつく。

注意 化学式

H_2O は H が 2 つ，O が 1 つあることを示す。$2H_2O$ は H_2O が 2 つだから，H が 4 つ，O が 2 つである。

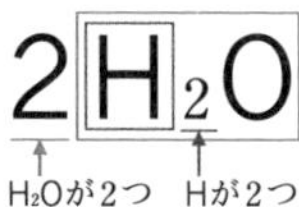

1 化学反応式…化学変化(化学反応)を化学式を使って表したものを**化学反応式**という。

コレ重要
☞化学変化は原子の組み合わせが変わるが，状態変化は原子の組み合わせが変わらない。

2 化学反応式の表し方

①反応前の物質を「⟶」の左，反応後の物質を右に書く。
（左→左辺という　右→右辺という）

②化学変化の前後(式の左辺と右辺)の**原子の種類と数**は必ず**等しく**する。

3 水の電気分解を化学反応式で表す

①反応前の物質 ⟶ 反応後の物質 を**言葉の式**で表す。

水 ⟶ 水素 ＋ 酸素

（複数の物質がかかわるときは，「＋(プラス)」の記号でつなぐ）

②言葉の式を**モデル**で表す。

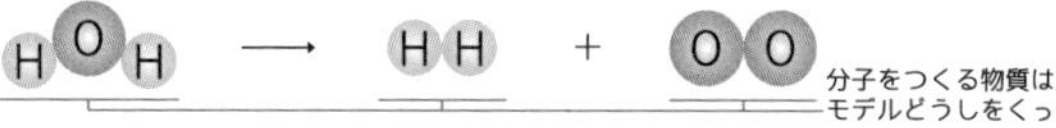

③左辺と右辺の**モデルの種類と数**をそろえる。

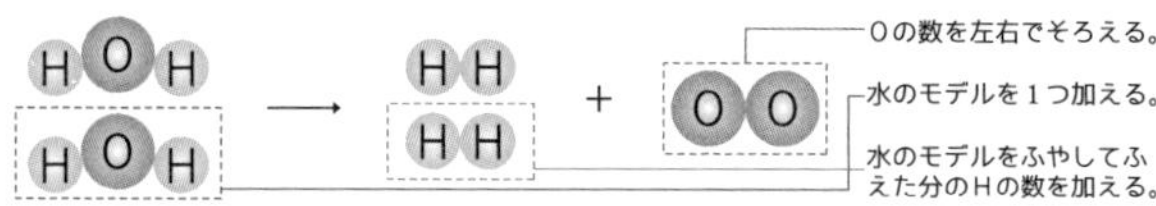

④モデルを**化学式**で表す。**同じ化学式は 1 つ**にまとめる。

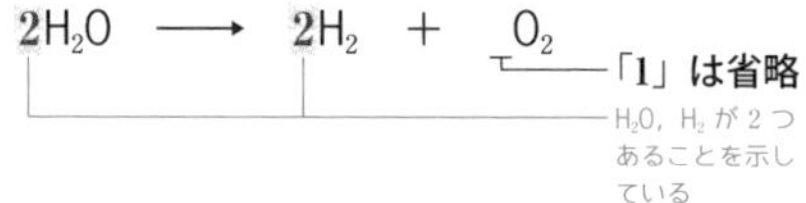

すいすい暗記　反応式(はんのうしき)　反応前後(はんのうぜんご)で　種(しゅ)と数(かずおな)同じ
（原子の種類と数）

入試直前チェック ✔

□ 1．化学変化を化学式を使って表したものを何といいますか。
□ 2．酸化銀の分解を化学反応式で表しなさい。
□ 3．炭酸水素ナトリウムの分解(熱分解)を化学反応式で表しなさい。

（酸化銀：Ag_2O　銀：Ag　酸素：O_2　水素：H_2　炭素：C
炭酸水素ナトリウム：$NaHCO_3$　炭酸ナトリウム：Na_2CO_3）

解答

1．化学反応式
2．$2Ag_2O \rightarrow 4Ag + O_2$
3．$2NaHCO_3 \longrightarrow Na_2CO_3 + CO_2 + H_2O$

社会　理科　数学　英語　国語

月　日

物質と化学変化

図でおさえよう

◎ 硫黄と鉄の反応 → 2

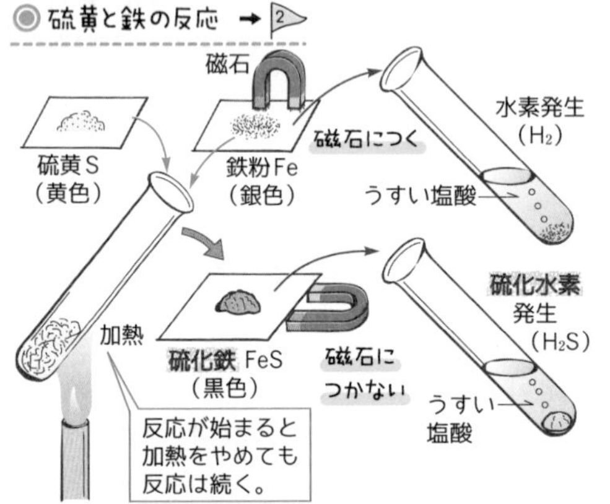

◎ 有機物の燃焼 → 2

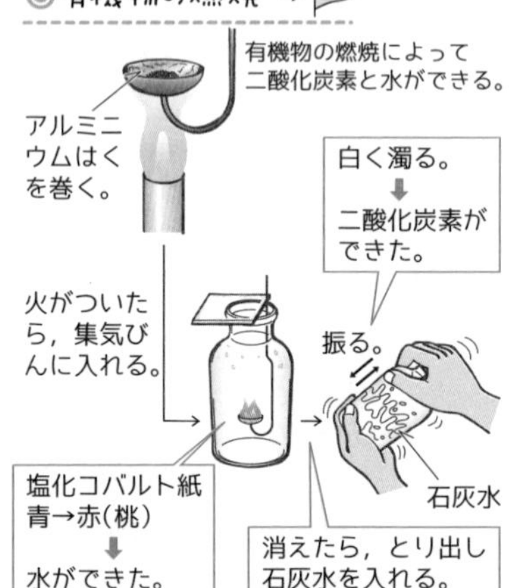

1 さまざまな物質 ☆

参考 リサイクルのためのマーク

注意 鉄の性質

鉄は金属共通の性質のほかに**磁石に引きつけられる**という性質ももっている。

❶ **プラスチック**…**石油など**を原料としてつくられた物質を**プラスチック**という。プラスチックの性質には，**軽い**，**加工しやすい**，**電気を通さない**，**さびない**，**腐らない**などがある。
（石油など：石油を精製して得られるナフサという物質）

例　ポリエチレンテレフタラート(PET)，ポリエチレン(PE)，ポリスチレン(PS)，ポリ塩化ビニル(PVC)，ポリプロピレン(PP)
（PET：ペットボトルなど　PE：レジぶくろなど　PS：食品トレイなど　PVC：消しゴムなど　PP：ペットボトルのふたなど）

❷ **金属と非金属**…次のような性質をもつ物質を**金属**という。それ以外の物質を**非金属**という。

・コレ重要・

- 電気伝導性をもつ。
- 熱伝導性がよい。
- 金属光沢をもつ。
- 展性や延性をもつ。

①**金属の例**→鉄，銅，銀など
（鉄：磁石につくのは，鉄など一部のみ）

②**非金属の例**→木，ゴム，ガラス，プラスチックなど
（厳密には電気を通すプラスチックも開発されている）

2 物質の結びつき ☆☆☆

❶ **化合物**…化学変化(化学反応)により2種類以上の物質が結びついて，できた物質を**化合物**という。

❷ **物質の結びつき**

①**鉄と硫黄の反応**→鉄粉は硫黄と結びついて**硫化鉄**に変わる。
（結びついて：加熱する）

鉄粉のときは磁石につき，塩酸を加えると**水素**が発生する。

合格アドバイス

① プラスチック，金属の性質について説明できるようにしよう。
② 鉄と硫黄(いおう)の反応について，実験方法を正しく覚えておこう。
③ 発熱反応と吸熱反応の具体例を覚えておこう。

参考 硫化(りゅうか)
鉄と硫黄の結びつきのように，ある物質に硫黄が結びつくことを硫化という。

注意 硫化水素
硫化水素のにおいのように，卵の腐ったようなにおいのことを腐卵臭(ふらんしゅう)という。

硫化鉄は磁石につかず，塩酸を加えると**硫化水素**（火山ガスや温泉に含まれている）が発生し，鉄や硫黄と性質が異なる物質になっていることがわかる。

鉄 ＋ 硫黄 ⟶ **硫化鉄**

Fe ＋ S ⟶ FeS

②**銅と硫黄の反応**→赤色の銅板の上に硫黄の粉末をのせて加熱すると，黒色の**硫化銅**ができる。

銅 ＋ 硫黄 ⟶ **硫化銅**

Cu ＋ S ⟶ CuS

③**炭素と酸素の反応**→炭素を燃やすと，**二酸化炭素**ができる。

炭素 ＋ 酸素 ⟶ 二酸化炭素

$C + O_2 \longrightarrow CO_2$

④**水素と酸素の反応**→水素を燃やすと，**水**ができる。

水素 ＋ 酸素 ⟶ 水

$2H_2 + O_2 \longrightarrow 2H_2O$

3 化学変化と熱 ☆

参考 化学かいろ
化学かいろは鉄と酸素が結びつくとき発熱することを利用したものである。

1 発熱反応…熱が発生して周囲の温度が上がる化学変化を**発熱反応**という。 例 鉄の酸化，水素と酸素の反応，有機物の燃焼(ねんしょう)

2 吸熱反応…熱を吸収して周囲の温度が下がる化学変化を**吸熱反応**という。 例 塩化アンモニウムと水酸化バリウムの反応

すいすい暗記
硫化鉄(りゅうかてつ)（鉄と硫黄の化合物） 塩酸加(えんさんくわ)えて 腐卵臭(ふらんしゅう)（卵の腐ったようなにおい）

入試直前チェック ✔

- □ 1. 磁石につくのは，すべての金属に共通の性質といえますか。
- □ 2. 鉄粉と硫黄(いおう)の粉末をよく混ぜたものを試験管に入れて，加熱しました。①このときできた化合物と，②この化合物とうすい塩酸が反応して発生する気体はそれぞれ何ですか。
- □ 3. 水素と酸素が結びつくと，何という物質ができますか。
- □ 4. 周囲の温度を下げる化学変化を何といいますか。
- □ 5. 化学かいろは，鉄と何の反応を利用していますか。

解答
1. いえない。
2. ① 硫化鉄(りゅうかてつ) ② 硫化水素
3. 水
4. 吸熱反応
5. 酸 素

月　日

酸化と還元

図でおさえよう

◎ 酸化と還元 → 2

▶銅の酸化
$2Cu + O_2 \longrightarrow 2CuO$

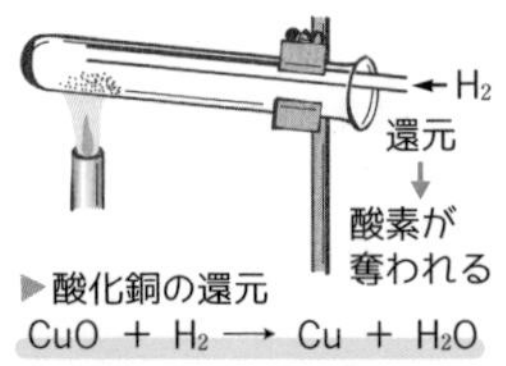

▶酸化銅の還元
$CuO + H_2 \longrightarrow Cu + H_2O$

◎ 鉄の酸化 → 3

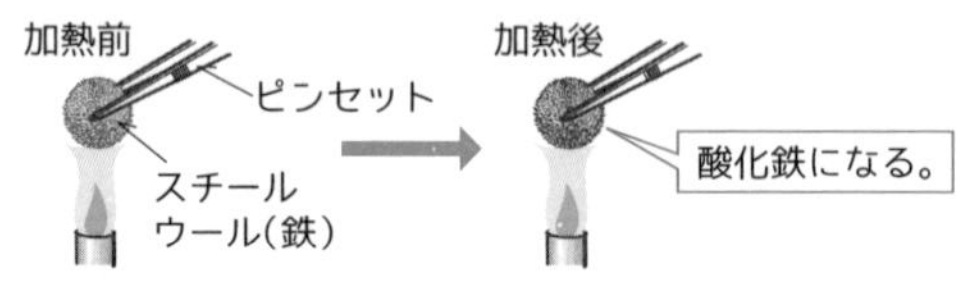

鉄は酸素と反応し，酸化されて酸化鉄になる。

▶加熱前後の性質の違い

	電子てんびん	磁石	うすい塩酸	電流は流れるか。	
加熱前		つく。	水素を発生。	流れる。	かたい。
加熱後	重くなる。	つかない。	何も起こらない。	流れない。	ボロボロになる。

1 酸化，燃焼，還元 ☆☆

1 酸化…物質が酸素と結びつく変化を**酸化**といい，酸化によってできた物質を**酸化物**という。

例　銅の酸化　$2Cu + O_2 \longrightarrow 2CuO$（酸化銅）

鉄の酸化　鉄 ＋ 酸素 ⟶ 酸化鉄

↳複雑な反応なので，化学反応式で表すことはできない

2 燃焼…物質が熱と光をともなって激しく酸化することを**燃焼**という。

例　炭素の燃焼　$C + O_2 \longrightarrow CO_2$（二酸化炭素）（＋光，熱）

マグネシウムの燃焼　$2Mg + O_2 \longrightarrow 2MgO$（酸化マグネシウム(白色)）（＋光，熱）

炭素と水素を含む物質では，燃焼で**二酸化炭素**と**水**を生じる。

↳ CO_2，CO 以外の炭素の化合物を有機物という

例　エタノール，砂糖，ロウ，石油など。

3 還元…酸化物が酸素を失う化学変化を**還元**という。

例　酸化銅と木炭の粉末を混合して加熱すると銅が得られる。

酸化銅が還元されると同時に，炭素は酸化している↲

$2CuO + C \longrightarrow 2Cu + CO_2$

酸化銅を水素中で加熱すると銅が得られる。

$CuO + H_2 \longrightarrow Cu + H_2O$

加熱した酸化銅をエタノールや砂糖に入れても還元される。

銅よりも酸素と結びつきやすい物質によって還元されるよ。

参考　さび

金属のさびは，空気中の酸素とゆるやかに酸化した酸化物である。燃焼とは違ってゆっくり進むため，熱は少しずつ発生する。

注意　酸化と還元

酸化銅を炭素で還元するとき，酸化銅は還元されて銅になり，同時に炭素は酸化され，二酸化炭素になる。このように，つねに酸化と還元は同時に起こっている。

合格アドバイス	① 酸化・還元(かんげん)の意味をおさえ，実験方法の手順を正しく理解しよう。 ② 実験で起こる反応を化学反応式で表すことができるようにしよう。 ③ 銅の酸化・還元を理解しよう。

2 銅の酸化と還元 ☆☆☆

1 銅の酸化…銅の粉末を空気中で加熱すると，**酸素**と化合して，**酸化銅**ができる。加熱後は，加熱前より質量が**大きく**なっている。
↳化合した酸素の質量が加わるため

2 酸化銅の還元…**酸化銅**の粉末と**炭素**の粉末の混合物を加熱すると，**銅**と**二酸化炭素**ができる。このとき，酸化銅は**還元**されて，炭素は**酸化**されている。
↳黒色　↳赤色　↳石灰水が白く濁る

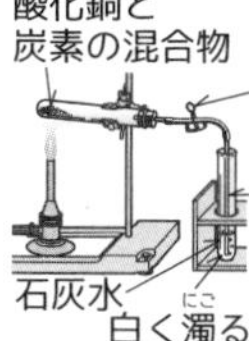

注意　酸化銅の還元
酸化銅が還元されてできた物質が銅であることは，みがくと赤色の**金属光沢**があり，**電気を通す**ことなどで確認できる。

・コレ重要・

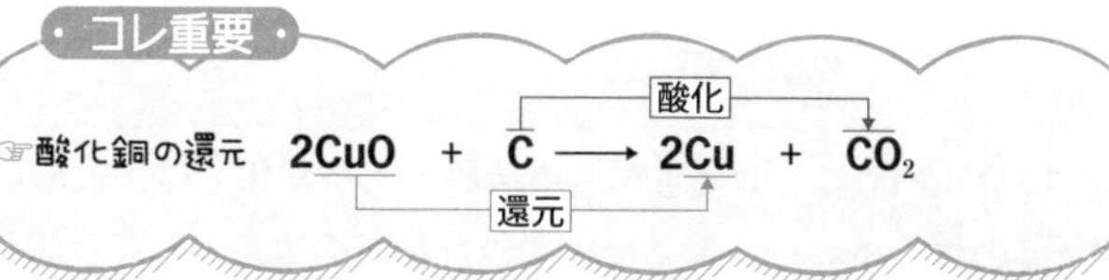

☞酸化銅の還元　$2CuO + C \longrightarrow 2Cu + CO_2$

3 さまざまな酸化 ☆☆☆

1 マグネシウムの燃焼…マグネシウムを空気中で加熱すると，**熱と光**を出しながら激しく酸化し，**酸化マグネシウム**を生じる。
↳燃焼という

2 鉄の酸化…スチールウール(鉄)を空気中で加熱すると，**酸化鉄**となる。また，鉄にできるさびも，酸化鉄の一種である。

3 炭素の酸化…炭素は酸化されて，**二酸化炭素**となる。

参考　スチールウールの酸化
スチールウールを加熱すると，赤く光りながら酸化するので，この反応も燃焼である。

すいすい暗記　酸化銅(さんかどう)　銅(どう)は還元(かんげん)　炭素(たんそ)は酸化(さんか)
酸化銅→銅　炭素→二酸化炭素

入試直前チェック ✔

- □ 1．物質が酸素と結びつく化学変化を何といいますか。
- □ 2．酸化物が酸素を失う化学変化を何といいますか。
- □ 3．物質が熱と光をともなって激しく酸化することを何といいますか。
- □ 4．銅は酸化すると，何という物質になりますか。
- □ 5．酸化銅の粉末と炭素の粉末の混合物を加熱したときの色の変化はどうなりますか。
- □ 6．5において，①酸化された物質，②還元(かんげん)された物質は何ですか。

解答
1．酸化
2．還元
3．燃焼(ねんしょう)
4．酸化銅
5．黒色から赤色に変化する。
6．①炭素　②酸化銅

月　日

化学変化と量的関係

図でおさえよう

◎炭酸水素ナトリウムとうすい塩酸の反応 → 3

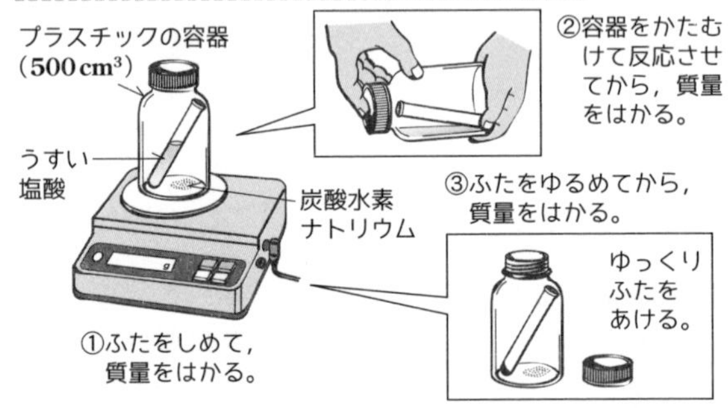

質量は，①＝②＞③となる。

◎金属の酸化 → 4

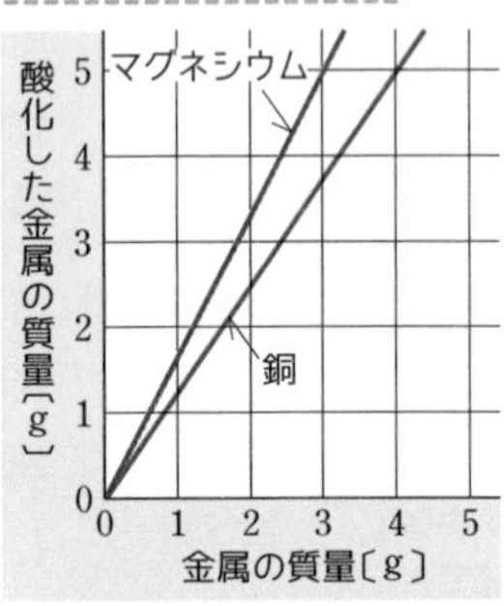

マグネシウム：酸素＝**3**：**2**
銅：酸素＝**4**：**1**

1 化学変化と物質の量 ☆☆☆

発展 化合する質量比と化学式または分子モデル図から，それぞれの原子1個の質量比がわかる。

例　水素1gと酸素8gから水が9gできる。
水の化学式 H_2O
H原子1個とO原子1個の質量比は
H：O＝1：16

1 質量保存の法則…化学変化では，反応前の物質の質量の総和と，反応後にできた物質の質量の総和は等しい。これを**質量保存の法則**という（ラボアジエが発見）。
（↳どんな化学変化でもあてはまる）
（↳状態変化でも成り立つ）

2 化学変化と質量

例　**金属の酸化**→マグネシウムや銅などの金属が酸化するとき，それぞれの金属の質量と化合する酸素の質量は**比例**し，一定の割合で化合する。

コレ重要

☞物質は，ある一定の質量比で化合したり，分解したりする（定比例の法則）。

3 化学変化と体積・質量の関係…うすい塩酸に石灰石（せっかいせき）を入れたとき，塩酸がじゅうぶんにある場合，石灰石の質量と発生する二酸化炭素の体積は比例する。

2 気体が生じない化学変化 ☆

1 沈殿（ちんでん）ができる化学変化…うすい硫酸（りゅうさん）とうすい塩化バリウム水溶液を混ぜ合わせると，硫酸バリウムの**白い沈殿**ができる。

$H_2SO_4 + BaCl_2 \longrightarrow 2HCl + \mathbf{BaSO_4}$
（↳硫酸バリウム）

うすい硫酸　うすい塩化バリウム水溶液
電子てんびん
混ぜ合わせる。

↑沈殿ができる化学変化

2 質量の変化…反応の前後で質量は変化しない。

合格アドバイス

① 質量保存の法則や化学変化の量関係をグラフ・実験から読み取りができるようにしよう。
② 実験結果から，反応する物質の質量を計算して求められるようになろう。

社会 理科 数学 英語 国語

3 気体が生じる反応 ☆☆

注意

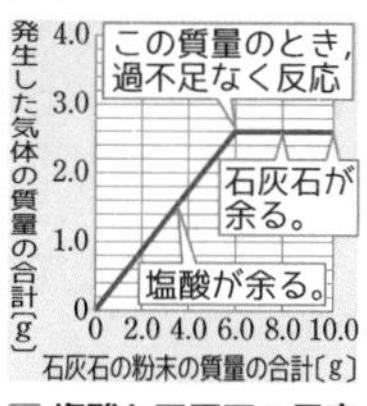

塩酸と石灰石の反応

1 気体の発生する反応…炭酸水素ナトリウムにうすい塩酸を加えると，**二酸化炭素**が発生する。

$NaHCO_3$ ＋ HCl ⟶ NaCl ＋ H_2O ＋ CO_2
（NaCl→塩化ナトリウム　H_2O→水　CO_2→二酸化炭素）

2 密閉容器内での反応…反応前後で質量に変化はない。
→質量保存の法則が成り立つ

3 密閉していない容器での反応…反応前に比べて，反応後のほうが**質量は小さい**。減った分の質量が発生した気体の質量。
→発生した気体が空気中へ出ていく

4 反応前後の質量…反応前の質量＝密閉容器での反応後の質量＝密閉していない容器での反応後の質量＋発生した気体の質量

4 金属の酸化と質量 ☆☆☆

注意　同じ質量の酸素に化合する銅とマグネシウムの質量の比は，
Cu：O＝4：1＝8：2
Mg：O＝3：2
よって，
Cu：Mg＝8：3

1 化合する酸素の質量…加熱前の金属の質量に対して，化合する酸素の質量は決まっている。

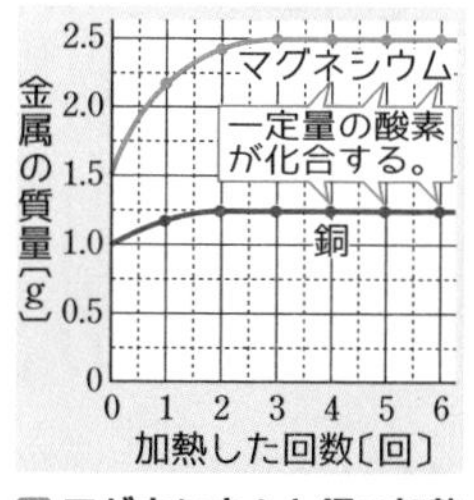

マグネシウムと銅の加熱した回数と質量変化

2 化合する酸素の割合…ある金属と化合する酸素の割合は**つねに一定**となる。

①酸化銅に含(ふく)まれる銅と酸素の質量の比→ Cu：O＝**4：1**

②酸化マグネシウムに含まれるマグネシウムと酸素の質量の比
→ Mg：O＝**3：2**

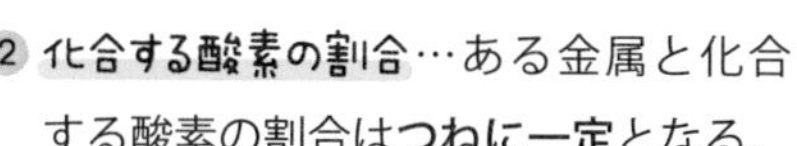

入試直前チェック ✔

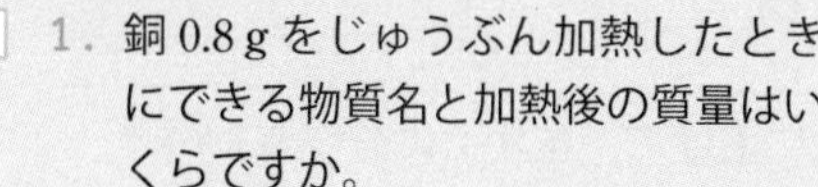

☐ 1. 銅0.8gをじゅうぶん加熱したときにできる物質名と加熱後の質量はいくらですか。
☐ 2. 1のとき，化合した酸素の質量はいくらですか。
☐ 3. マグネシウム2.4gと化合する酸素はいくらですか。
☐ 4. マグネシウムと酸素が完全に化合するときの質量比はいくらですか。

解答
1. 酸化銅，1.0g
2. 0.2g
3. 1.6g
4. 3：2

月　日

水溶液とイオン

図でおさえよう

◎ 電解質と非電解質 → 1

電解質	非電解質
食塩（NaCl，塩化ナトリウム）はNa^+とCl^-に電離している。	砂糖の分子が水溶液中に散らばっている。

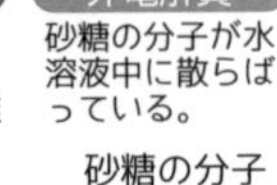
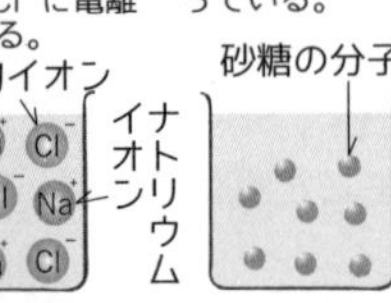

◎ 塩化銅水溶液の電気分解 → 1

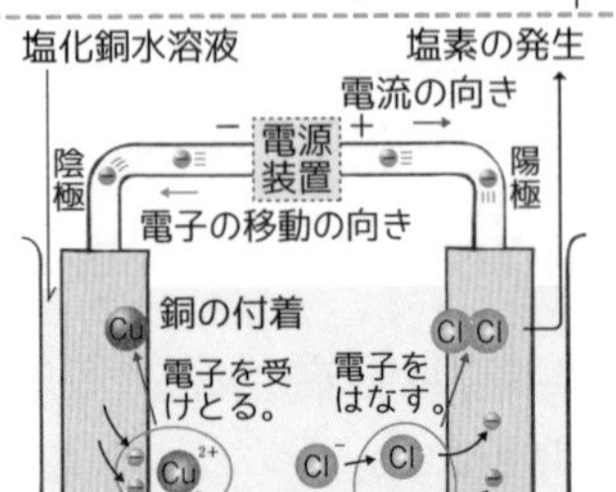

◎ 原子の成り立ち → 2

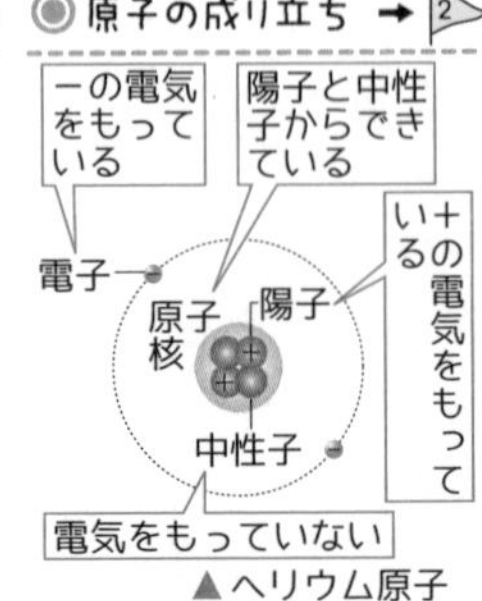

▲ヘリウム原子

1 電解質と非電解質 ☆☆☆

注意　電解質と非電解質

電解質	非電解質
食塩 塩化水素 塩化銅	砂　糖 エタノール

注意　塩素の確認

塩素の発生は，電極付近の液にインクをたらすと，色がうすくなることで確認できる。

① 電流が流れない水溶液（すいようえき）…砂糖水，エタノール水溶液，精製水（→蒸留水）

② 電流が流れる水溶液…食塩水（固体では流れない），水酸化ナトリウム水溶液（→水の電気分解），**塩酸**（溶質は塩化水素），**塩化銅水溶液**

コレ重要

☞電流が流れる水溶液の溶質は電解質なので，水に溶けると，電離する。

③ 電解質と非電解質…塩化銅のように水に溶（と）かしたときに電流が流れる物質を**電解質**，砂糖のように水に溶かしたときに電流が流れない物質を**非電解質**という。

④ 塩化銅水溶液の電気分解…塩化銅水溶液に電流を流すと，陽極では**塩素**（→プールの消毒剤のようなにおい）が発生し，**陰極**（いんきょく）の表面に赤色の**銅**（→みがくと金属光沢が現れる）が付着する。

$$CuCl_2 \longrightarrow Cu + Cl_2$$

⑤ 塩酸の電気分解…塩酸に電流を流すと，陽極の表面から**塩素**，陰極の表面から**水素**が発生する。

$$2HCl \longrightarrow H_2 + Cl_2$$

（→塩素と同じ体積が生じるが，塩素は水に溶けるので集まる量は水素より少ない）

2 電離とイオン ☆

注意　イオン

原子が電気を帯びたものを**イオン**という。

① 電離（でんり）…物質が水に溶けて，イオンに分かれることを**電離**という。

② 陽イオンと陰イオン…電子を失って＋の電気を帯びたものを**陽イオン**，電子を受けとって－の電気を帯びたものを**陰イオン**という。

↑ イオンのでき方

合格アドバイス

① 電離（でんり）について理解し，電気分解のしくみをつかんでおこう。
② 酸・アルカリ・中和の意味を理解し，具体的な例をあげられるようにしよう。
③ 中和による塩（えん）の意味をしっかりとつかんでおこう。

3 酸・アルカリ・中和 ☆☆

注意

▶塩化水素の電離
$HCl \longrightarrow H^+ + Cl^-$

▶硫酸の電離
$H_2SO_4 \longrightarrow 2H^+ + SO_4^{2-}$

▶水酸化ナトリウムの電離
$NaOH \longrightarrow Na^+ + OH^-$

▶水酸化バリウムの電離
$Ba(OH)_2 \longrightarrow Ba^{2+} + 2OH^-$

▶食塩（塩化ナトリウム）の電離
$NaCl \longrightarrow Na^+ + Cl^-$

参考　中和と熱
中和が起こるときには発熱する（**中和熱**）。

1 **酸**…水に溶けたときに，酸性を示す物質を**酸**という。酸は電離して，**水素イオン（H^+）**を生じる。

例　硫酸（りゅうさん） H_2SO_4，塩化水素 HCl，硝酸（しょうさん） HNO_3，酢酸（さくさん） CH_3COOH

2 **アルカリ**…水に溶けたときに，アルカリ性を示す物質を**アルカリ**という。アルカリは電離して，**水酸化物イオン（OH^-）**を生じる。

例　水酸化ナトリウム NaOH，水酸化カルシウム $Ca(OH)_2$，水酸化バリウム $Ba(OH)_2$

	酸の水溶液	アルカリの水溶液
BTB液（BTB溶液）	**黄色**	青色
フェノールフタレイン液	無色	**赤色**
リトマス紙	青色→赤色	赤色→青色
pH	7より小さい	7より大きい

3 **中　和**…酸の水溶液とアルカリの水溶液を混ぜ合わせると，酸およびアルカリの双方（そうほう）の性質を互（たが）いに打ち消し合い，**水**ができる反応を**中和**という。
（中和は発熱反応である）

$$H^+ + OH^- \longrightarrow H_2O$$

4 **塩（えん）**…中和反応により，水のほかにできる物質を**塩**という。

例　塩化ナトリウム NaCl，硫酸バリウム $BaSO_4$

すいすい暗記　中和（ちゅうわ）では H^+ と OH^- は 水（みず）いらず
（H^+：水素イオン　OH^-：水酸化物イオン　水：H_2O 発生）

入試直前チェック ✔

□ 1．水に溶かしたときに電流が流れる物質を何といいますか。
□ 2．塩化銅水溶液（すいようえき）を電気分解したとき，陽極，陰極（いんきょく）のそれぞれにできる物質は何ですか。
□ 3．物質が水に溶けて，陽イオンと陰イオンに分かれることを何といいますか。
□ 4．水に溶けたときアルカリ性の性質を示す物質を何といいますか。
□ 5．酸とアルカリの水溶液を混合させ，水ができる反応を何といいますか。

解答
1．電解質
2．（陽極）塩素
（陰極）銅
3．電離
4．アルカリ
5．中和

月　日

化学変化と電池

図でおさえよう

◎電池（化学電池）→ 1

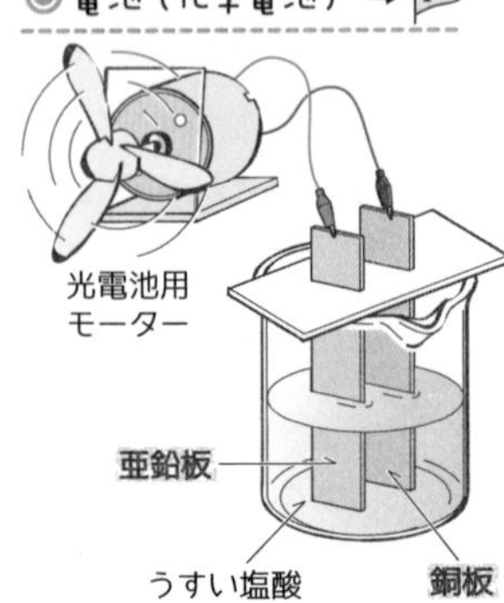

異なる2種類の金属を電解質の水溶液に入れると，電流が流れる。

◎その他の電池 → 2

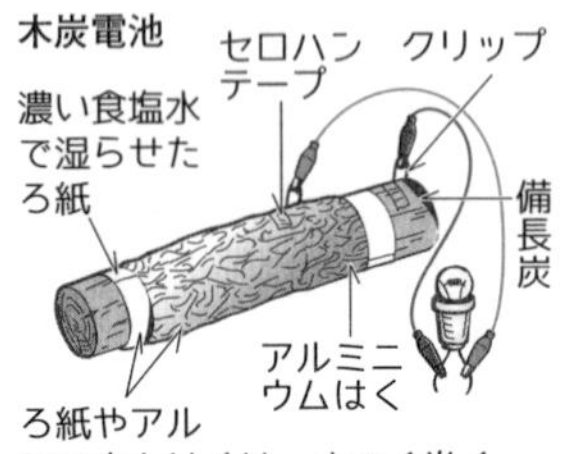

燃料電池

水素　酸素

電源装置

レモン電池

亜鉛板　銅板　レモン

電子オルゴール

木炭電池，燃料電池，レモン電池ともイオンや電子の移動によって電流が得られる。

1 電池のしくみ ☆☆☆

発展 イオン化傾向

異なる2種類のどちらが－極になるかは，陽イオンへのなりやすさを示すイオン化傾向から知ることができる。

－極 ←

Na＞Mg＞Zn＞Fe

→ ＋極

＞Cu＞Ag

1 電　池…**電解質**の水溶液に**異なる**2種類の**金属**を入れて，導線でつなぐと，導線に電流が流れる。このような装置を**電池**（化学電池ともいう）という。

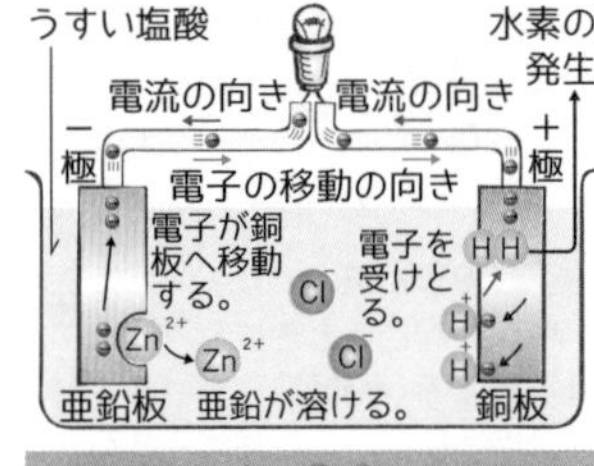

＋極：$2H^{+}$＋⊖⊖ ⟶ H_2

－極：Zn ⟶ Zn^{2+}＋⊖⊖

2 うすい塩酸，亜鉛板（あえんばん），銅板を使った電池

①**銅板での変化**→表面で水素イオンが電子を受けとって水素原子となり，水素原子が**水素分子**となる。

②**亜鉛板での変化**→1つの亜鉛原子が電子2個を失い，**亜鉛イオン**となる。

③電子は亜鉛板（－極）から銅板（＋極）へ流れる。

3 電子と電流…電池では，電子が－極から＋極に向かって流れる。電流の向きは，電子の流れと逆向きになる。

4 電池におけるエネルギー変換（へんかん）…電池は，物質がもつ**化学エネルギー**を**電気エネルギー**に変換している。

合格アドバイス
① 電池のしくみを理解しておこう。
② 化学変化によって発生するエネルギーが利用されていることに気づこう。
③ 燃料電池のしくみや利用例をおさえておこう。

社会 理科 数学 英語 国語

2 いろいろな電池 ☆☆☆

注意 マンガン乾電池
－極：亜鉛
＋極：二酸化マンガンなど
水溶液：二酸化マンガン，黒鉛，塩化アンモニウムを含む塩化亜鉛水溶液を練り合わせたもの

注意 鉛蓄電池
－極：鉛
＋極：酸化鉛
水溶液：うすい硫酸

参考 一次電池と二次電池
使うと電圧が低下し，もとにもどすことができない電池を**一次電池**，充電してくり返し使うことができる電池を**二次電池**という。

1 その他の電池

①**レモン電池（果物電池など）**→レモンに銅板と亜鉛板をさしこみ，電子オルゴールにつなぐと電流が流れ，音楽が聞こえる。レモンだけでなく，いろいろな果物や野菜でもできる。

②**木炭電池**→木炭に食塩水で湿らせたろ紙（ティッシュペーパーでもよい）を巻き，さらに**アルミニウム**はくを巻く。アルミニウムはくと木炭に豆電球やモーターをつなぐと，豆電球は点灯し，モーターは回転する。

③**燃料電池**→**水酸化ナトリウム**（水酸化カリウムも使うことができる）を少し入れた水に電流を流すと，水は水素と酸素に分解される。その後，電源装置をはずし，光電池用モーターをつなぎ，水素と酸素を化合させると少しの間モーターが回る。このような装置を**燃料電池**という。

2 燃料電池の利用…クリーンエネルギーとして利用され始め，スペースシャトルで使われたり，電気自動車やホテルなどの自家発電に利用されたりしている。

3 燃料電池と環境…水素と酸素が化学変化するときには，水だけができるので，燃料電池は環境に悪影響を与えないと考えられ，開発が進められている。

コレ重要
☞水素＋酸素──→水＋電気エネルギー

すいすい暗記
銅・亜鉛　亜鉛溶け出し　電子出す
（化学電池の組み合わせ）（－極になる）

入試直前チェック ✔

- □ 1．２種類の金属板を導線でつなぎ，うすい塩酸の中に入れると電流が生じる。この装置を何といいますか。
- □ 2．使うと電圧が低下し，もとにもどらない電池を何といいますか。
- □ 3．鉛蓄電池のように，充電してくり返し使うことができる電池を何といいますか。
- □ 4．うすい塩酸と亜鉛板・銅板を使って電池をつくったとき，＋極になるのはどちらの金属板ですか。
- □ 5．水の電気分解と逆の反応の電池は何ですか。

解答
1．電池（化学電池）
2．一次電池
3．二次電池
4．銅　板
5．燃料電池

月　日

植物の観察と分類

図でおさえよう

◎ 種子でふえる植物 → 1

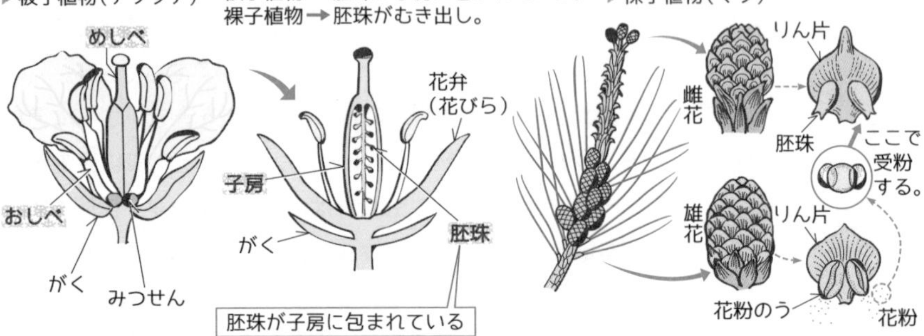

1 種子植物 ☆☆

1 種子植物…花が咲(さ)き，種子をつける植物を**種子植物**という。種子植物には，**被子(ひし)植物**と**裸子(らし)植物**がある。

2 被子植物…**胚珠(はいしゅ)**が**子房(しぼう)**に包まれている植物を**被子植物**という。
例　エンドウ，サクラ，イネ，ユリなど。

3 裸子植物…子房がなく，胚珠がむき出しになっている植物を**裸子植物**という。　例 マツ，イチョウ，ソテツなど。
↳果実をつくらず，種子のみつくる

注意 双子葉類の芽生え

注意 単子葉類の芽生え

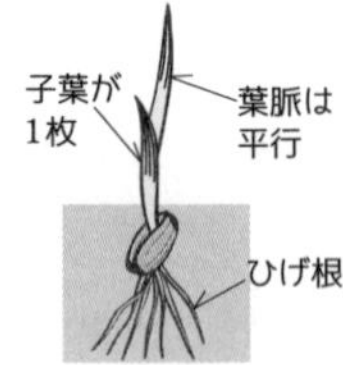

・コレ重要・
☞被子植物には子房があり，裸子植物には子房がない。

4 被子植物の花のつくり…**がく**，**花弁**，**おしべ**，**めしべ**からなる。

5 種子のでき方…**花粉**がめしべの**柱頭(ちゅうとう)**につくことを**受粉**という。受粉の後，めしべのつけねにある**子房**が成長して**果実**になり，子房の中の**胚珠**は**種子**になる。

6 種子植物の特徴(とくちょう)…①種子でふえる。②根・茎(くき)・葉の区別がある。③**維管束(いかんそく)**が発達している。④葉緑体で**光合成**をする。

7 被子植物の分類…**双子葉類(そうしようるい)**と**単子葉類**がある。
タンポポ・エンドウ・アブラナ↵　↳イネ・ユリ・ムギ
　双子葉類は，さらに花弁がくっついている**合弁花類**と**離(はな)れている離弁花類(りべんかるい)**がある。
ツツジ・アサガオ・ナス↵
↳サクラ・パンジー

合格アドバイス

① 種子植物では，花のつくり，受粉のしかたなどよく観察し理解をしよう。
② 被子植物と裸子植物の違いに着目し，理解しておこう。
③ 顕微鏡やルーペの使い方を身につけておこう。

2 種子をつくらない植物 ☆☆

1 種子をつくらない植物…種子をつくらず，胞子でふえる。**シダ植物**（ワラビ・スギナ），**コケ植物**（ゼニゴケ・スギゴケ）があり，光合成を行っている。

2 シダ植物…根・茎・葉の区別があり，維管束をもつ。葉の裏側に**胞子のう**があり，胞子が入っている。

シダ植物のつくり

3 コケ植物…根・茎・葉の区別や維管束がない。根のように見える**仮根**は，からだを地面に固定するはたらきをしている。

3 顕微鏡と水中の微小生物 ☆☆☆

注意 顕微鏡の視野
顕微鏡の視野は，ふつう実物と上下左右が逆に見える。

注意 ルーペの使い方
ルーペは目に近づけて持ち，観察するもの，またはからだ全体を前後に動かしてピントを合わせる。

1 顕微鏡観察の順序…**接眼レンズ**をはめる→**対物レンズ**をはめる→**反射鏡**と**しぼり**の調節→プレパラートをのせる→対物レンズとプレパラートを近づける→離しながらピントを合わせる。

最初は**低倍率**で観察する。また，倍率は次のようになる。

コレ重要
☞倍率＝接眼レンズの倍率×対物レンズの倍率

2 プレパラートのつくり方…スポイトでスライドガラスの上に水を1滴落とし，観察するものをのせる。柄付き針を使い，空気の泡を入れないよう静かにカバーガラスをのせる。

3 水中の微小生物（右図）

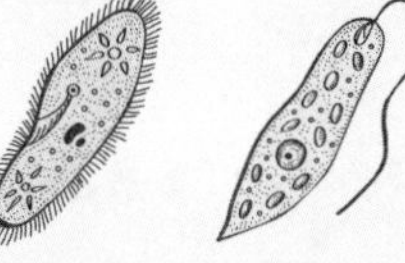
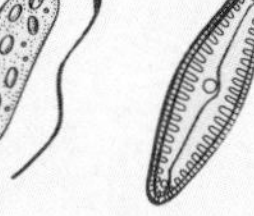

ゾウリムシ　ミドリムシ　ケイソウ

すいすい暗記　被子植物　胚珠は種に（種子）　子房は実となり（果実）

入試直前チェック

- [ ] 1. めしべの先端を何といいますか。
- [ ] 2. 受粉し，成長して種子になる部分を（①　　），果実になる部分を（②　　）という。
- [ ] 3. 双子葉類には，合弁花類と（　　　）がある。
- [ ] 4. 顕微鏡の観察のためにつくられた標本を何といいますか。
- [ ] 5. 10倍の接眼レンズと40倍の対物レンズを組み合わせた場合の倍率は何倍ですか。

解答

1. 柱頭
2. ①胚珠　②子房
3. 離弁花類
4. プレパラート
5. 400倍

月　日

植物のからだのつくりとはたらき

図でおさえよう

◎光合成の実験 → 1

光合成は二酸化炭素と水をとり入れて行う。

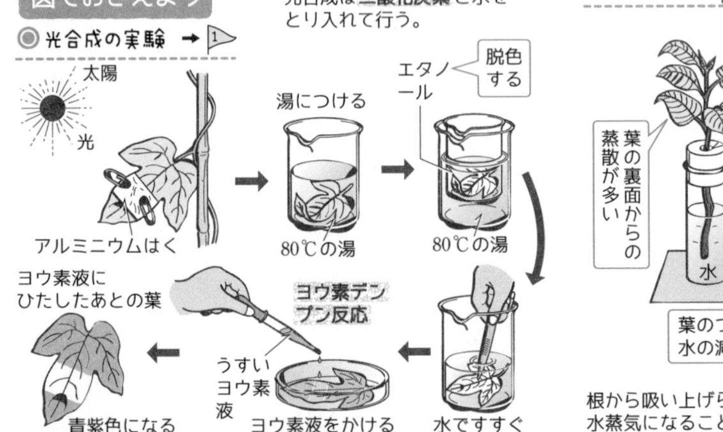

◎蒸　散 → 2

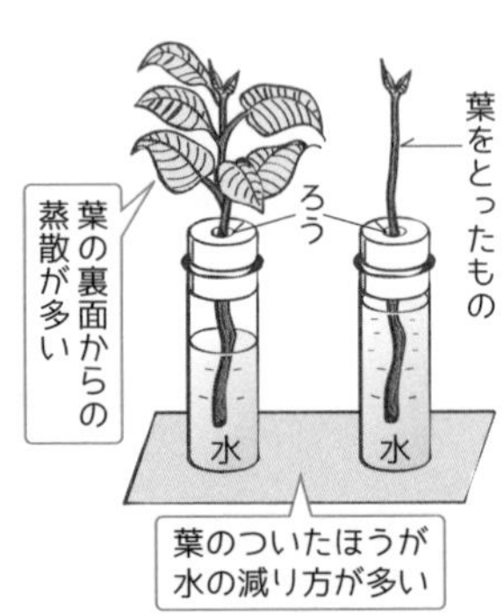

根から吸い上げられた水が水蒸気になることを**蒸散**という。

1 光合成 ☆☆☆

注意 孔辺細胞

孔辺細胞は，表皮細胞だが葉緑体をもつ。

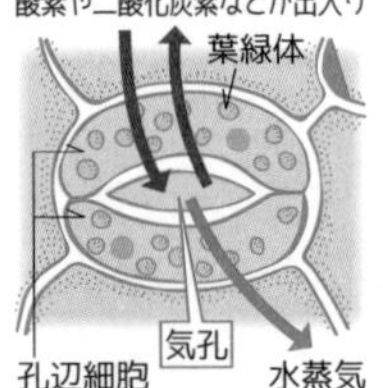

❶ **光合成**…緑色植物が光のエネルギーを使って，**二酸化炭素**と**水**からデンプンなどの有機物を合成するはたらきを**光合成**という。光合成は細胞内の**葉緑体**で行われる。

コレ重要

☞二酸化炭素 ＋ 水 $\xrightarrow[\text{葉緑体}]{\text{光エネルギー}}$ デンプンなど ＋ 酸素

❷ **光合成による産物**…**デンプン**，酸素など。
（ヨウ素デンプン反応で青紫色に変化する）

❸ **光合成に必要な条件を調べる実験**…対照実験により調べる。
（比較する条件以外は同じ条件にする）

①**光**→葉の一部をアルミニウムはくや黒い紙でおおう。

②**葉緑体**→ふ入りの葉を用いる。

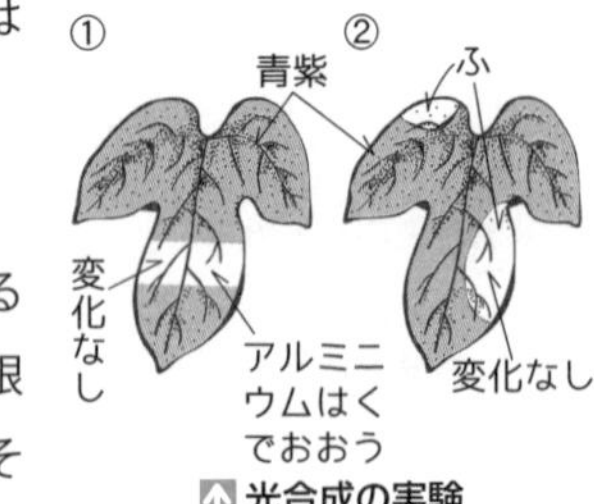

光合成の実験

❹ **光の強さと光合成**…光が強くなると光合成は盛んになるが，ある限度以上光を強くしても光合成はそれより盛んにならない。

❺ **二酸化炭素濃度と光合成**…ある濃度までは，二酸化炭素の濃度に比例して光合成が盛んになる。

合格アドバイス

① 光合成実験の方法はよく出題される。系統的に理解しよう。
② 光合成と呼吸のはたらきについて理解しよう。
③ 葉・茎の構造とはたらきを覚えよう。蒸散の実験もおさえておこう。

注意　光合成と呼吸

6 光合成による産物のゆくえ…葉でつくられたデンプンは，夜間のうちに水に溶けやすい物質に変えられ，師管を通ってからだの各部に移動する。（糖に変えられる）

①一部は呼吸に利用。

②再びデンプンに変えられ，根・茎・種子に貯蔵。

7 呼　吸…植物も動物と同じように，栄養分を分解し，生きるためのエネルギーをとり出す呼吸を一日中行っている。

①**昼間**→**光合成**と**呼吸**を行う。全体として二酸化炭素をとり入れ，酸素を出している。（呼吸よりも光合成による気体の出入りが多い）

②**夜間**→**呼吸**のみ行う。酸素をとり入れ，二酸化炭素を出す。

2 植物体のつくり ☆☆

注意　双子葉類の茎のつくり

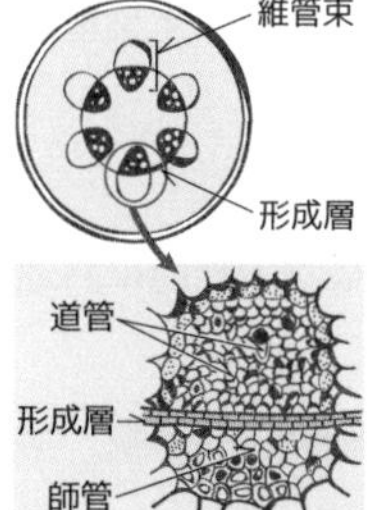

1 葉のつくり…葉の裏側には気孔がたくさんあり，蒸散や二酸化炭素・酸素の出入りが行われる。（1対の葉緑体をもつ孔辺細胞によるすきま）

（葉の表側）
道管
葉緑体
表皮
柵状組織
海綿状組織
表皮
（葉の裏側）
細胞の間のすきま
師管
維管束（葉脈）
気孔
孔辺細胞

葉の断面

2 茎・根のつくり…茎・根には維管束が発達している。

①**師管**→光合成でつくられた栄養分の通路。（デンプンが変えられた物質）

②**道管**→根から吸収した水分や養分の通路。

3 蒸　散…植物体が葉の気孔から水分を蒸発させるはたらきを蒸散という。蒸散によって吸水が盛んになる。（養分の吸収を増進させる）

すいすい暗記　光受け（葉緑体）　水とガスとで（二酸化炭素）　デンプンづくり（＋酸素）

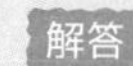

入試直前チェック ✔

- [ ] 1．緑色植物が光エネルギーを使って無機物から有機物をつくるはたらきを何といいますか。
- [ ] 2．光合成は葉のどの部分で行われますか。
- [ ] 3．光合成でつくられたデンプンは，夜間のうちに水に（①　　）物質に変わり，茎の（②　　）を通ってからだの各部に運ばれる。

解答

1．光合成
2．葉緑体
3．①溶けやすい　②師管

月　日

細胞・呼吸・血液の循環

図でおさえよう

◎細　胞 → 1

注 植物細胞には細胞壁・液胞・葉緑体がある。

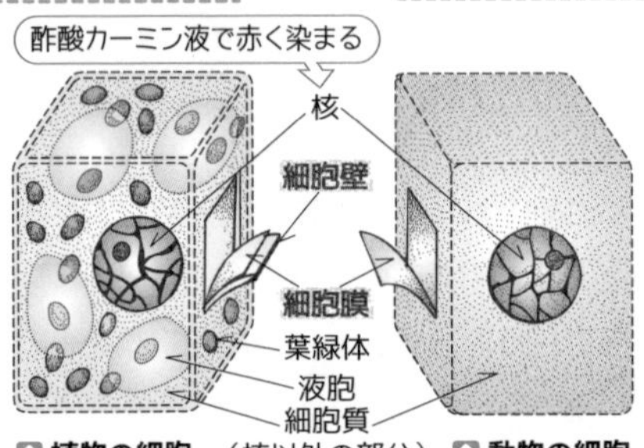

植物の細胞　動物の細胞

◎ヒトの血液循環 → 4

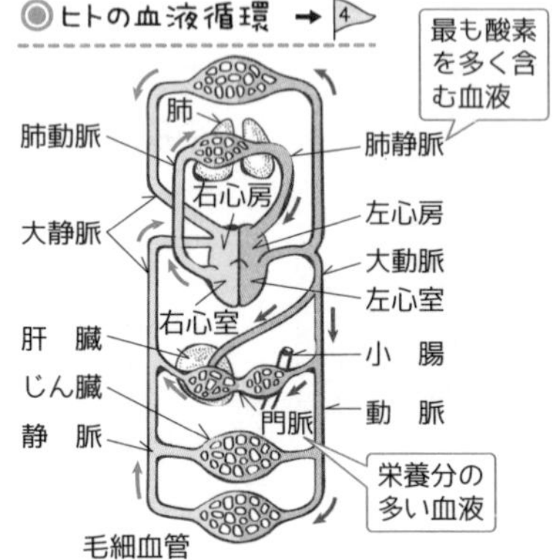

1 生物のからだと細胞 ☆

1 細　胞…生物のからだをつくっている基本単位で，小さな部屋のようになっているものを**細胞**という。

2 細胞のつくりとはたらき…動物の細胞にも植物の細胞にも生命活動の基本的なはたらきをする**核**，**細胞質**がある。
（細胞質→核以外の部分をいう）

①**核**→酢酸カーミン液（または酢酸オルセイン液）で赤く染まる。（酢酸カーミン液→赤色に染まる，酢酸オルセイン液→赤紫色に染まる）
酢酸ダーリア液で青紫色に染まる。

②**細胞質**→核のまわりの部分。

③**細胞膜**→細胞質の最も外側の膜で，動物・植物の細胞に共通のつくり。

3 動物の細胞と植物の細胞…植物の細胞には**細胞壁**，**液胞**，葉の細胞には**葉緑体**などがあるが，動物の細胞にはない。

①**細胞壁**→細胞膜の外側にあるじょうぶなしきり。（細胞質には含まれない）

②**液胞**→細胞の活動でできた物質や水で満たされた袋。

③**葉緑体**→光合成を行う。

発展　細胞のつくり
電子顕微鏡を使うと，ミトコンドリアやゴルジ体などの部分も観察することができる。

2 単細胞生物と多細胞生物 ☆☆

1 単細胞生物と多細胞生物…からだが１つの細胞でできている生物を**単細胞生物**，たくさんの細胞でできている生物を**多細胞生物**という。

2 多細胞生物のつくり…形やはたらきが同じ細胞が集まって**組織**をつくり，組織が集まって特定のはたらきをする**器官**をつくっている。器官が集まって**個体**がつくられている。

合格アドバイス

① 細胞のつくりや各部分の名称をよく覚えるようにしよう。
② 心臓・肺のつくりとはたらきをおさえておこう。
③ 血液の循環とはたらきをよく覚えるようにしよう。

3 呼吸のはたらき ☆☆

注意 肺胞

肺胞がたくさんあると，肺の表面積が大きくなり，効率よく気体の交換が行われる。

1 肺…多くの**肺胞**からなる。肺胞で外界からの酸素と血液中の二酸化炭素を交換する。

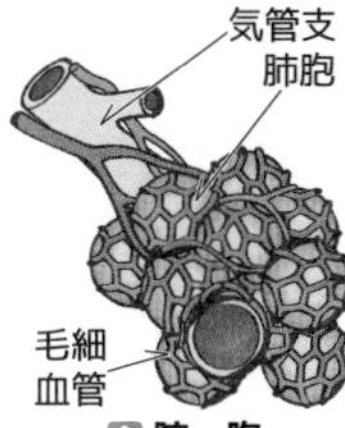

⇧肺胞

2 ヒトの呼吸運動…**横隔膜**やろっ骨間の筋肉のはたらきによって，**胸腔**を広げたり（息を吸う），縮めたり（息をはく）して呼吸する。

4 血液と循環 ☆☆☆

注意 心臓のつくり

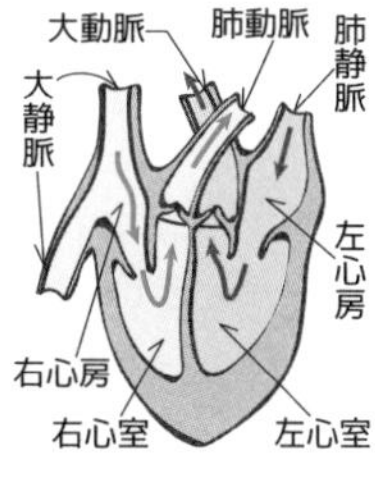

注意 細胞の呼吸

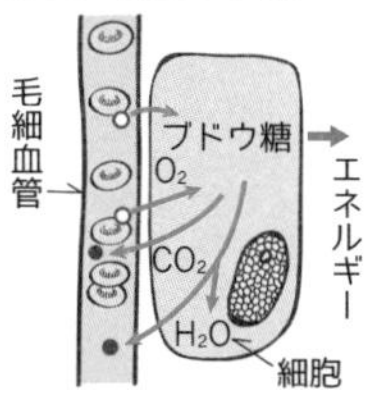

1 ヒトの血液…赤血球・白血球・血小板（出血時，血液を固める）・血しょうからなる。

①**赤血球**→ヘモグロビンを含み，**酸素**を運搬。酸素の多い所では酸素と結びつき，酸素の少ない所では酸素をはなす。

②**白血球**→細菌を殺すはたらきがある(食作用)。

③**血しょう**→栄養分や，二酸化炭素などの不要物を運搬。

2 血液の循環

コレ重要

☞左心室 ⇨ 大動脈 ⇨ 全身の毛細血管 ➡ 大静脈 ➡ 右心房 ➡ 右心室 ➡ 肺動脈 ➡ 肺胞の毛細血管 ⇦ 肺静脈 ⇦ 左心房 ⇧（左心室へ）

⇨ 動脈血　➡ 静脈血

3 血液と呼吸…血しょうが毛細血管からしみ出して**組織液**（赤血球から離れた酸素，養分が入りこむ）となり，細胞との物質のやりとりを行う。細胞は，酸素を使って栄養分を分解し，エネルギーを得る。このはたらきを**細胞呼吸**（細胞による呼吸，細胞の呼吸，内呼吸ともいう。）という。このとき不要物として二酸化炭素と水が生じる。

すいすい暗記　血しょうが　血管出たら　組織液
しみ出して栄養分や酸素をわたす

入試直前チェック ✔

- □ 1．右図の①～③の各部分の名称をそれぞれ答えなさい。
- □ 2．右図は，動物・植物どちらの細胞を観察したものですか。
- □ 3．ヒトは何という器官で呼吸をしますか。
- □ 4．酸素を運搬する血液成分は何ですか。

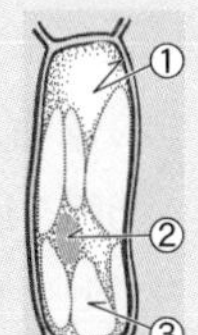

解答

1．①細胞膜　②核　③液胞
2．植物
3．肺
4．赤血球

月　日

消化と吸収，刺激と反応

図でおさえよう

◎ヒトの消化器官と消化 ➡ 1

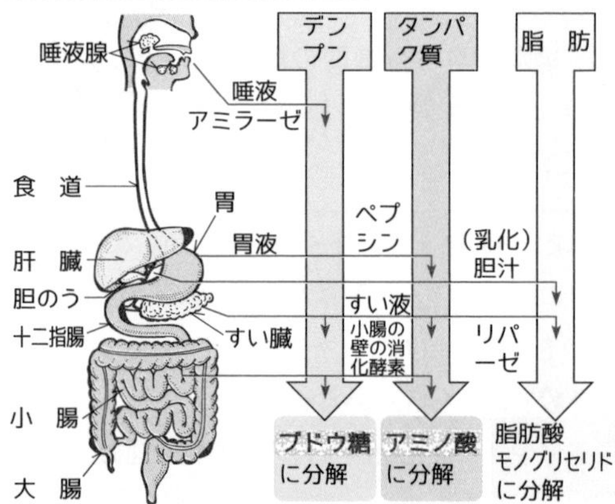

◎刺激と反応 ➡ 2

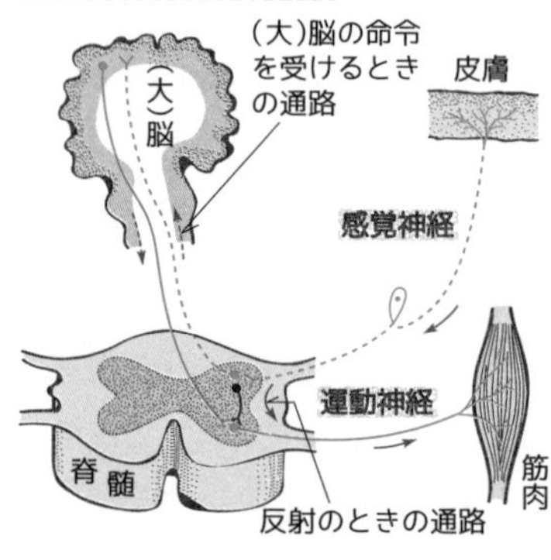

1 消化と吸収

☆☆☆

注意　消化酵素

消化酵素とは消化液に含(ふく)まれる消化を助けるタンパク質の一種。高温ではたらきを失う。酵素自身は変化しない。

注意　排出器官(はいしゅつ)

血液中の尿素や水分などは**腎臓**(じんぞう)でこしとられ，**輸尿管**(ゆにょうかん)を通って**ぼうこう**へ集められ，排出される。

（断面）

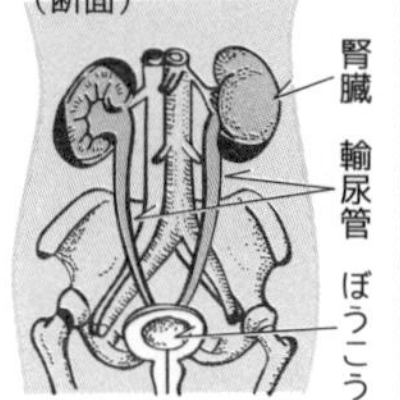

1 消　化…デンプン，タンパク質，脂肪(しぼう)など分子の大きい有機物を，**消化酵素**(こうそ)を使って，吸収しやすい小さな分子に分解することを**消化**という。

2 ヒトの消化器官…口→食道→胃→小腸→大腸→肛門(こうもん) と，肝臓(かんぞう)，胆(たん)のう，すい臓。
（口→食道→胃→小腸→大腸→肛門：食物の通り道をまとめて消化管という）

3 消化を調べる実験…ヨウ素液やベネジクト液で調べる。
- ヨウ素液を加えると**青紫色**(むらさき)になる。（デンプンと反応）
- ベネジクト液を加えて加熱すると**赤褐色**(せっかっしょく)の沈殿(ちんでん)ができる。（ブドウ糖がいくつかつながったものと反応）

コレ重要

☞消化によって，デンプン→ブドウ糖，タンパク質→アミノ酸，脂肪→脂肪酸とモノグリセリド　になる。

4 吸　収…①ブドウ糖・アミノ酸は，小腸の**柔毛**(じゅうもう)から吸収され，**毛細血管**に入り，**門脈**を通り肝臓へ入る。②脂肪酸・モノグリセリドは，柔毛に吸収されたあと，再び脂肪になって**リンパ管**に入る。
（門脈：肝門脈ともいう）

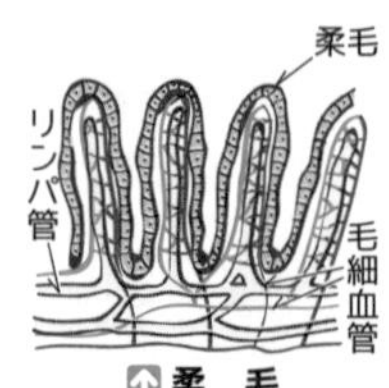

⬆柔　毛

① 主な栄養分にはたらく消化液と，吸収のされ方をよく理解しよう。
② 刺激の伝わり方，反応の起こり方を系統的に説明できるようにしよう。
③ 反射は重要である。信号が伝わる経路と反射の例を覚えておこう。

2 刺激と反応 ☆☆

注意 目のつくり

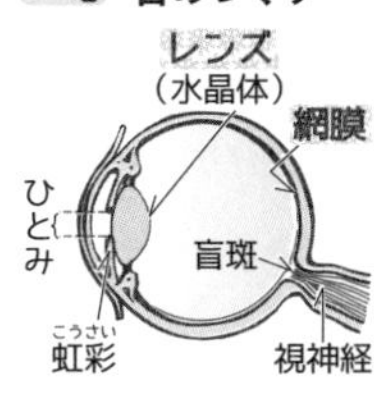

注意 耳のつくり

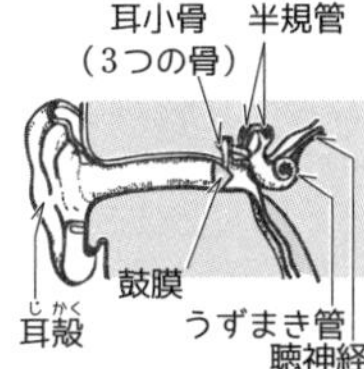

参考 古典的条件づけ

反射は**無条件反射**ともいわれる。梅干しを見ただけでだ液が出るのは**古典的条件づけ**といい，中枢は大脳である。

1 感覚器官…外界からの刺激を受けとる器官を**感覚器官**という。

①**目**（**視覚**）→光の刺激を**網膜**で受けとり，**視神経**を伝わって（**大**）**脳**へ伝達する。網膜には光を感じる**感覚細胞**がある。（→盲斑にはない）

②**耳**（**聴覚**）→音の刺激を受けとり，鼓膜→耳小骨→うずまき管→聴神経→（大）脳　と伝達する。

③**鼻・舌**→鼻にはにおいを感じる細胞，舌には**味覚芽**がある。（→大脳でにおい・味覚を知る）

④**皮膚**→温点・冷点・痛点・触点（圧点）が点状に分布する。

2 神経系…判断や命令を行う**中枢神経**と，そこからからだ全体に広がる**末しょう神経**に大きく分類される。

3 中枢神経…**脳**（大脳，小脳，脳幹），**脊髄**など。

4 末しょう神経…**感覚神経**・**運動神経**・自律神経。（→内臓などに分布している）

5 刺激と反応の伝わり方

コレ重要

☞刺激 → 感覚器官 → 感覚神経 → 脊髄 → 脳（中枢）
→ 脊髄 → 運動神経 → 筋肉 → 反応

6 反　射…刺激に対して無意識に起こる反応を**反射**という。

例　明るい場所から暗い場所へ行くと，ひとみが大きくなる。（瞳孔反射）

感覚器官──→感覚神経──→脊　髄──→運動神経──→筋　肉

7 運動のしくみ…筋肉を伸縮させ，骨格を動かして運動する。

すいすい暗記　暗い中　ひとみ開く　反射なり（反射：無意識に起こる反応）

入試直前チェック ✔

□ 1．血液中の不要物をこしとり，尿として排出する器官を何といいますか。

□ 2．音の刺激は鼓膜で受けとられ，（①　　）を振動させ，（②　　）にある聴覚の細胞から聴神経，（③　　）へと伝えられる。

□ 3．赤信号を見てたちどまったときの，刺激を中枢に伝える神経，中枢から足の筋肉へ命令を伝える神経をそれぞれ何といいますか。

□ 4．刺激に対して無意識に起こる反応を（　　　）という。

解答

1．腎　臓
2．① 耳小骨
② うずまき管
③（大）脳
3．感覚神経，運動神経
4．反　射

月　日

動物の分類と進化

図でおさえよう

◎セキツイ動物の特徴 → 1

	皮膚	呼吸器	体温	生まれ方
ホ乳類	毛でおおわれる	肺	恒温	胎生
鳥類	羽毛	肺	恒温	卵生
ハ虫類	うろここうら	肺	変温	卵生
両生類	粘液でおおわれる	(親)肺と皮膚 (子)えらと皮膚	変温	卵生
魚類	うろこ	えら	変温	卵生

◎シソチョウの骨格 → 3

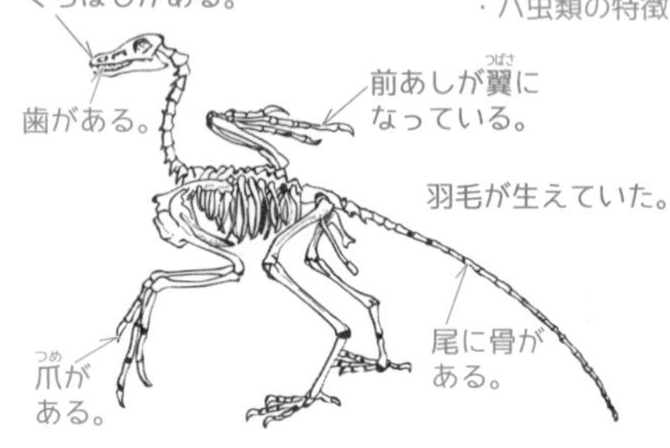

1 背骨のある動物（セキツイ動物）☆☆☆

注意　肉食動物と草食動物

肉食動物　草食動物

犬歯が発達
目が正面

臼歯が発達
目が側面

注意　イモリとヤモリ

両生類の**イモリ**とハ虫類の**ヤモリ**は混同されやすい。呼吸法の違いなどとあわせて区別すること。

注意　セキツイ動物の体温

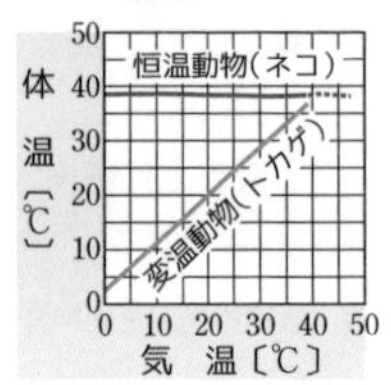

1 動物のなかま…動物には，背骨をもっている**セキツイ動物**と背骨のない**無セキツイ動物**がある。

2 セキツイ動物…セキツイ動物には，魚類，両生類，ハ虫類，鳥類，ホ乳類がある。

3 セキツイ動物のからだのつくりと特徴

①**呼吸のしかた**→水中生活するものはえら呼吸，陸上生活するものは肺呼吸。両生類の幼生は**えら**呼吸と**皮膚**呼吸，親は**肺**呼吸と**皮膚**呼吸。

②**子の生まれ方**→卵から子が生まれる**卵生**のものと，直接親のからだから子が生まれる**胎生**（→ホ乳類）がある。

コレ重要

☞魚類，両生類，ハ虫類，鳥類，ホ乳類には背骨がある。
→セキツイ動物

4 卵のようすと環境…外界の環境によって，卵のようすが違う。これは乾燥に対する適応である。

- **魚類**（→水中に産む）→卵のまま
- **両生類**（→水中に産む）→寒天質で包まれた卵
- **ハ虫類，鳥類**（→陸上に産む）→殻のある卵

5 体温と外界の温度…外界の気温の変化にともなって体温が変化する**変温動物**（→魚類・両生類・ハ虫類）と，外界の気温の変化に関係なく体温が一定の**恒温動物**（→ホ乳類・鳥類）がある。

① セキツイ動物を分類し，からだのつくりの特徴をよく理解しよう。
② 子の生まれ方や卵のようすは外界の環境と合わせて考えよう。
③ 無セキツイ動物では，節足動物の特徴がよく出題される。

社会
理科
数学
英語
国語

2 背骨のない動物 ☆☆

参考 無セキツイ動物の呼吸は，昆虫は気門，イカなどはえら，マイマイは肺で行うなどさまざまである。

1 **無セキツイ動物**…**節足動物**，**軟体動物**などがある。

2 **節足動物**…全身が**外骨格**でおおわれており，からだやあしが多くの節に分かれている。

①**昆虫類**→からだが**頭部**，**胸部**，**腹部**に分かれ，胸部に3対のあしと2対のはねがある。例 バッタ，カブトムシ，ハチ

②**甲殻類**→からだが頭部，胸部，腹部の3つ，あるいは頭胸部，腹部の2つに分かれている。あしの数は昆虫類より多い。

例 エビ，カニ

③**その他の節足動物**→**クモ類**，ムカデ類，ヤスデ類など。
（クモ類→クモ・サソリ）

3 **軟体動物**…**外とう膜**とよばれる膜が内臓を包んでいる。

例 貝やイカ・タコのなかま

4 **その他の無セキツイ動物**…原索動物（ホヤ），キョク皮動物（ヒトデ，ナマコ），刺胞動物（イソギンチャク）などがある。

3 生物の進化 ☆

参考 相同器官の例

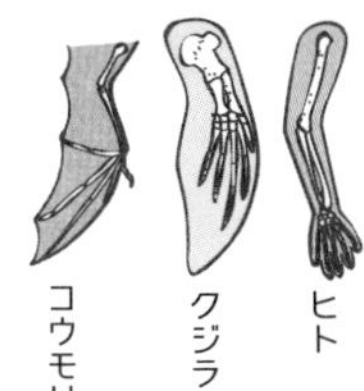

1 **進　化**…生物が長い時間をかけて変化することを**進化**という。セキツイ動物のなかまは，魚類→両生類→ハ虫類→ホ乳類・鳥類 の順に出現した。

2 **進化の証拠**…現在は形やはたらきが異なっていても基本的なつくりが似ていることから，もとは同じ器官であったと考えられるものを**相同器官**という。

すいすい暗記 セキツイは 魚・両・ハ・鳥と ホ乳類
魚類・両生類・ハ虫類・鳥類

入試直前チェック ✔

- [ ] 1．セキツイ動物に共通する特徴は何ですか。
- [ ] 2．卵生のセキツイ動物には，鳥類・(　　　)・両生類・魚類がある。
- [ ] 3．カエルの一生のうちで呼吸のしかたはどのように変わりますか。
- [ ] 4．外界の気温により体温が変化する動物を何といいますか。

解答

1．背骨がある。
2．ハ虫類
3．えら・皮膚呼吸(幼生)から肺・皮膚呼吸(親)
4．変温動物

月　日

生物のふえ方と遺伝

図でおさえよう

◎ 植物の細胞分裂（体細胞分裂）→ 1

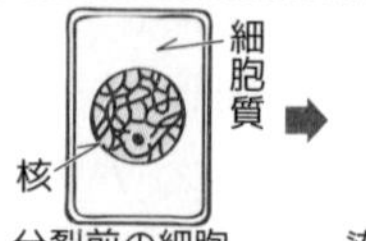

分裂前の細胞。

染色体が現れる。

染色体が中央に集まり，それぞれが２本に分かれる。

染色体が移動する。　中央にしきりができ始める。

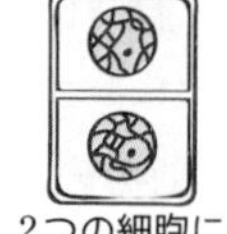
２つの細胞になる。

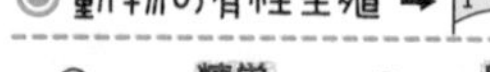

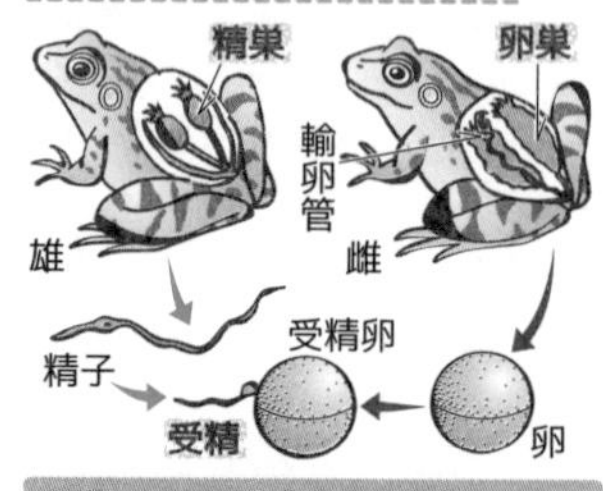

細胞分裂から自分で食物をとるまでの期間の子を**胚**という。

1 細胞分裂と有性生殖 ☆☆☆

注意　被子植物の有性生殖

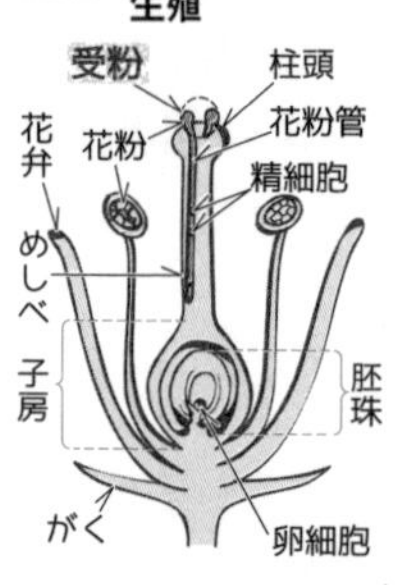

1 **細胞分裂**（さいぼうぶんれつ）…１個の細胞が２個の細胞に分かれることを**細胞分裂**といい，体細胞（↳からだをつくる細胞）が分裂する細胞分裂を**体細胞分裂**という。

2 **有性生殖**（ゆうせいせいしょく）…雌雄（しゆう）（↳雄と雌）の区別のある生物のふえ方を**有性生殖**という。

3 **動物の有性生殖**…雌（めす）の卵巣（らんそう）で**卵**（↳生殖細胞）がつくられ，雄（おす）の精巣（せいそう）で**精子**（生殖細胞）がつくられる。精子の核（かく）と卵の核が合体することを**受精**という。

4 **被子植物の有性生殖**…受粉すると，**花粉管**がのびて，その中を**精細胞**（↳生殖細胞）が進み，胚珠（はいしゅ）の中にある**卵細胞**（↳生殖細胞）に到達して**受精**が行われる。

5 **発　生**…**受精卵**は分裂をくり返して**胚**（はい）となる。さらに分裂をくり返して数をふやし，形やはたらきの異なる細胞に変化しながらその生物に特有なからだを完成させていく。この過程を**発生**（↳受精卵から大人になるまでの過程）という。

2 無性生殖 ☆

雄と雌によらない生物のふえ方を**無性生殖**（子は親と同じ形質をもつ）という。

1 **分　裂**…アメーバ，ゾウリムシなどの単細胞生物は，からだが２つに分かれてふえる。

2 **出　芽**（しゅつが）…酵母菌（こうぼきん），ヒドラなどに見られ，からだの一部に芽のような子の個体が現れ，成長して親より独立する。

3 **栄養生殖**（↳栄養繁殖ともいう）…根・茎（くき）・葉などの栄養器官の一部に芽ができ，新しい個体をつくる。さし木，つぎ木，株分けなど。

参考　酵母菌の出芽

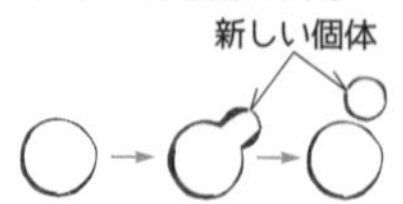

合格アドバイス

① 有性生殖と無性生殖の違いに注意しよう。
② 減数分裂による染色体の数の変化をしっかりと理解しよう。
③ 遺伝に関する重要な語句をしっかりと覚えよう。

3 遺伝とその規則性 ☆☆☆

発展 DNAの構造

遺伝子の本体は**DNA**(デオキシリボ核酸)という物質で，二重らせん構造になっている。

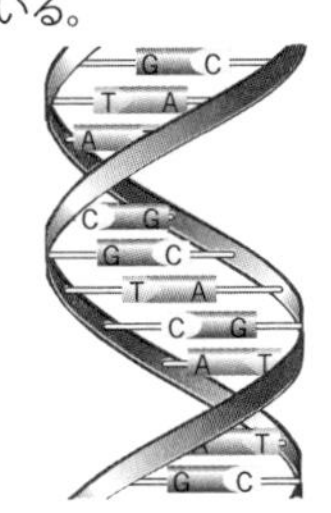

注意 自家受粉をくり返して代々形質が親と同じものを**純系**という。エンドウの種子の丸としわのように，対をなす形質を**対立形質**という。メンデルはこの性質を利用して，遺伝の規則性を発見した。

1 形　質…生物がもつさまざまな形や性質のこと。

2 遺　伝…親がもつ**形質**が子に伝わること。

3 遺伝子…形質を決定するもので染色体の中に含まれる。

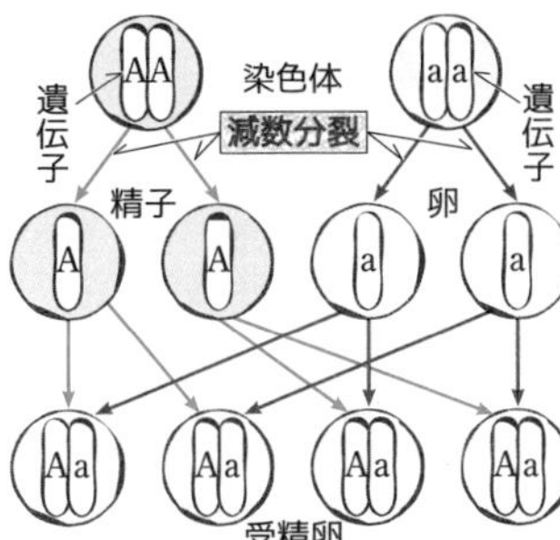

遺伝の規則性

4 減数分裂…卵(卵細胞)や精子(精細胞)ができるときには，それぞれの核に含まれる染色体の数は，体細胞の染色体の数の半分になる。このような細胞分裂を**減数分裂**という。(生物によって決まっている)

5 減数分裂と遺伝のしくみ…有性生殖では，減数分裂をした卵(卵細胞)と精子(精細胞)が受精することにより，父親と母親の遺伝子を半分ずつもつ**受精卵**ができる。

6 顕性形質と潜性形質…**対立形質**を現す純系どうしの交配で子に現れる形質を**顕性形質**，現れない形質を**潜性形質**という。

コレ重要

☞分離の法則→対になっている遺伝子は，減数分裂で分かれて別々の生殖細胞に入る。

すいすい暗記　半減の(減数分裂)　生殖細胞(染色体数が半分)　受精する

入試直前チェック ✔

□ 1. 雄の精巣と雌の卵巣でつくられる生殖細胞はそれぞれ何ですか。
□ 2. 1が合体することを何といいますか。
□ 3. 雌雄に関係ない生物のふえ方を何といいますか。
□ 4. 卵や精子ができるときに染色体の数が半分になります。このときの分裂を何といいますか。
□ 5. 精子と卵の染色体の数をXとすると，受精卵の染色体の数はどのように表されますか。

解答

1. 精子，卵
2. 受　精
3. 無性生殖
4. 減数分裂
5. 2X

月　日

生物どうしのつながり

図でおさえよう

◎食物連鎖と個体数の関係 → 1

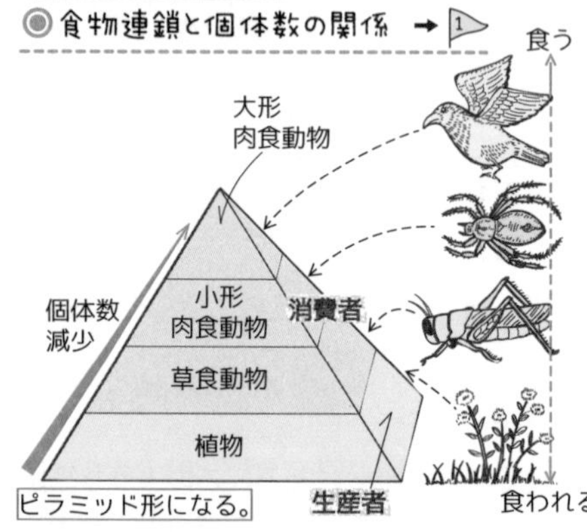

◎物質の循環とエネルギーの流れ → 3

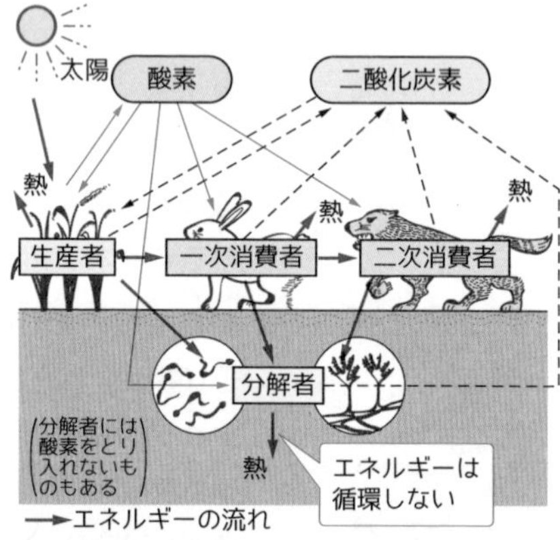

1 自然界のつながり ☆☆

注意　海中での食物連鎖

海中では，次のような食物連鎖が起こる。

植物プランクトン→動物プランクトン→サバ→マグロ

土の中では、次のような食物連鎖が起こる。

落ち葉→トビムシ→ムカデ→モグラ

参考　自然界のつりあいが破れた例

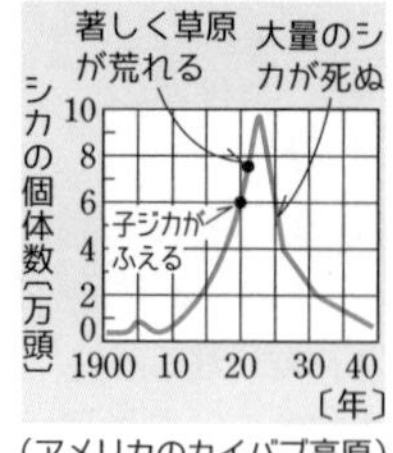

（アメリカのカイバブ高原）

① **生態系**…ある場所で生活しているすべての生物とその環境(かんきょう)のまとまりを**生態系**という。

② **食物連鎖**(しょくもつれんさ)…生物は互(たが)いに，食う・食われるの関係でつながっている。これを**食物連鎖**という。生態系の生物の間では，食物連鎖が複雑にからみあって網(あみ)の目のようになっている。これを**食物網**(しょくもつもう)という。

③ **生産者**…光合成を行い，無機物から有機物をつくり出す植物を**生産者**という。

④ **消費者**…生産者がつくり出した有機物を直接または間接に食べて生きている動物を**消費者**という。

▶**草食動物** → 一次消費者

▶**肉食動物** → 二(三)次消費者

⑤ **食物連鎖による生物のつながり(食われる→食う)**

コレ重要

☞植物 → 草食動物 → 小形肉食動物 → 大形肉食動物

⑥ **自然界のつりあい**…生態系では，生産者と消費者の個体数は，一定のリズムで増減しながらほぼ一定に保たれている。

① 食物連鎖の関係・個体数の関係などについて説明できるようにしよう。
② 分解者のはたらき，分解者のグループに入る生物も覚えよう。
③ 物質の循環については，特に炭素について系統的に理解しよう。

7 **自然界のつりあいが破れる場合**…人工的な自然破壊や森林の伐採などで，自然界のつりあいがくずれると，もとにもどるまでに長い年月がかかったり，もとにもどらなかったりする。

2 土の中の生物 ☆

1 **土の中の小動物**…土の中には落葉などをえさとするダンゴムシ・ヤスデ・ミミズのほか，ダニ・トビムシなどがいる。

2 **分解者**…有機物を**無機物**に分解する生物を**分解者**という。土の中の小動物や**菌類**（カビ・キノコ），**細菌類**（乳酸菌，ナットウ菌など）がこれにあたる。

3 物質の循環とエネルギーの流れ ☆☆

注意 エネルギーの移動
エネルギーは，食物連鎖を通して有機物がもつ化学エネルギーとして移動する。

1 **炭素の循環**…大気中の二酸化炭素は，植物が光合成で有機物に変え，食物連鎖を通して動物へと移動する。一方，すべての生物は呼吸（エネルギーをとり出す）によって大気中に**二酸化炭素**を放出する。さらに，動・植物の遺がいは，分解者が分解し，二酸化炭素を放出する。このように，炭素は形を変えながら自然界を循環している。

2 **エネルギーの流れ**…すべての生物のエネルギー源は，光合成によってとり入れられた太陽エネルギーである。

4 自然環境と人間 ☆

1 **地球温暖化**…化石燃料（石油・石炭）の大量消費により二酸化炭素（温室効果ガス）が増加し，地球の気温が上昇していることを**地球温暖化**という。

2 **オゾン層の破壊**…フロンガスにより**オゾン層の破壊**が進み，生物にとって有害な紫外線が地表に降り注いでいる。

すいすい暗記
分解者（菌類・細菌類・小動物） 食物連鎖の あと始末（栄養分を得る，無機物にする）

入試直前チェック ✔

- [ ] 1．ある沼の生物を調べると，ミジンコ，ナマズ，ケイソウ，メダカが食う・食われるの関係でつながっていることがわかった。この関係を何といいますか。また，ミジンコのえさは何ですか。
- [ ] 2．1で最も個体数が多いと思われるのはどれですか。
- [ ] 3．生物の遺がいなどを分解する生物を何といいますか。
- [ ] 4．地球温暖化は，主に何という気体の増加が原因ですか。

解答
1．食物連鎖，ケイソウ
2．ケイソウ
3．分解者
4．二酸化炭素

SCIENCE 26

火山と地震

月　日

図でおさえよう

◎火成岩の分類 →2

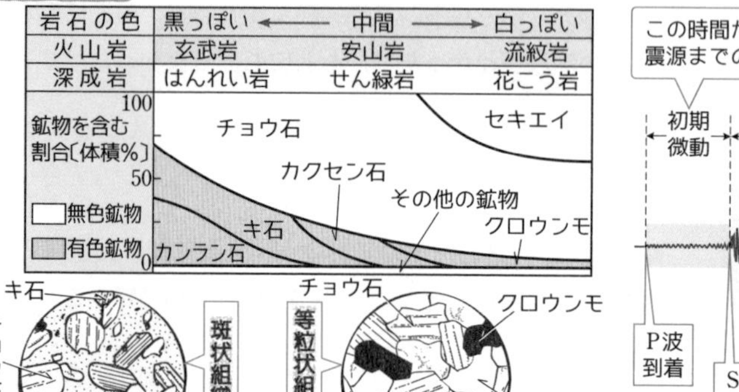

◎地震波の伝わり方 →3

この時間が長いほど，震源までの距離が遠い。

初期微動

主要動

P波到着

S波到着

ゆれが大きいほど震度が大きい。

1 火山と噴火 ☆☆

1 火山噴出物…火山活動によって，火山弾，火山れき，火山灰，溶岩や，水蒸気，二酸化硫黄などの火山ガスが噴出する。
（→主成分は水蒸気(50%以上)）

2 マグマ…地下にある高温で液状にとけた物質。噴火は**マグマ**が地表にふき出す現象。

3 溶岩の性質と火山の形
（→二酸化ケイ素(SiO_2)の含まれ方によって粘り気が違う）

①**マグマの粘り気が弱いとき**→おだやかな噴火。火山噴出物は黒っぽく，傾斜のゆるやかな火山となる。
（→SiO_2が少ない）

②**マグマの粘り気が強いとき**→爆発的な噴火。火山噴出物は白っぽく，溶岩ドームをつくることがある。
（→SiO_2を多く含む）

参考　成層火山

マグマの粘り気が中間のとき，円すい形の火山となる。

（富士山）

2 火成岩 ☆☆☆

1 火成岩…マグマが冷えて固まった岩石を**火成岩**という。

①**深成岩**→マグマが地下深くでゆっくり冷え固まってできる。鉱物の結晶は大きく，**等粒状組織**をつくる。
（→花こう岩・せん緑岩・はんれい岩）

②**火山岩**→マグマが地表または地表近くで急に冷え固まってできる。**石基**の中に**斑晶**がある**斑状組織**。
（流紋岩・安山岩・玄武岩）

▶**石基**→火山岩に見られる細かい粒やガラス質の部分。

▶**斑晶**→石基中にある比較的大きな鉱物の結晶。

注意　鉱物の特徴

セキエイ	チョウ石	クロウンモ
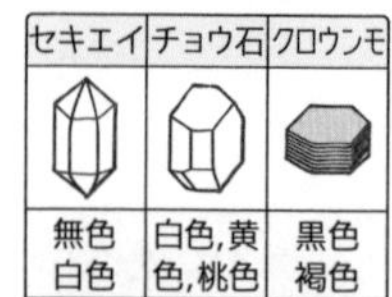		
無色 白色	白色，黄色，桃色	黒色 褐色

カクセン石	キ　石	カンラン石

暗緑色 暗褐色	暗緑色 暗褐色	黄緑色 緑色

コレ重要

☞深成岩 → 等粒状組織（大きな鉱物の結晶）

☞火山岩 → 斑状組織（石基と斑晶）

合格アドバイス

① 火成岩の成因・組織・分類は特に重要である。表にして覚えよう。
② 地震計に示された地震波の読み取りや，グラフからP波・S波の速さ，震源までの距離を読み取り，計算できるようにしよう。

2 鉱物 ①**無色鉱物**→セキエイ・チョウ石
②**有色鉱物**→クロウンモ・カクセン石・キ石・カンラン石

3 地震のゆれとその伝わり方 ☆☆☆

1 地震 **初期微動**…初めの小さなゆれで，**P波**（縦波）によって起こる。速さは5～7 km/s。
（波の進行方向と物体の振動方向が同じ）

2 主要動…初期微動に続いてくる大きなゆれで，**S波**（横波）によって起こる。速さは3～4 km/s。
（波の進行方向と物体の振動方向が直交する）

3 震源…地震の起こった場所を**震源**という。

4 震央…震源の真上の地表の地点を**震央**という。

5 初期微動継続時間（P－S時間）…初期微動が始まってから主要動が起こるまでの時間を**初期微動継続時間**という。
（S波の到着時刻－P波の到着時刻）

・コレ重要・
☞初期微動継続時間の長さと震源までの距離は比例する。

6 震度…観測地点での地震のゆれの大きさを**震度**という。
（0から7までの10階級）

7 マグニチュード…地震のエネルギー（規模）を表す尺度（記号 **M**）。

8 地震の原因…地球の表面をおおっている岩盤を**プレート**という。日本列島の太平洋側では，大陸プレートの下に海洋プレートが沈みこんでいて，海洋プレートに引きずられた大陸プレートがもとにもどろうとするとき，大きな地震が発生する。

すいすい暗記 離れれば（震源から離れれる） 初期微動は（初期微動継続時間） 長くなる

参考 緊急地震速報
緊急地震速報は，P波とS波の伝わる速さの違いを利用している。P波の発生を感知すると，すぐS波の到着時刻を予想し，通知する。

注意 日本付近のプレート

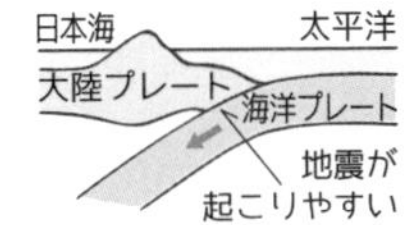

入試直前チェック ✔

□ 1．深成岩はどのようにしてできますか。
□ 2．安山岩にある細かい粒やガラス質の部分を何といいますか。
□ 3．地震のうち，初めにくる小さなゆれを何といいますか。
□ 4．P波の速さを7 km/s，S波の速さを3.5 km/sとすると，初期微動継続時間が10秒の地点は震源から（　　）km離れている。
□ 5．地震のもつエネルギーの大きさを表す尺度は何ですか。

解答
1．地下深くでマグマがゆっくり冷え固まる。
2．石基
3．初期微動
4．70 km
5．マグニチュード

月　日

地層と大地の変化

図でおさえよう

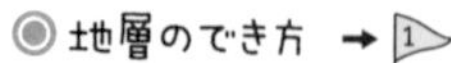

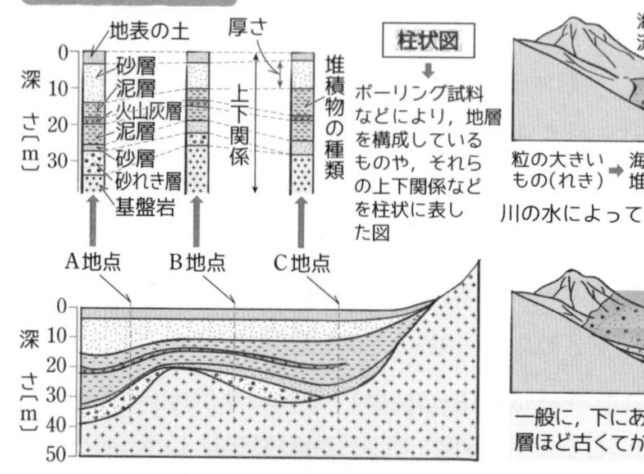

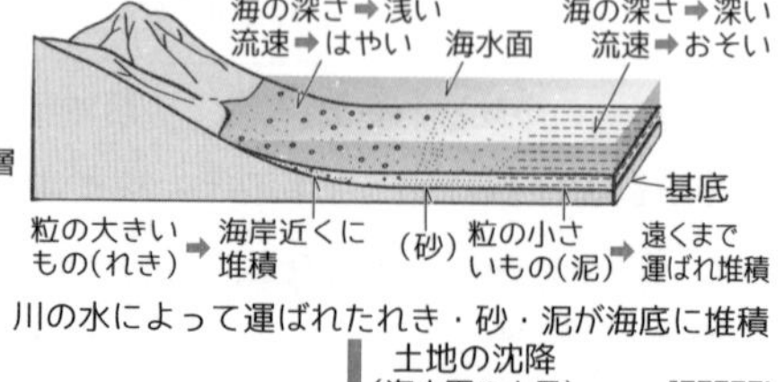

川の水によって運ばれたれき・砂・泥が海底に堆積

土地の沈降
(海水面の上昇)

泥
砂
れき

一般に，下にある地層ほど古くてかたい

れき・砂・泥がだんだんと厚く堆積して地層ができる

1 地　層 ☆

参考　露頭とかぎ層

がけや切り通しで，しま模様の地層が現れている所を**露頭**という。

また，化石を含む地層や火山灰を含む地層のように，離れた地点の地層の対比が可能となるものを**かぎ層**という。

1 風　化…岩石が，気温の変化や風雨，生物などのはたらきにより，もろくなることを**風化**という。
（植物の根が岩石のすきまに入り，岩石を割る）

2 流水の作用…風化した岩石が，流水による**侵食**を受け，できたれき・砂・泥などが**運搬**され，海や湖の底に**堆積**する。

3 地層のでき方…運ばれてきたものは，海岸に近いほうから粒の大きい**れき**，砂・泥の順に沈み，層をつくる。この層の上にさらに層が積み重なり，**地層**ができていく。

粒が大きくて重いものほど，先に沈むんだ。

コレ重要

☞地層は風化・運搬 → 海岸かられき，砂，泥の順に堆積

2 堆積岩 ☆☆

注意　火山灰や凝灰岩の地層

火山灰や凝灰岩の地層は，その地層ができたころ，火山活動があったことを示す。

1 堆積岩…堆積物がおし固められて**堆積岩**となる。

2 堆積岩の種類

①**粒の大きさによる分類**…**れき岩**(直径 2 mm 以上)，**砂岩**(直径 0.06 mm～2 mm)，**泥岩**(直径 0.06 mm 以下)。

②**種類による分類**…**凝灰岩**(火山灰など)，**石灰岩**(サンゴ・フズリナの遺がい)，**チャート**(ホウサンチュウの遺がい)。
（石灰岩：炭酸カルシウムを主成分とする生物）
（チャート：二酸化ケイ素(SiO_2)が主成分）

① 地層(ちそう)の重なり方，化石(かせき)などから地表の歴史を説明できるようにしよう。
② 地層を観察するにあたってのポイントをつかんでおこう。
③ 堆積岩(たいせきがん)のでき方や種類・特徴(とくちょう)にも注意しよう。

注意 流水のはたらき
れき岩，砂岩，泥岩などの粒は，流水で運搬されるとき角がとれ，丸みをもつ。

3 主な堆積岩の特徴

①**れき岩**→大小のさまざまなれきを含(ふく)む。

②**砂岩**→かたい岩石で，ふつうは灰色や黒っぽい色が多い。

③**泥岩**→化石(かせき)を含むことがあり，はがれやすい。

④**凝灰岩**→やわらかい岩石で，火にも強いので建築用に利用。
↳火山噴出物が堆積してできており，粒は角ばっている

⑤**石灰岩**→日本では多く産出し，石灰やセメントの原料になる。
↳塩酸をかけると CO_2 が発生する

⑥**チャート**→たいへんかたく，昔は火打ち石として利用された。
↳塩酸をかけても CO_2 が発生しない

3 地殻(ちかく)変動 ☆☆

1 地層の新旧関係…一般(いっぱん)的に，地層は下の層ほど古く，上になるほど新しい時代にできたものである。
地層累重の法則という

2 しゅう曲(きょく)…地層がおし曲げられているものを**しゅう曲**という。

3 断(だん)層(そう)…地層に大きな力がはたらき，1つの面を境にずれて食い違(ちが)いができたものを**断層**という。

4 化 石 ☆☆☆

参考 地質年代
・古生代…5億4000万年前～2億5000万年前
・中生代…2億5000万年前～6600万年前
・新生代…6600万年前～現在

1 化 石…生物の遺がいや，巣穴，あし跡(あと)，ふんなどの生物の生活した跡が石となって地層に残っているものを**化石**という。

2 示相化石(しそうかせき)…化石を含む地層が堆積した当時の環境(かんきょう)を知る手がかりとなる化石を**示相化石**という。

例 シジミ→湖や河口　サンゴ→あたたかく浅い海

3 示準化石(しじゅんかせき)…化石を含む地層が堆積した年代を知る手がかりとなる化石を**示準化石**という。

例 フズリナ→古生代　ビカリア→新生代

すいすい暗記 手前(てまえ)から れき・砂(すな)・泥(どろ)と 地層(ちそう)をつくる
（粒の大きいものから　堆積する）

入試直前チェック ✔

- □ 1．化石を含(ふく)む地層が堆積(たいせき)した当時の環境(かんきょう)を知る手がかりになる化石を何といいますか。
- □ 2．サンゴを含む地層はどんな環境で堆積したと考えられますか。
- □ 3．化石を含む地層が堆積した年代を示す化石を何といいますか。
- □ 4．A.古生代，B.新生代，C.中生代を古い順に並べなさい。
- □ 5．火山灰が堆積してできた堆積岩を何といいますか。
- □ 6．地層が現れている所を何といいますか。

解答
1．示相化石
2．あたたかく浅い海
3．示準化石
4．A→C→B
5．凝灰岩(ぎょうかいがん)
6．露頭(ろとう)

月　日

気象の観測

図でおさえよう

◎高気圧・低気圧と風の吹き方(北半球) → 2

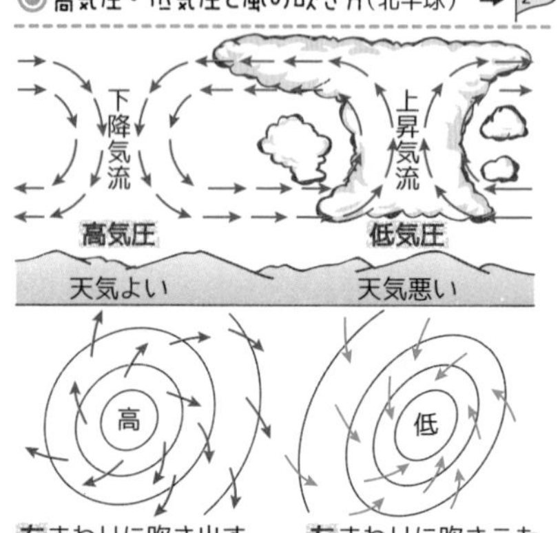

◎雲をつくる実験 → 3

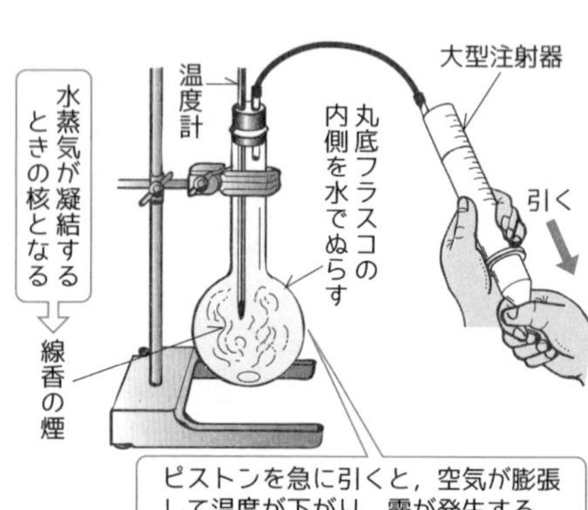

1 大気圧 ☆☆

参考 海面更正

天気図などでは海面の高さに換算した気圧が用いられる。これを**海面更正**という。

参考 等圧線の引き方

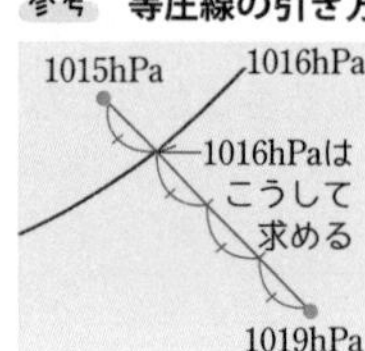

① **大気圧**…空気の圧力を**大気圧**または気圧という。

② **1気圧**…海面と同じ高さでの平均気圧が1気圧である。1気圧＝1013 hPa(ヘクトパスカル)

③ **気圧と高さ**…気圧は上にある空気の重さによる圧力なので，上空へいくほど低くなる。

④ **等圧線**…気圧の等しい地点をなめらかな曲線で結んだものを**等圧線**という。等圧線はふつう1000 hPaを基準として，4 hPaごとに引き，20 hPaごとに太い線で引く。

⑤ **高気圧・低気圧**…等圧線の輪の内側がまわりより気圧の高い所を**高気圧**，まわりより低い所を**低気圧**という。

2 気圧と風の吹き方 ☆

注意 矢羽根のかき方

風力7以上は左側に矢羽根をかく。

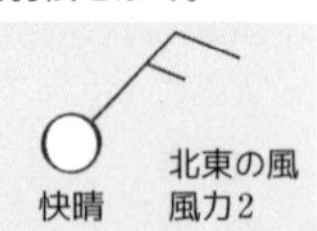

① **風向・風力の表し方**…風向は風の吹いてくる方向を**16方位**で矢羽根の向きで示す。風力は0～12階級で矢羽根の数で示す。

② **気圧と風の吹き方**…風は気圧の高いほうから低いほうに向かって吹く。

③ **等圧線と風**…等圧線の間隔が狭いほど**強い**風が吹く。

④ **高気圧と風**…高気圧の中心付近には**下降気流**があり，風は**右まわり(時計まわり)に吹き出す**。

合格アドバイス

① 高気圧，低気圧の中心付近の風の吹き方は重要である。よく理解しよう。
② 飽和水蒸気量や露点の意味をよく理解し，湿度計算によく慣れよう。
③ 雲のでき方について，説明できるようにしよう。

5 **低気圧と風**…低気圧の中心付近には**上昇気流**があり，風は**左まわり（反時計まわり）に吹きこむ**。

コレ重要

☞高気圧の中心付近は下降気流があり，天気はよい。
☞低気圧の中心付近は上昇気流があり，天気は悪い。

3 大気中の水蒸気 ☆☆☆

注意 湿度
湿度は，乾湿計の乾球と湿球の示度の差から求めることができる。

注意 飽和水蒸気量と露点

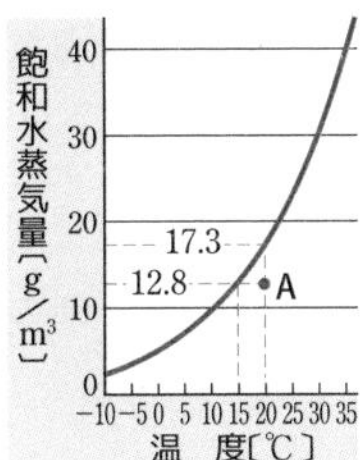

気温20℃，露点15℃のとき（Aの空気），

$$湿度=\frac{12.8}{17.3}\times100$$
$=73.9\cdots$
→約74％

1 **飽和水蒸気量**…空気1 m^3 中に含むことができる最大の水蒸気の量で，単位は **g/m^3** で表す。飽和水蒸気量は，気温が高くなるほど多くなる。

2 **露 点**…空気中の水蒸気が冷やされて水滴に変わる温度を**露点**という。（水滴に変わる：凝結という／露点：湿度が100％）

3 **湿 度**…空気が含んでいる水蒸気の量を，その気温での飽和水蒸気量に対する百分率（パーセント）で表したものを**湿度**という。

コレ重要

$$☞湿度〔\%〕=\frac{空気1\,m^3中に含まれる水蒸気の量〔g/m^3〕}{その気温での飽和水蒸気量〔g/m^3〕}\times100$$

4 **雲のでき方**…空気のかたまりが上昇すると，まわりの気圧が低くなって空気は膨張し，温度が下がる。温度が露点に達し，水蒸気が水滴（0℃以下では氷晶）となったものが雲である。

5 **霧**…地表付近の空気中の水蒸気が冷やされ，水滴になったもの。

すいすい暗記 水蒸気（空気中に含まれる） 露点に達し（上昇して） 雲できる（水滴や氷となる）

入試直前チェック ✔

□ 1．同じ気圧の地点を結んだ曲線を何といいますか。
□ 2．等圧線の輪の内側がまわりより気圧の高い所を（　　）といい，北半球では（　　）まわりに風が吹き（　　）。
□ 3．低気圧の中心付近には（　　）気流がある。
□ 4．露点20℃，気温30℃の空気の湿度を整数で答えなさい。（飽和水蒸気量）20℃→17.3 g/m^3，30℃→30.4 g/m^3

解答
1．等圧線
2．高気圧，右（時計），出る
3．上昇
4．57％

月　日

天気の変化と四季

図でおさえよう

◎気　団 →1

冬に発達
シベリア気団
梅雨期に発達
オホーツク海気団
小笠原気団
夏に発達

◎前　線 →1

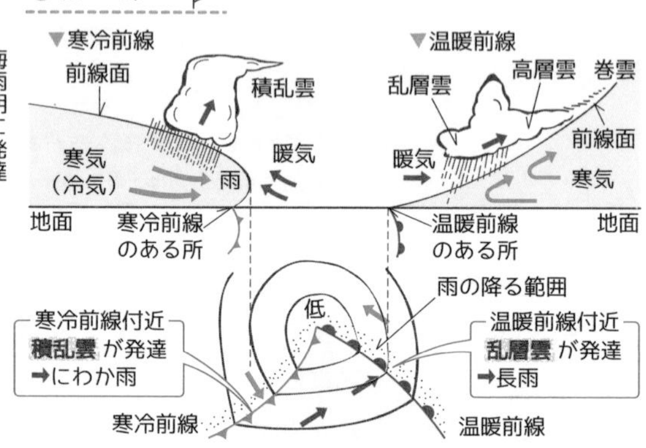

1 気団と前線

☆☆☆

1 気　団…気温・湿度がほぼ一様な空気のかたまりを**気団**という。気団は高気圧の発達する地域にできやすい。
↳低気圧の場合は気団にならない

2 日本付近の気団…**シベリア気団**（寒冷・乾燥），**オホーツク海気団**（寒冷・湿潤），**小笠原気団**（温暖・湿潤）。

3 前　線…性質の違う２つの気団は，接してもすぐには混じり合わず，境目ができる。この境の面を**前線面**，前線面と地表が交わる線を**前線**という。

4 温暖前線…寒気の上に暖気がはい上がってできる。前線付近では**乱層雲**が発達し，長雨となり，通過後**気温が上がる**。
↳おだやかな上昇気流

5 寒冷前線…暖気の下に寒気がもぐりこんでできる。前線付近では**積乱雲**が発達し，にわか雨が降る。雷や突風をともなうことがある。通過後，西や北よりの風に変わり，**気温が下がる**。
↳急激な上昇気流

・コレ重要・
☞寒冷前線 → にわか雨，風が北よりに変わり気温が下がる。

6 停滞前線…暖気と寒気の勢力がほぼ等しいときにできる。**梅雨前線**・**秋雨前線**は停滞前線である。

7 海陸風…海岸付近では，昼は海から陸に向かって風が吹き（**海風**），夜は陸から海に向かって風が吹く（**陸風**）。

注意　季節風
季節によって特徴的な風を**季節風**といい，大陸と海のあたたまり方の違いによって生じる。

参考　前線の動き
- 北半球では，温帯低気圧の中心から東側に温暖前線，西側に寒冷前線がのびる。
- 温暖前線と寒冷前線のなす角は，時間経過とともに小さくなる。
- 寒冷前線が温暖前線に追いつくと閉そく前線になる。

合格アドバイス

① 前線の種類や寒冷前線，温暖前線の構造と前線付近の天気の変化は熟知するようにしよう。
② 低気圧の移動のようすと天気の移り変わりを理解しよう。

2 日本の天気 ☆☆

注意 天気図記号

○ 快晴　◐ 晴れ　◎ くもり　● 雨

寒冷前線　温暖前線

注意 春・秋の天気

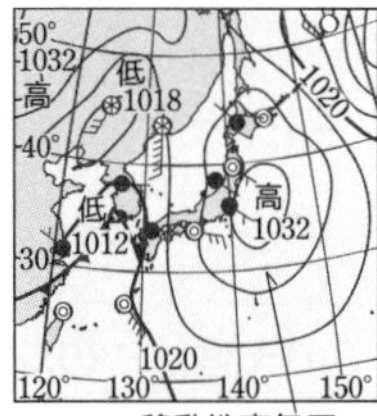

移動性高気圧

参考 台風

台風は**熱帯低気圧**が発達し，最大風速が17.2 m/s 以上になったもの。

1 天気図…天気図記号を用いて，ある時刻の天気・風向・風力・気圧などを地図上に描いたもの。
（↳基本的な天気図記号は必ず覚えよう）

2 天気の変化…温帯低気圧などは，**偏西風**の影響で西から東へ移動するため，天気は**西から**変化する。
（↳台湾付近の海上や朝鮮半島沖で発生した低気圧をいう）（↳35～45 km/h の速さ）

3 日本の四季

①**冬の天気**→シベリア高気圧が発達し，**西高東低**の気圧配置となる。**北西**の季節風が吹き，日本海側は雪，太平洋側は晴れとなる。
（↳等圧線はほぼ南北に走り，間隔も狭い）

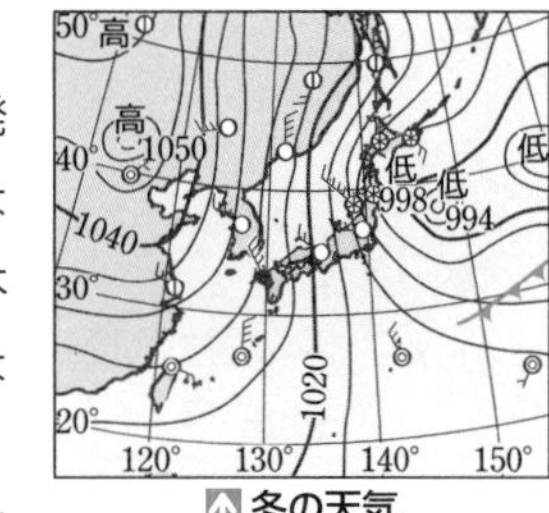

↑ 冬の天気

②**夏の天気**→**太平洋高気圧**が発達し，日本付近をすっぽりおおい，**南高北低**の気圧配置となる。**南東**の季節風が吹いて蒸し暑くなり，太平洋側は高温多湿となる。

③**春・秋の天気**→**移動性高気圧**と低気圧が交互に日本列島を西から東へ通過し，天気が周期的に変わる。

④**梅雨**→日本列島を東西に横切る停滞前線ができ，しとしとと長雨をもたらす。
（↳梅雨前線）

すいすい暗記　要注意　雨と突風に　寒冷前線
（雷をともなうことも　急激な変化）

入試直前チェック ✔

☐ 1. 右の天気図で，X，Yと前線A，Bの名称を書きなさい。
☐ 2. Bの前線が通過すると気温はどうなりますか。
☐ 3. 乱層雲が発達するのは，A，Bどちらの前線付近ですか。
☐ 4. 大陸に高気圧，三陸沖に低気圧が発達する季節はいつですか。
☐ 5. 梅雨の時期に現れる前線を何といいますか。
☐ 6. 天気図記号で●は(①　　)，◎は(②　　)を表す。

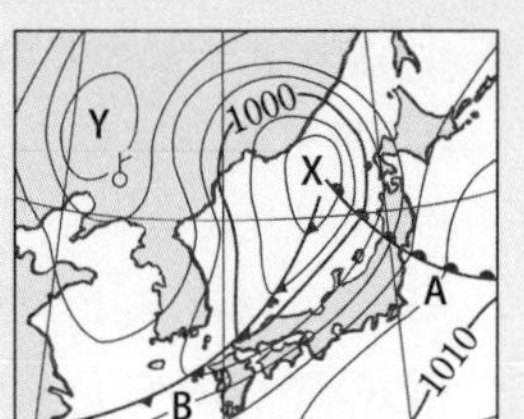

解答

1. X. 低気圧
   Y. 高気圧
   A. 温暖前線
   B. 寒冷前線
2. 下がる。
3. A
4. 冬
5. 梅雨前線(停滞前線)
6. ①雨　②くもり

月　日

天体の動き

図でおさえよう

◎ 太陽の動きと透明半球 → 1 2

南中　透明半球　天球にあたる
観測者の位置
12　11　10　9　8時
日の入り　西　南　北　東
0（中心）　影
フェルトペン　日の出
南中高度

冬至の日 → 南中高度が低い

◎ 地球の公転と太陽や星の年周運動 → 2

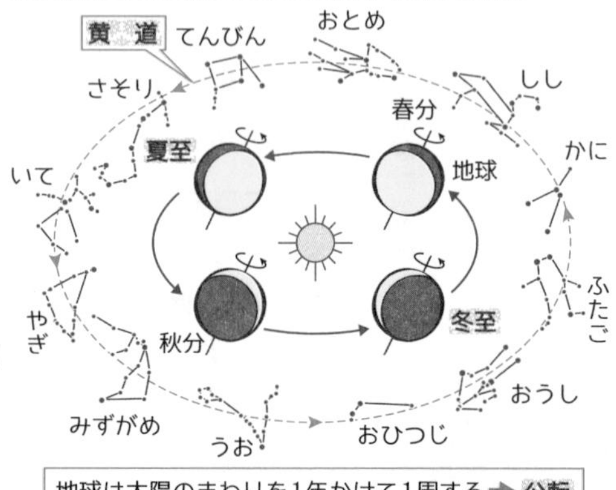

地球は太陽のまわりを1年かけて1周する → 公転

1 天体の日周運動 ☆☆

注意　南中高度

南中高度とは，真南にきた太陽（星）と地平面とのなす角である。

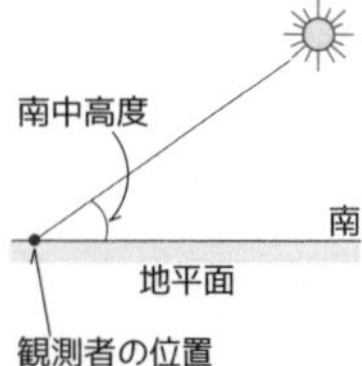

注意　星の動き

東の空　西の空

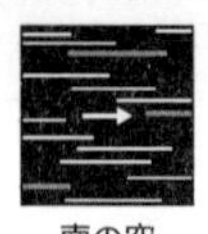

南の空

① **天球**…地球をとりまく仮想の球で，すべての天体はこの球面上にあると考える。天球の中心は観測者の位置，観測者から見た真上が**天頂**である。
（↳観測者のまわりをこの球面が回る）

② **太陽の日周運動**…太陽は東から出て南の空を通り，西の空に沈む。1時間につき約**15°**ずつ移動する。
（↳地球の自転の速さである）

③ **南中と南中高度**…太陽（星）が観測地で真南にきたとき，**南中**したという。このときの太陽（星）の高さを**南中高度**という。
（↳子午線を通るとき）

④ **星の日周運動**…星座をつくっている星は，互いの位置を変えないで1時間に約**15°**東から西へ動くように見える。

⑤ **北の空**…北半球の北の空では，星は北極星を中心に反時計まわりに1日1回転して見える。

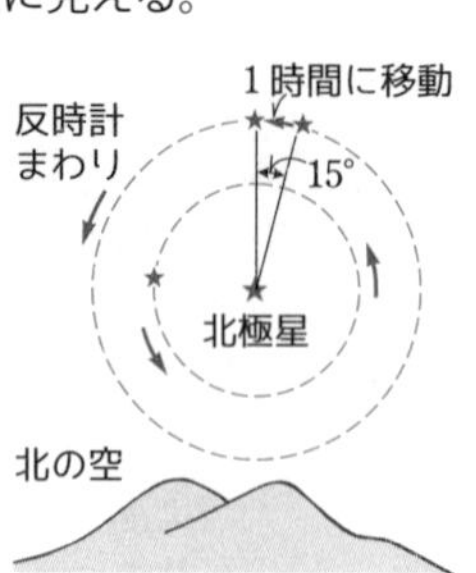

- **東の空**→斜め右上へ移動して見える。
- **西の空**→斜め右下へ移動して見える。
- **南の空**→左から右へ移動して見える。

⑥ **北極星**…天の北極付近にあるこぐま座の星。北半球では，北極星の高度は観測地点の**緯度**に等しい。

① 透明半球の使い方，天体の日周運動との関係をつかもう。
② 季節ごとの星座の移り変わりを地球の公転から説明できるようにしよう。
③ 地軸の傾きと太陽の南中高度，日の出・日の入りの方位の関係を理解しよう。

7 **地球の自転**…太陽や星の日周運動は地球の**自転**による見かけの動き。

コレ重要
☞地球は1日に1回，西から東へ自転している。

2 天体の年周運動 ☆☆☆

参考　春分・秋分の日の太陽の南中高度は，(90°－その地点の緯度)で，夏至の日では，それより23.4°高く，冬至の日ではそれより23.4°低い。

1 **太陽の年周運動**…太陽は，1日に約**1°**ずつ西の星座から東の星座のほうへ移動し，1年で天球上を1周する。
↳この天球上の太陽の通り道を黄道という

2 **星の年周運動**…同じ星を毎日観測すると，星は1日に約**4分**ずつ南中する時刻が**はやく**なり，1年後にもとの位置にもどる。

コレ重要
☞星の南中時刻は，1か月に約2時間ずつはやくなる。

3 **地球の公転**…地球は太陽のまわりを1年で1周(北極側から見て反時計まわり)している。これを**地球の公転**という。太陽や星の**年周運動**は，地球の公転による見かけの動き。

4 **太陽の通り道の変化**…地球が地軸を傾けて公転しているため，季節によって日の出・日の入りの方位や太陽の南中高度，昼と夜の長さは変化する。
↳北半球では夏至の太陽の南中高度が最も高い

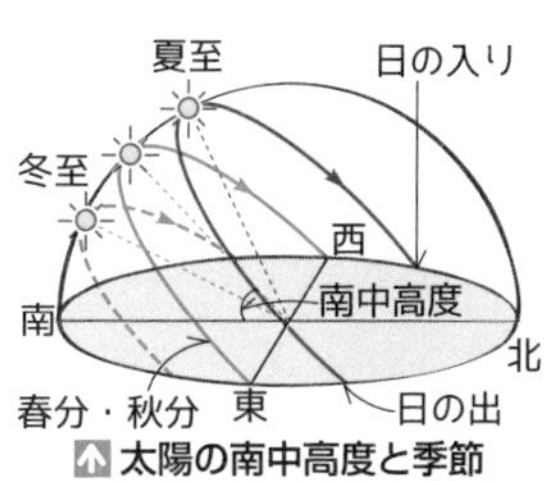

太陽の南中高度と季節

すいすい暗記　星の南中　1日4分　はやくなり
（星座）（1か月で2時間）

入試直前チェック ✔

□ 1. 北の空では，星は(①　　)を中心に(②　　)まわりに1時間に約(③　　)度ずつ移動する。
□ 2. 太陽や星の日周運動に関係ある地球の運動は何ですか。
□ 3. ある地点で7月10日の午後9時にさそり座のアンタレスが南中した。2か月後，この地点でこの星が南中するのは何時ですか。
□ 4. 北緯34度の地点では，春分の日の太陽の南中高度はいくらですか。

解答
1. ① 北極星 ② 反時計 ③ 15
2. 自転
3. 午後5時
4. 56°

月　　日

太陽系とその他の天体

図でおさえよう

◎太陽系の構造 → 2

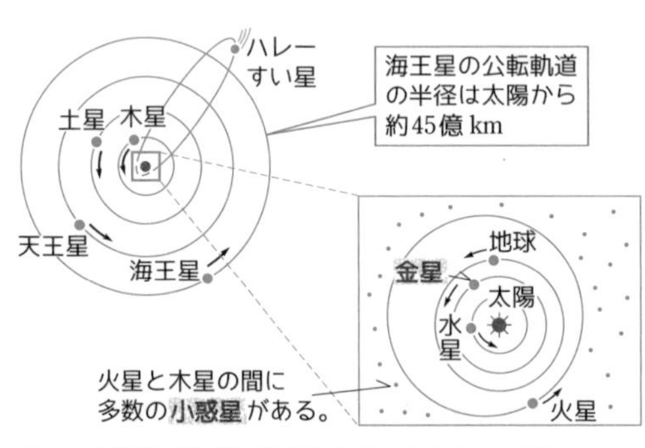

◎金星の動きと満ち欠け → 2

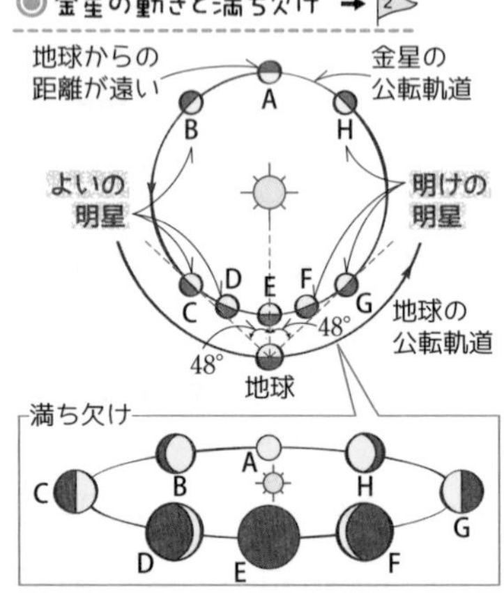

1 太陽と月 ☆

注意　黒点

黒点は周縁部(しゅうえん)にいくほど，だ円形に見える。
→太陽が球形の証拠(しょうこ)

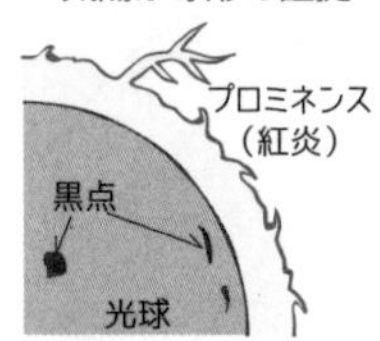

注意　月の満ち欠け

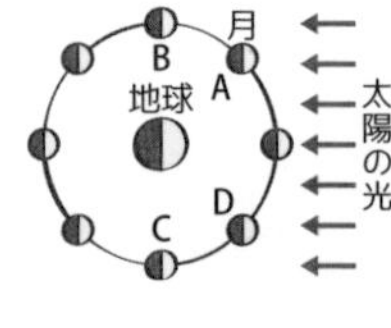

1 太陽のようす

①**形**→直径約 140 万 km，ガスを主体とした球形。
↳地球の約 109 倍　↳黒点の動き方や見え方でわかる

②**表面**

- **光球**(こうきゅう)→円形に光り輝(かがや)いている部分。
- **黒点**(こくてん)→光球面に見える。まわりより温度の低い部分。
  ↳黒点の数は太陽の活動状態を知る目安となる
- **プロミネンス(紅炎)**(こうえん)→表面で見られるガス状や炎(ほのお)状の部分。

③**表面温度**→約**6000℃**，黒点の部分は約 4000℃。

④**地球からの距離**(きょり)→約**1 億 5000 万** km。

⑤**太陽の自転**→約 27 日で 1 回自転する。
↳黒点が東から西へ動く

2 月のようす

月は自転と同じ周期で公転もしているんだ。

①**形**→直径約 3500 km の球形。

②**表面のようす**→大気がない。
重力は地球の約 $\frac{1}{6}$ で，クレーターがある。

③**地球からの距離**→約 38 万 km。

④**自転と公転**→約 27 日で 1 回自転する。満ち欠けする。
公転周期(満月から次の満月まで)約 29 日↲

3 **日食と月食**(にっしょく・げっしょく)…太陽，月，地球の順に一直線上に並ぶとき**日食**(太陽が月に隠(かく)される)が起こり，太陽，地球，月の順に一直線上に並ぶとき**月食**(月が地球の影(かげ)に入る)が起こる。
日食：部分日食・皆既日食・金環日食がある
月食：↳部分月食と皆既月食がある

合格アドバイス

① 太陽・月・地球は，それぞれの違いをまとめて理解しよう。
② 太陽系の構造を理解しよう。
③ 金星や月の見え方は，地球・太陽との位置関係から理解しよう。

2 太陽系 ☆☆

注意 地球型惑星と木星型惑星

水星，金星，地球，火星を**地球型惑星**，木星，土星，天王星，海王星を**木星型惑星**という。地球型惑星は小型で密度が大きく，木星型惑星は大型で密度が小さい。

1 太陽系…太陽とそのまわりを回る惑星・小惑星・衛星・すい星などの天体の集まりを**太陽系**という。（衛星：自ら光を出さず，太陽の光により輝く）

2 惑　星…水星，金星，地球，火星，木星，土星，天王星，海王星をいう。このうち，地球より内側の惑星を**内惑星**，外側の惑星を**外惑星**という。（めい王星などは太陽系外縁天体という）

3 内惑星の見え方…**水星**や**金星**は，地球から見て太陽と同じ側にあるため，真夜中に見ることはできない。

・コレ重要・

☞金星は，日の出前の東の空（明けの明星），日の入り後の西の空（よいの明星）で観測できる。

4 衛　星…惑星のまわりを公転する天体を**衛星**という。月は地球の衛星である。木星には60個以上の衛星がある。

3 宇　宙 ☆

発展 恒星の色と表面温度

恒星の色は表面温度と関係する。赤い星は温度が低く，青白い星は温度が高い。

1 恒　星…自ら光を出して輝き，互いの位置を変えないで，星座をつくっている天体を**恒星**という。

2 恒星までの距離…光が1年間かかって進む距離を**1光年**という。恒星までの距離は**光年**で表す。（天文単位，パーセクなどの距離単位もある）

3 銀河系…太陽系を含む約2000億個の恒星が，凸レンズ形をした集団をつくっている。これを**銀河系**という。（直径約10万光年）

4 銀　河…広い宇宙の中には銀河系のような星の集団が多くある。これを**銀河**という。　例 アンドロメダ銀河

すいすい暗記　日没後　よいの明星（夕方見える金星）　西の空

入試直前チェック ✔

- □ 1．太陽表面のまわりより温度の低い部分を何といいますか。
- □ 2．ある日の日没後，金星が観測できました。どの方位の空に見えましたか。
- □ 3．2のとき，ア～オのどのような形に見えましたか。考えられるものをすべて答えなさい。
  ア　イ　ウ　エ　オ
- □ 4．光が1年間かかって進む距離を何といいますか。

解答

1．黒点
2．西の空
3．イ，エ，オ
4．1光年

SCIENCE 32

月　日

自然と人間

図でおさえよう

▶火力発電…化石燃料(石油·石炭など)の燃焼による発電
▶原子力発電…核燃料(ウランなど)の核分裂反応を利用
▶水力発電…水の位置エネルギーを利用

◎さまざまなエネルギーと発電 ➡ 1

▼火力発電

石油など 化学エネルギー →(ボイラー) 熱エネルギー →(タービン) 運動エネルギー →(発電機) 電気エネルギー

▼原子力発電

ウラン 核エネルギー →(原子炉) 熱エネルギー →(タービン) 運動エネルギー →(発電機) 電気エネルギー

▼水力発電

高い所の水 位置エネルギー →(ダム) 運動エネルギー →(タービン) 運動エネルギー →(発電機) 電気エネルギー

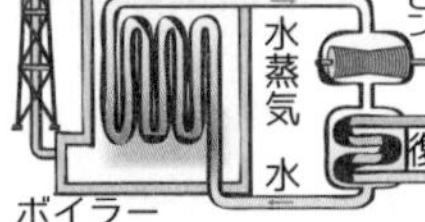

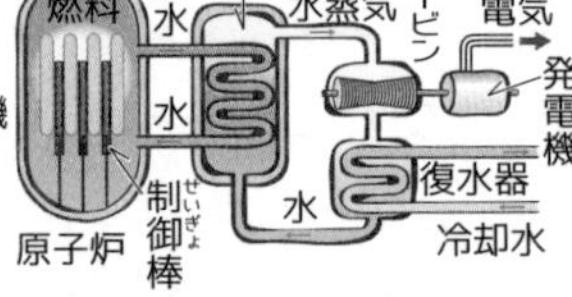

1 熱とエネルギー ☆☆

参考　熱の伝わり方

放射
対流
伝導

1 熱の伝わり方…熱の伝わり方には3種類ある。

・コレ重要・

☞伝導(熱伝導)→温度が高いほうから低いほうへ熱が伝わる。
☞対流(熱対流)→あたためられた物体が移動して熱が伝わる。
☞放射(熱放射)→赤外線により，離れたところにあるものがあたたまる。

2 発電の方法

①**火力発電**→**石油，石炭，天然ガス**などの**化石燃料**を使って発電している。エネルギー変換効率が高いが，地球温暖化の原因となる二酸化炭素を大量に発生させる。
（↳埋蔵量には限りがある）

②**原子力発電**→ウランなどの核分裂反応を使って発電している。少量でばく大なエネルギーが得られるが，**核燃料**から発生する**放射線**は大変危険なものである。
（使用済みのものの処理も困難）
（↳α(アルファ)線，β(ベータ)線，γ(ガンマ)線などがある）

③**水力発電**→水の位置エネルギーを利用するため，二酸化炭素などは排出しないが，発電所を新たに建設するために自然環境を変えてしまう。
（↳エネルギー変換効率はひじょうに高い）

3 再生可能なエネルギー…埋蔵量に限度のある化石燃料やウランなどにかわる，いつまでも利用可能なエネルギー(**再生可能なエネルギー**)の開発，利用が進められている。

例　太陽光発電，風力発電，地熱発電，バイオマス発電など。

合格アドバイス
① エネルギーの移り変わりを理解しておこう。
② さまざまな発電方法の利点・欠点をしっかりおさえよう。
③ 自然災害と自然の恩恵(おんけい)について理解しよう。

2 放射線 ☆☆☆

参考 放射線の単位
放射線を出す能力はベクレル(Bq)，放射線が人体に与(あた)える影響(えいきょう)はシーベルト(Sv)で表される。

参考 自然放射線
わたしたちは食物や宇宙などから，2.1ミリシーベルト / 年程度の自然放射線を浴びている。

1 **放射線**…X線，α線，β線，γ線，**中性子**線などがある。身のまわりのさまざまなものから放射線は出ている。放射線を出す物質を**放射性物質**といい，放射線を出す能力を**放射能**という。

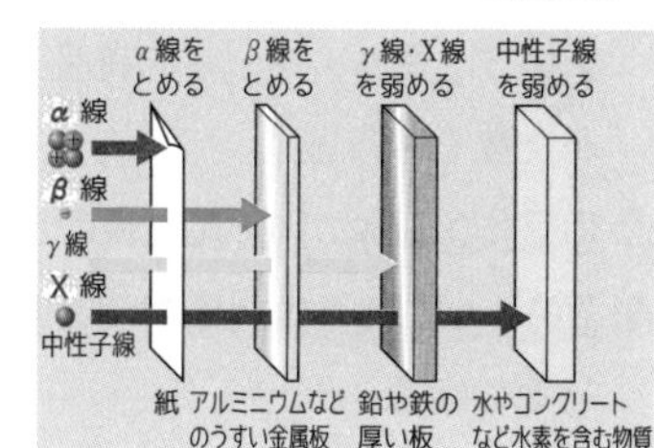

2 **放射線の性質**…物質を通り抜(ぬ)ける能力(**透過力**)や物質の性質を変える(電離)作用がある。

3 **放射線の利用**…病気の診断や治療，農業や工業などさまざまな分野で利用されている。しかし，管理や使い方をまちがえると，人体に影響をおよぼす可能性があるため，注意が必要である。

3 自然環境の調査 ☆☆

注意 マツの葉の気孔の観察
汚れている　汚れていない
100倍くらいで観察し，単位数あたりの汚れぐあいを数える。

1 **大気汚染(おせん)の調査**…マツの葉の気孔(きこう)を顕微鏡(けんびきょう)で観察することで，その地域の大気が汚(よご)れているかどうか調べることができる。

2 **水質汚染の調査**…水中にすむ生物の種類と数を調査することで，川の水が汚れているかどうかがわかる。

きれいな水	少し汚(きたな)い水	汚い水	大変汚い水
サワガニ，ブユ，ウズムシ，ヒラタカゲロウ，カワゲラなど	カワニナ，ゲンジボタル，ヤマトシジミ，スジエビなど	ヒメタニシ，ミズムシ，ミズカマキリ，タイコウチなど	アメリカザリガニ，チョウバエ，サカマキガイなど

4 自然災害と自然の恩恵 ☆

1 **自然災害**…日本で起こる自然災害には，地震(じしん)（建物の倒壊や火災など）や津波，火山の噴火(ふんか)（火山灰や有害な火山ガスなど）や溶岩流(ようがんりゅう)，台風や集中豪雨などがあげられる。

2 **自然の恩恵(おんけい)**…美しい景観や温泉，豊富な水資源などがある。

すいすい暗記 地球(ちきゅう)の　環境(かんきょう)まもる（環境を汚染しない）　新(しん)エネルギー（太陽光・風力・地熱・バイオマス）

入試直前チェック ✓

□ 1．熱の伝わり方を3つあげなさい。
□ 2．石油や石炭，天然ガスなどは，そのでき方から何とよばれていますか。

解答
1．伝導，放射，対流
2．化石燃料

月　日

数と式の計算

1 正負の数の計算 ☆☆☆

1 絶対値…数直線上で，0からある数までの距離をその数の絶対値という。また，＋，－の符号をとった数でもある。

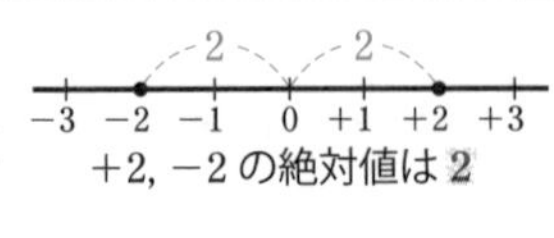

＋2, －2 の絶対値は 2

2 同符号の 2 数の和…絶対値の和に，共通の符号をつける。

3 異符号の 2 数の和…絶対値の差に，絶対値の大きいほうの符号をつける。

4 減　法…ひく数の符号を変えて加える。

5 加法と減法の混じった式…加法だけの式になおして，＋とかっこをはぶいた式にする。交換法則（$a+b=b+a$）や結合法則（$(a+b)+c=a+(b+c)$）を使う。

例 $(+6)-(+4)-(-9)+(-2)=(+6)+(-4)+(+9)+(-2)$
$=6-4+9-2=6+9-4-2=15-6=9$

6 同符号の 2 数の積・商…絶対値の積・商に，＋の符号をつける。

7 異符号の 2 数の積・商…絶対値の積・商に，－の符号をつける。

8 累　乗…同じ数をいくつかかけ合わせたものを，その数の累乗という。特に，2 乗を平方，3 乗を立方という。

$5^3=5\times5\times5=125$（3 が指数，5×5×5 は 3 回かける）

9 四則の混じった計算の順序

・コレ重要・
☞累乗の計算・かっこの中の計算 ➡ 乗除 ➡ 加減

2 式の計算 ☆☆☆

1 多項式の加減…同類項（文字の部分が同じ項）を分配法則を使って，まとめる。

例 $2x-5y-7x+3y=(2-7)x+(-5+3)y=-5x-2y$

2 指数法則…$a^m\times a^n=a^{m+n}$　$(a^m)^n=a^{m\times n}$　$(ab)^m=a^mb^m$

3 単項式の乗除…乗除の混じった計算は，逆数を使って，除法をすべて乗法になおして計算する。

4 式の値…式の中の文字に数を代入（文字を数字におきかえること）して計算した結果。

▶ここがポイント
負の数は，絶対値が大きいほど，数は小さい。

注意
$(-5)^2=(-5)\times(-5)$
$=25$
$-5^2=-(5\times5)$
$=-25$

▶ここがポイント
$a(b+c)=ab+ac$
$(a+b)\div c=\dfrac{a}{c}+\dfrac{b}{c}$

注意 x と x^2 は次数が異なるので，同類項ではない。

注意 $\dfrac{2}{3}x$ の逆数を $\dfrac{3}{2}x$ としてはいけない。$\dfrac{3}{2x}$ が逆数である。

▶ここがポイント
$x=-3$ を式 $-x+1$ に代入するときは，かっこを使って，
$-(-3)+1=3+1=4$

合格アドバイス

① 正負の数の計算は，累乗・かっこの中⇨乗除⇨加減 の順に計算しよう。
② 分数をふくむ式の計算では，分母を通分する。分母をはらってはいけない。
③ 式の値を求めるときは，式をできるだけ簡単にしてから代入しよう。

例題 1　正負の数の計算

次の計算をしなさい。

(1)　$-3^2\times\left(-\frac{4}{3}\right)\div2-8$　　(2)　$9\div\left\{-0.25+\left(-\frac{1}{2}\right)^3\times6\right\}$

考え方　(2) $0.25=\frac{1}{4}$ になおしてから計算する。

解答
(1) $-9\times\left(-\frac{4}{3}\right)\times\frac{1}{2}-8=6-8=\mathbf{-2}$
(2) $9\div\left\{-\frac{1}{4}+\left(-\frac{1}{8}\right)\times6\right\}=9\div\left(-\frac{1}{4}-\frac{3}{4}\right)$
$=9\div(-1)=\mathbf{-9}$

例題 2　式の計算

次の計算をしなさい。

(1)　$3(x+1)-\frac{1}{2}(4x+8)$　　(2)　$\frac{3m-n}{2}-\frac{4m-2n}{3}$

(3)　$36x^3y\div(-4xy)$　　(4)　$(-3a)^2\times2b\div\left(-\frac{6}{7}ab\right)$

考え方
(1) **分配法則**を利用する。
(2) 方程式ではないから，分母をはらってはいけない。
(3) わる式の**逆数**を使って，乗法になおす。
(4) 答えの**符号**を決め，乗法だけの式になおす。

解答
(1) $3x+3-2x-4=(3-2)x+(3-4)=\mathbf{x-1}$
(2) $\frac{9m-3n-8m+4n}{6}=\mathbf{\frac{m+n}{6}}$
(3) $36x^3y\times\left(-\frac{1}{4xy}\right)=-\frac{36x^3y}{4xy}=\mathbf{-9x^2}$
(4) $9a^2\times2b\times\left(-\frac{7}{6ab}\right)=-\frac{9a^2\times2b\times7}{6ab}=\mathbf{-21a}$

例題 3　式の値

(1)　$x=2$，$y=-4$ のとき，$4(x-2y)-(2x-7y)$ の値を求めなさい。
(2)　$x=3$，$y=-2$ のとき，$(12x-9y)\div3$ の値を求めなさい。

考え方　**式の値**を求めるときは，式を簡単にしてから，x，y の値を**代入**する。

解答
(1) $4x-8y-2x+7y=2x-y$
$=2\times2-(-4)=\mathbf{8}$
(2) $(12x-9y)\times\frac{1}{3}=4x-3y$
$=4\times3-3\times(-2)=\mathbf{18}$

月　日

多項式，式の計算の利用

1 式の展開 ☆☆

❶ 多項式の乗法…$(a+b)(c+d)=ac+ad+bc+bd$

❷ 乗法公式

・コレ重要・

☞㋐ $(x+a)(x+b)=x^2+(a+b)x+ab$ …1次式の積
☞㋑ $(x+a)^2=x^2+2ax+a^2$ …和の平方
☞㋒ $(x-a)^2=x^2-2ax+a^2$ …差の平方
☞㋓ $(x+a)(x-a)=x^2-a^2$ …和と差の積

注意　展開したあとの式は，同類項がないか確かめて整理する。

▶ここがポイント

$(x+a)(x+b)$
因数分解↑　↓展開
$x^2+(a+b)x+ab$

2 因数分解 ☆☆☆

❶ 共通因数をくくり出す…$ma-mb+mc=m(a-b+c)$
（↳各項に共通な数や文字）

❷ 因数分解の公式…乗法公式の逆である。

▶ここがポイント

因数分解の方法
①共通因数があれば，くくり出す。
②公式を利用する。
③項を組み合わせて①や②へ導く。

3 素因数分解 ☆

❶ 素因数分解…自然数を素数だけの積で表すこと。
（↳1とその数自身のほかに約数をもたない自然数）

例 右のように，18を素数で順にわっていくと，
（↳2，3，5，7，11…）

$18=2\times3^2$

$$\begin{array}{r|l} 2 & 18 \\ \hline 3 & 9 \\ \hline & 3 \end{array}$$

▶ここがポイント

素数をいくつかの自然数の積で表すとき，1とその数自身の積でしか表せない。

4 式の利用 ☆☆

❶ 自然数の表し方…百の位が a，十の位が b，一の位が c の自然数は，$100a+10b+c$

❷ 偶数・奇数の表し方…m，n を整数とすると，
偶数は $2m$，奇数は $2n+1$ または $2n-1$

❸ 連続する整数の表し方…n を整数とすると，$n-1$，n，$n+1$…

❹ 等式の変形…例えば，等式 $2x+3y=6$ を $x=-\frac{3}{2}y+3$ の形に変えることを，x について解くという。

❺ 計算のくふう…式の展開や因数分解を利用すると，数の計算が簡単にできることがある。

例 $97^2=(100-3)^2=100^2-2\times3\times100+3^2=9409$
$29^2-21^2=(29+21)(29-21)=50\times8=400$

注意　百の位が a，十の位が b，一の位が c の自然数を表すとき，abc としてはいけない。abc は $a\times b\times c$ のことである。

▶ここがポイント

$2x+3y=6$ を x について解くと，
$2x=-3y+6$
両辺を2でわって，
$x=-\frac{3}{2}y+3$

合格アドバイス

① 乗法公式は確実に覚えよう。$(x+a)^2=x^2+a^2$ としてはいけない。
② 因数分解では，まず共通因数がないか調べよう。
③ 等式の変形では，符号まちがいに気をつけよう。

例題 1 式の展開

次の計算をしなさい。

(1) $(a-2)^2+a(a+4)$ (2) $(4x-1)(x+4)-4(x+1)(x-1)$

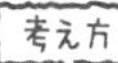

考え方 (2) $(x+1)(x-1)$ の前に -4 があるので，**展開**したあとかっこをつける。

解答 (1) $a^2-4a+4+a^2+4a=\boldsymbol{2a^2+4}$

(2) $4x^2+16x-x-4-4(x^2-1)$
$=4x^2+15x-4-4x^2+4=\boldsymbol{15x}$

例題 2 因数分解

次の式を因数分解しなさい。

(1) x^2-64 (2) $2ax^2-2ax-24a$

(3) $(x-4)^2-2x$ (4) $a^2+ab-bc-c^2$

考え方 (2) まず**共通因数**でくくり，次に**因数分解の公式**を利用する。
(4) 項を組み合わせて共通因数をくくり出す。

解答 (1) $\boldsymbol{(x+8)(x-8)}$

(2) $2a(x^2-x-12)=\boldsymbol{2a(x-4)(x+3)}$

(3) $x^2-8x+16-2x=x^2-10x+16=\boldsymbol{(x-2)(x-8)}$

(4) $a^2-c^2+ab-bc=(a+c)(a-c)+b(a-c)$
$=\boldsymbol{(a-c)(a+b+c)}$

例題 3 式の利用

(1) $\ell=2(a+b)$ を a について解きなさい。

(2) 連続する 3 つの整数において，最大の数の 2 乗と最小の数の 2 乗の差は，中央の数の 4 倍に等しいことを証明しなさい。

考え方 (1) 左辺に a をもってくるため，まず，**左辺と右辺を入れかえる**。
(2) 連続する 3 つの整数を $n-1$, n, $n+1$ とすると，最大の数の 2 乗は，
$(n+1)^2$
最小の数の 2 乗は，
$(n-1)^2$

解答 (1) $2(a+b)=\ell$ $a+b=\dfrac{\ell}{2}$ $a=\boldsymbol{\dfrac{\ell}{2}-b}$

(2) n を整数とすると，連続する 3 つの整数は $n-1$, n, $n+1$ と表せる。最大の数の 2 乗から最小の数の 2 乗をひくと，
$(n+1)^2-(n-1)^2$
$=(n^2+2n+1)-(n^2-2n+1)=\boldsymbol{4n}$
よって，最大の数の 2 乗と最小の数の 2 乗の差は，中央の数の 4 倍に等しい。

月　日

平方根

1 平方根 ☆☆

❶ **平方根**…2乗すると a になる数を a の**平方根**といい，正の方を $\sqrt{a}$，負の方を $-\sqrt{a}$ と表す。

$a>0$ のとき，$(\sqrt{a})^2=a$　$(-\sqrt{a})^2=a$

❷ **平方根の大小**…$0<a<b$ ならば，$\sqrt{a}<\sqrt{b}$

❸ **有理数と無理数**…a，$b\ (b\neq 0)$ を整数とするとき，$\dfrac{a}{b}$ と表すことのできる数を**有理数**，表すことのできない数を**無理数**という。

例 有理数…-1，0.7，$-\dfrac{5}{3}$，$\sqrt{4}$　無理数…$\sqrt{2}$，$-\dfrac{1}{\sqrt{3}}$，π

2 根号をふくむ式の計算 ☆☆☆

❶ **根号をふくむ式の乗除**

コレ重要

☞ $a>0$，$b>0$ のとき，

$\sqrt{a}\sqrt{b}=\sqrt{ab}$　$\dfrac{\sqrt{a}}{\sqrt{b}}=\sqrt{\dfrac{a}{b}}$　$\sqrt{a^2b}=a\sqrt{b}$

❷ **分母の有理化**…数や式を分母に根号がない形に表すこと。

$b>0$ のとき，$\dfrac{a}{\sqrt{b}}=\dfrac{a\times\sqrt{b}}{\sqrt{b}\times\sqrt{b}}=\dfrac{a\sqrt{b}}{b}$

❸ **根号をふくむ式の加減**…$a>0$ のとき，

$m\sqrt{a}+n\sqrt{a}=(m+n)\sqrt{a}$，$m\sqrt{a}-n\sqrt{a}=(m-n)\sqrt{a}$

3 平方根の利用 ☆☆☆

❶ **整数になる条件**……$\sqrt{a^mb^n}$ (a，b は素数) が整数になるとき，m，n は**偶数**である。

例 $\sqrt{54n}$ が整数となるような最小の自然数 n を求めると，

$\sqrt{54n}=\sqrt{3^3\times2\times n}$　$n=3\times2$ のとき，$\sqrt{54n}=\sqrt{3^4\times2^2}=18$

❷ **整数部分と小数部分**…$\sqrt{n}$ の整数部分を a，小数部分を b とすると，$a\leqq\sqrt{n}<a+1$ より，$b=\sqrt{n}-a$

▶ここがポイント

0の平方根は**0**だけである。また，負の数には平方根は**ない**。

注意 0.16の**平方根**を $\pm$**0.04**としてはいけない。$(\pm0.4)^2=0.16$ だから，0.16の平方根は $\pm$**0.4**である。

▶ここがポイント

平方根の大小を比べるには，**2乗**して比べるとよい。

$4^2=16$，$(\sqrt{15})^2=15$，$(\sqrt{19})^2=19$ より，$\sqrt{15}<4<\sqrt{19}$

注意

㋐ $3\sqrt{2}=\sqrt{3\times2}=\sqrt{6}$

㋑ $\sqrt{2}+\sqrt{3}=\sqrt{2+3}=\sqrt{5}$

としてはいけない。

㋐は正しくは $3\sqrt{2}=\sqrt{3^2\times2}=\sqrt{18}$

㋑はこれ以上計算できない。

すいすい暗記

平方根の近似値

$\sqrt{2}$…1.41421356（ヒトヨヒトヨニヒトミゴロ）

$\sqrt{3}$…1.7320508（ヒトナミニオゴレヤ）

$\sqrt{5}$…2.2360679（フジサンロクオウムナク）

合格アドバイス

① 平方根の計算の答えは $\sqrt{}$ の中の数をできるだけ小さい整数にする。
② 分母に $\sqrt{}$ があれば，有理化しておく。
③ 根号をふくむ式の計算も文字式と同じように乗法公式が使える。

例題 1 平方根の計算

次の計算をしなさい。

(1) $\sqrt{6}\div3\sqrt{2}\times\sqrt{27}$　　(2) $3\sqrt{12}-2\sqrt{3}+\sqrt{48}$

(3) $\sqrt{12}+\dfrac{5}{\sqrt{3}}$　　(4) $(\sqrt{5}-\sqrt{2})^2$

考え方 まず，$\sqrt{a^2b}=a\sqrt{b}$ を使って $\sqrt{}$ の中の数をできるだけ小さい整数にする。
(3) 分母を**有理化**する。
(4) **乗法公式**を利用する。

解答
(1) $\dfrac{\sqrt{6}\times3\sqrt{3}}{3\sqrt{2}}=\dfrac{\sqrt{18}}{\sqrt{2}}=\sqrt{9}=\mathbf{3}$

(2) $3\times2\sqrt{3}-2\sqrt{3}+4\sqrt{3}=\mathbf{8\sqrt{3}}$ （$3\times2\sqrt{3}$ → $6\sqrt{3}$）

(3) $2\sqrt{3}+\dfrac{5\times\sqrt{3}}{\sqrt{3}\times\sqrt{3}}=2\sqrt{3}+\dfrac{5\sqrt{3}}{3}=\mathbf{\dfrac{11\sqrt{3}}{3}}$

(4) $(\sqrt{5})^2-2\times\sqrt{2}\times\sqrt{5}+(\sqrt{2})^2=\mathbf{7-2\sqrt{10}}$

例題 2 式の値

次の式の値を求めなさい。

(1) $x=2+\sqrt{2}$，$y=2-\sqrt{2}$ のとき，x^2+y^2

(2) $\sqrt{7}$ の小数部分を a とするとき，$(a+2)(a-2)$

考え方
(1) x^2+y^2
$=(x^2+2xy+y^2)-2xy$
$=\boldsymbol{(x+y)^2-2xy}$ を利用する。
(2) $\sqrt{7}$ の整数部分は 2 だ（$\sqrt{4}<\sqrt{7}<\sqrt{9}$）から，小数部分は
$\mathbf{\sqrt{7}-2}$

解答
(1) $x+y=(2+\sqrt{2})+(2-\sqrt{2})=4$，
$xy=(2+\sqrt{2})(2-\sqrt{2})=\mathbf{2}$ より，
$x^2+y^2=(x+y)^2-2xy=4^2-2\times\mathbf{2}=\mathbf{12}$

(2) $a=\sqrt{7}-2$ だから，
$(a+2)(a-2)=\sqrt{7}(\sqrt{7}-4)=\mathbf{7-4\sqrt{7}}$

例題 3 整数になる条件

$\sqrt{\dfrac{56}{n}}$ が整数となるような最小の自然数 n を求めなさい。

考え方 $\sqrt{}$ の中の素因数の指数がすべて**偶数**になるような最小の自然数 n を考えればよい。

$\sqrt{\dfrac{56}{n}}=\sqrt{\dfrac{2^3\times7}{n}}$ より，$n=\mathbf{2\times7}$ のとき，

$\sqrt{\dfrac{2^3\times7}{2\times7}}=\sqrt{2^2}=2$ で整数になる。　答 **14**

月　日

1次方程式，連立方程式

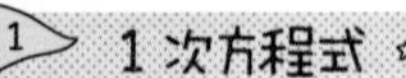

1　1次方程式

1 方程式…式の中の文字に特別な値を代入したときに限って成り立つような等式を**方程式**という。また，方程式を成り立たせるような文字の値を，その方程式の**解**という。

2 1次方程式の解き方

1. 分数や小数の**係数**は，両辺を何倍かして**整数**になおす。
2. x の項は**左辺**に，数の項は**右辺**に**移項**し，$ax=b$ の形にする。
3. 両辺を x の係数 a でわって，$x=\dfrac{b}{a}$

3 比例式の性質…$a:b=c:d$ ならば，$ad=bc$

▶ここがポイント

等式の性質
$A=B$ ならば，
㋐ $A+C=B+C$
㋑ $A-C=B-C$
㋒ $AC=BC$
㋓ $\dfrac{A}{C}=\dfrac{B}{C}$ $(C \neq 0)$

注意 ㋐係数に**分数**をふくむ方程式のときは，両辺に分母の**最小公倍数**をかける。
㋑係数に**小数**をふくむときは，両辺に **10**，**100** などをかける。

2　連立方程式

1 連立方程式…2つ以上の**方程式**を組み合わせたものを**連立方程式**という。

2 連立方程式の解き方…2つの方程式から，1つの文字を**消去**して1つの1次方程式をつくり，それを解く。

・コレ重要・

☞㋐ 加減法…x か y の係数の絶対値をそろえて，2つの式をたしたりひいたりする。
☞㋑ 代入法…一方の式から $x=$□ か，$y=$□ をつくり，これをもう1つの式に代入する。

3 $A=B=C$ の形の連立方程式

$\begin{cases}A=B\\A=C\end{cases}$ $\begin{cases}A=B\\B=C\end{cases}$ $\begin{cases}A=C\\B=C\end{cases}$ のいずれかの形になおして解く。

▶ここがポイント

加減法

$$\begin{array}{rr} & x+2y=6 \\ +) & x-2y=14 \\ \hline & 2x \quad\ =20 \end{array}$$

代入法

$\begin{cases}y=2x-3\\3x-2y=8\end{cases}$
➡$3x-2(2x-3)=8$

$\begin{cases}y=3x-1\\y=-2x+4\end{cases}$
➡$3x-1=-2x+4$

これは，2直線の交点の座標を求めるときによく使う。

3　方程式の利用

1 文章題を解く手順

1. 文字 x や y を用いて，**方程式**をつくる。
2. 方程式を解く。
3. **解**を調べる。問題に適したものを答えとする。

合格アドバイス

① 1次方程式と連立方程式は，関数や図形でも使うことが多い。
② 連立方程式は，加減法も代入法も使いこなせるようにしっかり練習しておこう。
③ 方程式を利用する問題では，等しい関係を見つけ，立式する力を養っておこう。

例題 1 方程式

次の方程式を解きなさい。

(1) $2x-\frac{1-x}{3}=-5$

(2) $\begin{cases} 2x+y=7 & \cdots\cdots① \\ \frac{x}{2}+\frac{y}{3}=1 & \cdots\cdots② \end{cases}$

考え方 係数が**分数**のときは，両辺に分母の**最小公倍数**をかけて整数にする。

解答 (1) $6x-(1-x)=-15$　$7x=-14$　$x=-2$

(2) ①×2　$4x+2y=14$
②×6　$-)\ 3x+2y=6$
　　　$x\qquad\ =8$

$x=8$ を①に代入して，$y=-9$

答 $x=8$，$y=-9$

例題 2 1次方程式の利用

ある数に7を加えて3倍しようとしたところ，間違えてある数から7をひいて6倍したため，計算の結果が21大きくなってしまった。ある数を求めなさい。

考え方 正しい式と間違えた式の関係は次のようになる。
正しい式＋21＝間違えた式

解答 ある数を x とすると，
$3(x+7)+21=6(x-7)$　$3x+42=6x-42$
$-3x=-84$　$x=28$

答 28

例題 3 連立方程式の利用

A駅から26 km離れたC駅まで，途中のB駅を通って走る電車がある。この電車は，AB間をBC間より1時間あたり9 km速く走り，AB間は12分，BC間は10分かかるという。この電車のAB間の速さを時速 x km，BC間の速さを時速 y kmとして連立方程式をつくり，AB間とBC間の道のりをそれぞれ求めなさい。

考え方 **道のり＝速さ×時間** の公式を利用する。**単位**にも気をつける。

12分$=\frac{12}{60}$時間 より，

AB間の道のりは $\frac{12}{60}x$ km

と表される。

解答 $\begin{cases} y=x-9 \\ \frac{12}{60}x+\frac{10}{60}y=26 \end{cases}$　これを解いて，$x=75$，$y=66$

$\mathrm{AB}=\frac{12}{60}\times75=15$ (km)，$\mathrm{BC}=\frac{10}{60}\times66=11$ (km)

答 AB間 **15 km**，BC間 **11 km**

月　日

2次方程式

1 2次方程式の解き方 ☆☆☆

❶ **2次方程式**…式を整理して，（2次式）$=0$ の形になる方程式を**2次方程式**という。

❷ **因数分解による解き方**…$x^2+px+q=0$ の左辺が**因数分解**できて，$(\boldsymbol{x}-\boldsymbol{m})(\boldsymbol{x}-\boldsymbol{n})=\boldsymbol{0}$ となるとき，$x-m=0$ または $x-n=0$ より，$\boldsymbol{x}=\boldsymbol{m}$，$\boldsymbol{x}=\boldsymbol{n}$

$x^2-px=0$ のときは，$x(x-p)=0$ として，$x=0$，$x=p$

❸ **平方根の考えによる解き方**

㋐ $\boldsymbol{x^2=k}$ $(k \geqq 0)$ の解は，$\boldsymbol{x=\pm\sqrt{k}}$

㋑ $\boldsymbol{ax^2+c=0}$ の解は，$\boldsymbol{x^2=k}$ の形に変えて**平方根**を求める。

㋒ $\boldsymbol{(x+p)^2=q}$ $(q \geqq 0)$ の解は，$\boldsymbol{x+p=\pm\sqrt{q}}$　$\boldsymbol{x=-p\pm\sqrt{q}}$

例 $x^2+4x=1$　$x^2+4x+4=1+4$　$(x+2)^2=5$

$x+2=\pm\sqrt{5}$　$x=-2\pm\sqrt{5}$

❹ **解の公式**

コレ重要

☞ $ax^2+bx+c=0$ の解は，$x=\dfrac{-b\pm\sqrt{b^2-4ac}}{2a}$

❺ **2次方程式を解く手順**

1. 分数や小数の係数は**整数**になおす。
2. 方程式を整理して，$\boldsymbol{ax^2+bx+c=0}$ $(a>0)$ の形にする。
3. **因数分解**による解き方で解く。
4. 3で解けないときは，**平方根の考えによる解き方か解の公式**で解く。

▶ここがポイント
2次方程式の解は，ふつう**2つ**あるが，**1つ**のときや解が**ない**ときもある。

注意 $\boldsymbol{(x+p)^2=q}$ の方程式は，$ax^2+bx+c=0$ の形になおすよりも**平方根**の考えによる解き方で解いた方がよい。

▶ここがポイント
解の公式を用いれば，どんな2次方程式でも解ける。

2 2次方程式の利用 ☆☆

❶ **文章題を解く手順**

1. 求める数量を x で表し，**2次方程式**をつくって解く。
2. **解**が問題に適しているかどうかを調べる。問題に適している解を**答え**とする。

注意 2次方程式を利用する文章題では，特に**答えの条件**に注意する。例えば，「自然数である」と書かれていたら，負の数や分数はあてはまらない。

① 2次方程式の解法は，因数分解する，平方根を求める，解の公式を用いる。
② 係数がわからない2次方程式は，与えられた解から係数を求めることができる。
③ 文章題では，未知数 x の条件を考えて，問題に適したものを答えに選ぼう。

社会 理科 数学 英語 国語

例題 1　2次方程式

次の2次方程式を解きなさい。

(1) $x^2+x-12=0$　　(2) $(x-3)^2=5$

(3) $2x^2-4=x(x-3)$　　(4) $5x^2-3x-1=0$

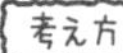

(2) 左辺を展開しないで，**平方根**を求める。
(3) 式を整理して，**(xの2次式)=0** の形にする。
(4) 解の公式を用いる。

(1) $(x+4)(x-3)=0$ より，$x=\mathbf{-4}$，$x=\mathbf{3}$
(2) 平方根を求めて，$x-3=\pm\sqrt{5}$　$x=\mathbf{3\pm\sqrt{5}}$
(3) $x^2+3x-4=0$　$(x+4)(x-1)=0$
　$x=\mathbf{-4}$，$x=\mathbf{1}$
(4) $x=\dfrac{-(-3)\pm\sqrt{(-3)^2-4\times5\times(-1)}}{2\times5}=\mathbf{\dfrac{3\pm\sqrt{29}}{10}}$

例題 2　2次方程式の解と定数

2次方程式 $x^2+mx+n=0$ の2つの解が5と-3のとき，mとnの値を求めなさい。

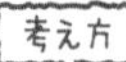

解が5と-3だから，xに5と-3を**代入**して，mとnについての**連立方程式**を解く。

$x=5$ のとき，$25+5m+n=0$
$x=-3$ のとき，$9-3m+n=0$
この2式を連立させて解くと，
$m=\mathbf{-2}$，$n=\mathbf{-15}$

例題 3　2次方程式の利用

横の長さが縦の長さより10 cm長い長方形がある。この長方形の縦の長さを2倍にし，横の長さを4 cm短くした長方形の面積は80 cm^2 になった。もとの長方形の面積を求めなさい。

考え方

もとの長方形の縦の長さを x cmとして，**方程式**をつくる。

もとの長方形の縦の長さを x cmとすると，横の長さは $(x+10)$ cm で，新しい長方形の縦の長さは **$2x$** cm，横の長さは $(x+6)$ cm である。
よって，$2x(x+6)=80$　$x=\mathbf{-10}$，$x=\mathbf{4}$
$x>0$ だから，-10は不適，4は問題に適する。
したがって，もとの長方形の面積は，
$4\times14=\mathbf{56\ (cm^2)}$

月　日

比例と反比例，１次関数

1 変　域 ☆☆

1 変　域…変数のとりうる値の範囲を**変域**という。
↳いろいろな値をとる文字

例 x は 5 以下… $x \leqq 5$，x は 0 以上 5 未満… $0 \leqq x < 5$

2 比例と反比例 ☆☆

1 比　例…y が x の関数で，$\boldsymbol{y=ax}$（a は定数）で表されるとき，y は x に**比例**するという。定数 a を**比例定数**という。

2 比例のグラフ…$y=ax$ のグラフは，**原点**を通る**直線**である。

3 反比例…$\boldsymbol{y=\dfrac{a}{x}}$（$a$ は比例定数）で表されるとき，y は x に**反比例**するという。

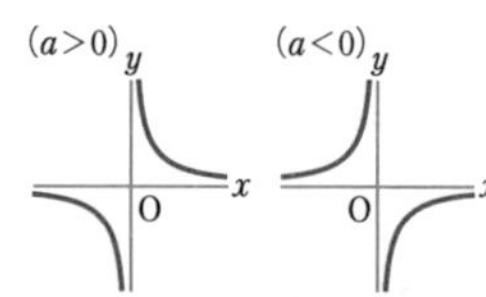

4 反比例のグラフ…$y=\dfrac{a}{x}$ のグラフは，上の図のような原点について対称な**双曲線**である。
↳なめらかな２つの曲線

▶ここがポイント

㋐ x 座標，y 座標の符号は，

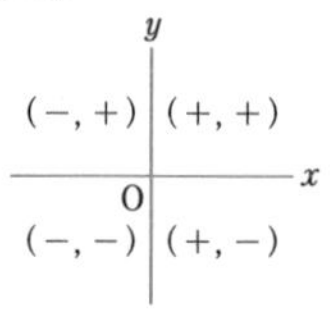

㋑ A(p，q) と**原点**について**対称**な点 B の座標は，($-p$，$-q$)

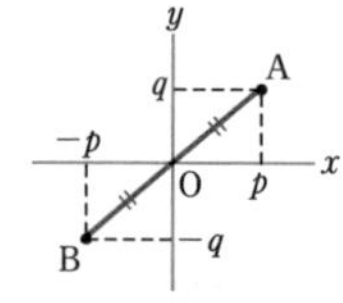

3 １次関数 ☆☆☆

1 １次関数…y が x の関数で，y が x の**１次式**で表されるとき，y は x の**１次関数**であるという。式は $\boldsymbol{y=ax+b}$（a，b は定数，$a \neq 0$）で表される。

2 変化の割合…$\textbf{変化の割合} = \dfrac{\boldsymbol{y}\textbf{の増加量}}{\boldsymbol{x}\textbf{の増加量}}$

１次関数 $y=ax+b$ では，x の係数 a に等しく**一定**である。

3 １次関数のグラフ…１次関数 $\boldsymbol{y=ax+b}$ のグラフは，**傾き**が a，**切片**が b の**直線**である。
↳y 軸上の点の y 座標

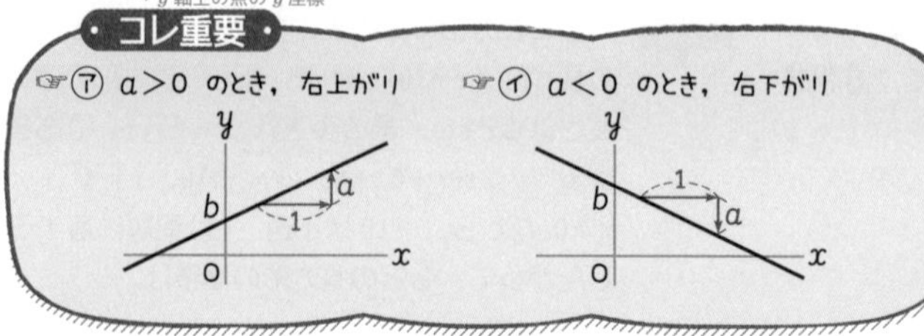

▶ここがポイント

１次関数 $y=ax+b$ のグラフは，$y=ax$ に平行で，y 軸上の点 (0，b) を通る直線である。

注意

直線の傾き

傾き $\dfrac{2}{3}$

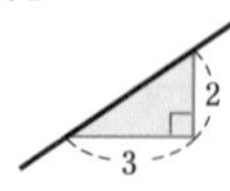

傾き $\dfrac{3}{2}$

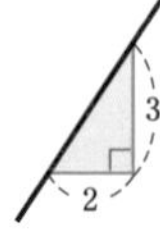

合格アドバイス

① 比例の式 $y=ax$，反比例の式 $y=\frac{a}{x}$ を覚えておこう。
② 1次関数 $y=ax+b$ のグラフは，傾きa，切片b の直線である。
③ x の変域から y の変域を求めることができるようにしておこう。

例題 1 比例・反比例の式

次の場合について，y を x の式で表しなさい。

(1) y は x に比例し，$x=2$ のとき $y=8$ である。

(2) y は x に反比例し，$x=-3$ のとき $y=4$ である。

考え方 (1)は $y=ax$ に，(2)は $y=\frac{a}{x}$ にそれぞれ x，y の値を**代入**する。

(1) $8=2a$ より，$a=4$　　答 $y=4x$

(2) $4=\frac{a}{-3}$ より，$a=-12$　　答 $y=-\frac{12}{x}$

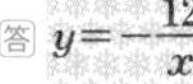

例題 2 比例の利用

右の図のような長方形 ABCD の辺 BC 上を B から C まで秒速 2 cm の速さで進む点 P がある。点 P が B を出発してから x 秒後の三角形 ABP の面積を y cm² とする。

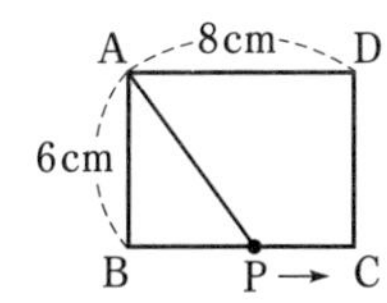

(1) y を x の式で表しなさい。　(2) x の変域を求めなさい。

(3) 三角形 ABP の面積が 18 cm² になるのは，出発してから何秒後ですか。

考え方

(1) BP の長さは $2x$ cm

(2) 点 P は B から C まで動くから，$0≦BP≦8$

(3) (1)の式に y の値を**代入**する。

(1) $y=\frac{1}{2}\times2x\times6$ より，$y=6x$

(2) $0≦2x≦8$ より，$0≦x≦4$

(3) $18=6x$ より，$x=3$　　答 3秒後

例題 3 1次関数

1次関数 $y=2x-3$ について，次の問いに答えなさい。

(1) 変化の割合を求めなさい。　(2) グラフをかきなさい。

(3) x の変域が $-2≦x≦1$ のときの y の変域を求めなさい。

考え方

(2) **傾き**が 2，**切片**が -3 のグラフをかく。

(3) $x=-2$，$x=1$ を $y=2x-3$ にそれぞれ代入して，**対応する y の値**を求める。

(1) 2

(2) 右の図

(3) $x=-2$ のとき $y=-7$
$x=1$ のとき $y=-1$
よって，$-7≦y≦-1$

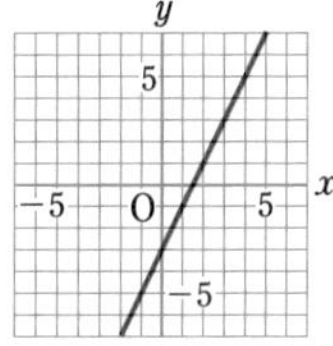

月　日

1次関数とグラフ

1 直線の式の求め方 ☆☆☆

❶ **傾きと1点の座標がわかっているとき**…$y=ax+b$ に傾き a と1点の座標 (x, y) の値を代入して，b の値を求める。

❷ **2点の座標がわかっているとき**…$y=ax+b$ に2点の座標を代入して，連立方程式を解き，a，b の値を求める。

例 2点 (2, 7)，(4, 8) を通る直線の式は，連立方程式

$\begin{cases} 7=2a+b \\ 8=4a+b \end{cases}$ を解いて，$a=\frac{1}{2}$，$b=6$ だから，$y=\frac{1}{2}x+6$

▶ここがポイント

2点の座標がわかっている直線の式は，先に傾きを求めて❶と同じように求めることもできる。

例 の直線の傾き a は，

$a=\frac{8-7}{4-2}=\frac{1}{2}$

$y=\frac{1}{2}x+b$ に (2, 7) を代入して，$b=6$

よって，$y=\frac{1}{2}x+6$

2 2元1次方程式のグラフ ☆☆

❶ **$ax+by=c$ のグラフ**…この方程式を y について解くと，1次関数のグラフの傾きと切片がわかる。

❷ **連立方程式の解とグラフ**…連立方程式 $\begin{cases} ax+by=c & \cdots① \\ a'x+b'y=c' & \cdots② \end{cases}$ の解は，直線①，②のグラフの交点の座標である。

注意

$y=k$ のグラフ
➡ x 軸に平行
$x=h$ のグラフ
➡ y 軸に平行
逆にして覚えないこと。

3 グラフと図形 ☆☆☆

❶ **線分の中点の座標の求め方**…2点 (a, b)，(c, d) を結ぶ線分の中点の座標は，$\left(\frac{a+c}{2}, \frac{b+d}{2}\right)$

❷ **三角形の面積を2等分する直線**

・コレ重要・

☞ 三角形の頂点とその対辺の中点を通る直線は，三角形の面積を2等分する。

例 右の図で，線分ABの中点Mの座標は，

$M\left(\frac{5+3}{2}, \frac{6+(-2)}{2}\right)=(4, 2)$

よって，原点Oを通り△OABの面積を2等分する直線 ℓ の式は，$y=\frac{1}{2}x$

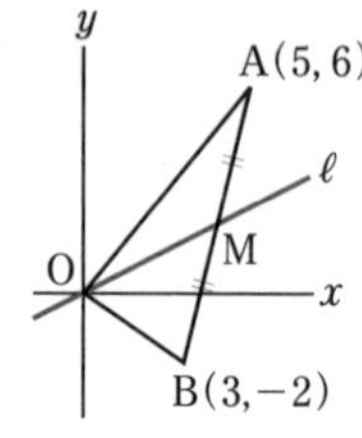

▶ここがポイント

座標平面で三角形の面積を求めるときは，三角形を三角形の1つの頂点を通る軸や軸に平行な直線で分けて求めることが多い。

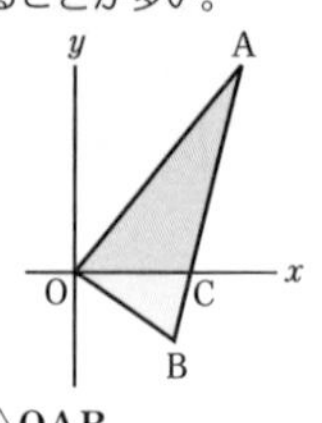

△OAB
＝△OAC＋△OBC

① 傾きと1点，または，2点が与えられた直線の式を確実に求められるようにしておこう。
② 2直線の傾きが等しいとき，2直線は平行である。
③ グラフと図形の問題では，三角形や四角形の性質を利用して考えよう。

例題 1 直線の式

次の直線の式を求めなさい。

(1) 点 (2, 3) を通り，直線 $y=3x+5$ に平行な直線

(2) 2点 (3, 1), (−1, −1) を通る直線

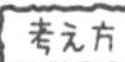

(1) 2つの直線が**平行**なとき**傾き**が等しい。

(2) $y=ax+b$ として a, b についての**連立方程式**を解く。

(1) 求める直線の式を $y=3x+b$ とし，$x=2$, $y=3$ を代入すると，$b=-3$
よって，$\boldsymbol{y=3x-3}$

(2) 連立方程式 $\begin{cases} 1=3a+b \\ -1=-a+b \end{cases}$ を解くと，

$a=\dfrac{1}{2}$, $b=-\dfrac{1}{2}$ よって，$\boldsymbol{y=\dfrac{1}{2}x-\dfrac{1}{2}}$

例題 2 3直線の交点

3直線 $3x+y=-5$ …①, $4x+2y=-6$ …②, $ax-3y=7$ …③ が1点で交わるとき，a の値を求めなさい。

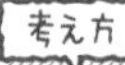

①, ②より，交点の座標を求めることができる。その点を③が通ると考える。

①, ②より，$x=-2$, $y=1$
よって，$x=-2$, $y=1$ を③に代入して，
$-2a-3=7$　$a=\boldsymbol{-5}$

例題 3 グラフと図形

右の図のように，長方形ABCDの辺BCは x 軸上にあり，点Aは直線 $y=x$ 上に，点Dは直線 $y=-x+12$ 上にある。点Aの x 座標を t として，次の問いに答えなさい。

(1) 辺ADの長さを t で表しなさい。

(2) 長方形ABCDが正方形になるときの点Aの座標を求めなさい。

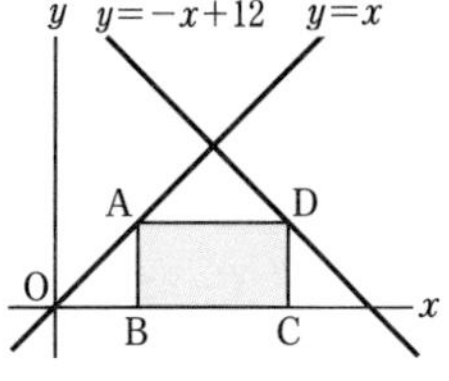

考え方

(1) 点Aの座標は $(\boldsymbol{t}, \boldsymbol{t})$
点Dの y 座標は点Aの y 座標に等しい。

解答

(1) 点Dの x 座標は，$t=-x+12$ より，
$x=\boldsymbol{12-t}$　$AD=12-t-t=\boldsymbol{12-2t}$

(2) $AB=t$, $AD=12-2t$ より，$t=12-2t$
$t=\boldsymbol{4}$ よって，点Aの座標は，**(4, 4)**

月　日

関数 $y=ax^2$

1 関数 $y=ax^2$ ☆

1 2乗に比例する関数…変数 x，y の間に $y=ax^2$（a は定数，$a \neq 0$）という関係が成り立つとき，**y は x の2乗に比例する**という。$y=ax^2$ で，a を**比例定数**という。

2 $y=ax^2$ のグラフの性質

㋐ 原点Oを頂点とし，y 軸について対称な**放物線**である。

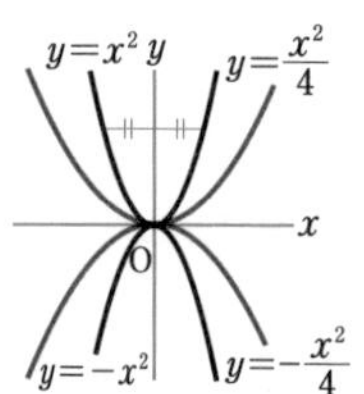

㋑ $a>0$ のとき，**上**に開く。
$a<0$ のとき，**下**に開く。

㋒ a の**絶対値**が大きくなるにつれて，開きが小さくなる。

▶ここがポイント
$y=ax^2$ のグラフと $y=-ax^2$ のグラフは，x 軸について**対称**である。

2 関数 $y=ax^2$ の値の変化 ☆☆☆

1 変化の割合…$y=ax^2$ の**変化の割合**は**一定**ではない。

例 関数 $y=x^2$ で，x の値が1から3まで増加するときの変化の割合は，$\dfrac{y\text{ の増加量}}{x\text{ の増加量}}=\dfrac{3^2-1^2}{3-1}=\dfrac{8}{2}=4$

2 変　域…$y=ax^2$ で，x の変域に対応する y の変域は**グラフ**をかいて求める。

・コレ重要・
☞ x の変域に0がふくまれるときは，$a>0$ のとき最小値0，$a<0$ のとき最大値0をとる。

例 $y=x^2$（$-3 \leqq x \leqq -1$）
↳0をふくまない

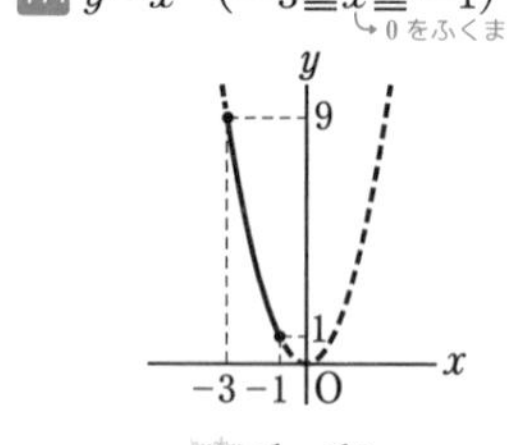

$1 \leqq y \leqq 9$

$y=x^2$（$-3 \leqq x \leqq 1$）
↳0をふくむ

$0 \leqq y \leqq 9$

▶ここがポイント
関数 $y=ax^2$ で，x の値が p から q まで増加するときの**変化の割合**は，
$\dfrac{aq^2-ap^2}{q-p}$
$=\dfrac{a(q+p)(q-p)}{q-p}$
$=\boldsymbol{a(p+q)}$
で求めることもできる。

▶ここがポイント
$\boldsymbol{y=ax^2}$ のグラフと $\boldsymbol{y=mx+n}$ のグラフの交点は，最大で2つあって，その $\boldsymbol{x}$ 座標は，連立方程式
$\begin{cases} y=ax^2 \\ y=mx+n \end{cases}$ すなわち
$\boldsymbol{ax^2=mx+n}$ を解いて求められる。

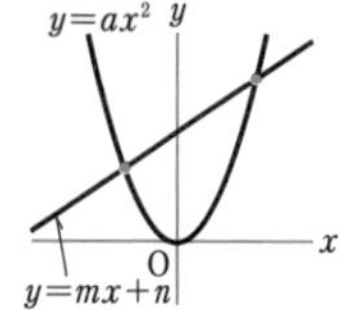

① $y=ax^2$ のグラフは，$a>0$ のとき上に開き，$a<0$ のとき下に開く。
② $y=ax^2$ の変化の割合は，1次関数と異なり，一定ではないことに注意しよう。
③ $y=ax^2$ で，x の変域に対する y の変域は，グラフのおおよその形をかいて求めよう。

例題 1　$y=ax^2$ の値の変化

(1) 関数 $y=ax^2$ において，x の値が -2 から 4 まで増加するときの変化の割合は -6 である。このとき，a の値を求めなさい。

(2) 関数 $y=ax^2$ において，x の変域が $-2\leqq x\leqq 1$ のとき，y の変域は $0\leqq y\leqq 8$ である。a の値を求めなさい。

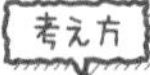

(1) $\boldsymbol{a(p+q)}$ の公式を使う。
(2) グラフのおおよその形をかいて考える。
y の変域が $0\leqq y\leqq 8$ であるから，グラフは上に開いている。

(1) $a(-2+4)=-6$　$a=\boldsymbol{-3}$
(2) 右のグラフより，$x=-2$ のとき $y=8$ である。これを $y=ax^2$ に代入して，
$8=a\times(-2)^2$
$4a=8$　$\boldsymbol{a=2}$

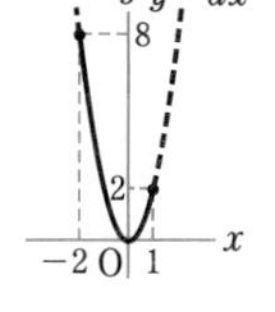

例題 2　放物線と直線

右の図のように，放物線 $y=x^2$ と直線 $y=-x+6$ が 2 点 A，B で交わっている。次の問いに答えなさい。

(1) 2 点 A，B の座標を求めなさい。

(2) △OAB の面積を求めなさい。

(3) 放物線上の 2 点 A，B の間に，△AOB=△APB となるような点 P をとるとき，点 P の座標を求めなさい。

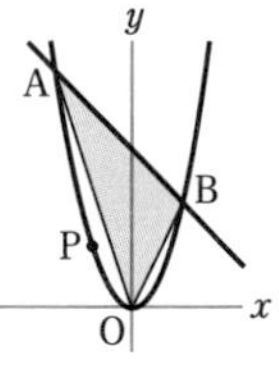

考え方

(1) 連立方程式
$$\begin{cases} y=x^2 \\ y=-x+6 \end{cases}$$
を解いて，x，y の値を求める。

(2) △OAB
=△OCA
　+**△OCB**

(3) △AOB
=△APB
になるのは
AB∥OP となるときである。

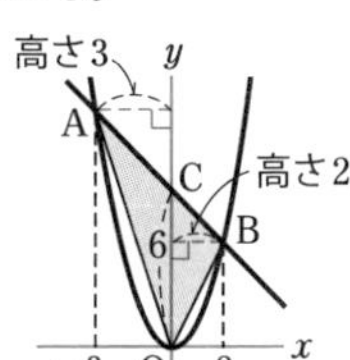

(1) $x^2=-x+6$ より，$x=2$，$x=-3$
$x=2$ のとき，$y=\boldsymbol{4}$
$x=-3$ のとき，$y=\boldsymbol{9}$
答 **A(−3, 9)，B(2, 4)**

(2) $\triangle\mathrm{OAB}=\dfrac{1}{2}\times6\times3+\dfrac{1}{2}\times6\times2=\boldsymbol{15}$

(3) 直線 OP の傾きは，直線 AB の傾きと等しく **−1** だから，直線 OP の式は $y=-x$
よって，$y=x^2$ と $y=-x$ の連立方程式を解いて，$x^2=-x$ より，$x=-1$，0
P の x 座標は -1 で，y 座標は $y=\boldsymbol{1}$
答 **P(−1, 1)**

月　日

平面図形

1 図形の移動 ☆

1 図形の移動

㋐ 平行移動　㋑ 回転移動　㋒ 対称移動

A　A′　B′　C′　B　C

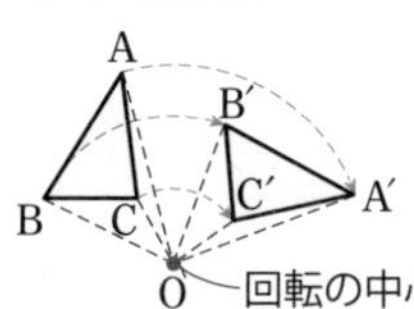

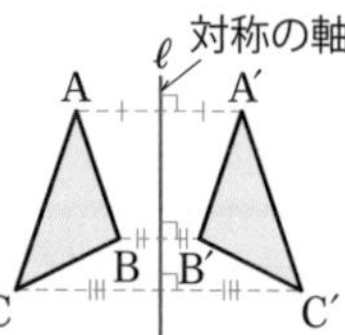

▶ここがポイント

2 直線 AB，CD が平行であることを AB∥CD と書き，2 直線 AB，CD が垂直であることを AB⊥CD と書く。

2 基本の作図 ☆☆☆

1 作図のしかた

㋐ 垂直二等分線　㋑ 角の二等分線　㋒ 垂線

① ② ①　A　B

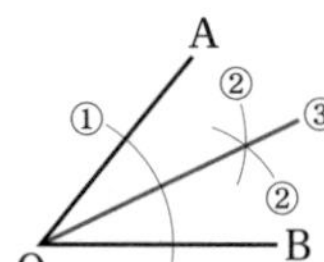

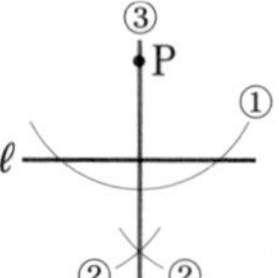

▶ここがポイント

直線 ℓ 上の点 P を通る ℓ の垂線は下の図のようになる。

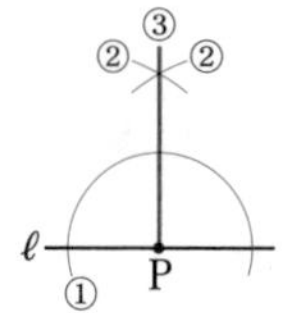

2 垂直二等分線・角の二等分線の性質

・コレ重要・

☞線分 AB の垂直二等分線上の点は，2 点 A，B から等しい距離にある。

☞∠AOB の二等分線上の点は，2 辺 OA，OB から等しい距離にある。

作図は定規とコンパスだけしか使わないよ。

3 円とおうぎ形 ☆☆

1 弧・弦・中心角

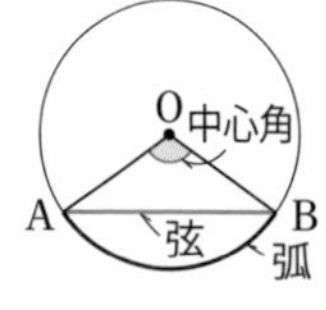

2 接線…接点を通る半径に垂直である。

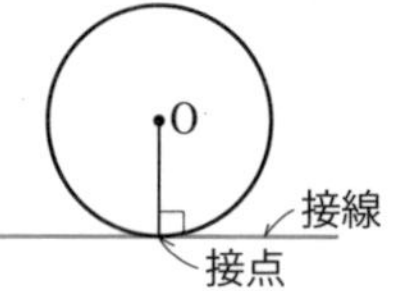

3 おうぎ形の弧の長さと面積…半径 r，中心角 $x°$ のおうぎ形において，

㋐ 弧の長さ　$\ell=2\pi r\times\frac{x}{360}$

㋑ 面積　$S=\pi r^2\times\frac{x}{360}$　または，$S=\frac{1}{2}\ell r$

ℓ　S　$x°$　r

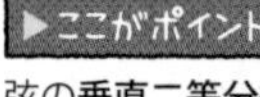

弦の**垂直二等分線**は，円の**中心**を通る。

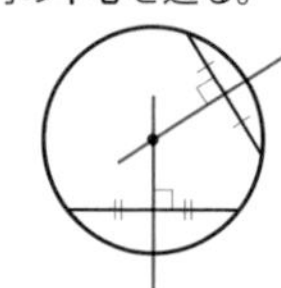

① 図形の移動の種類とその違いを理解しておこう。
② 作図の問題はどの性質を使うのか見極めることが大切である。
③ おうぎ形の弧の長さと面積の公式を覚え，確実に求められるようにしておこう。

例題 1 作　図

次の点を作図によって求めなさい。

(1) 辺 BC に垂直で頂点 A を通る直線上にあり，2 辺 AB，BC から等しい距離にある点 P

(2) 点 A で直線 ℓ に接し，点 B を通る円の中心 O

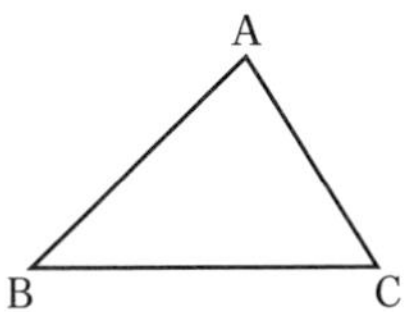

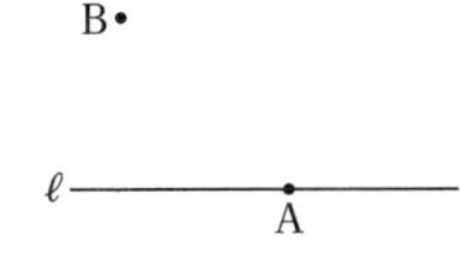

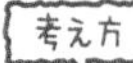

(1) 角をつくる 2 辺から等しい距離にある点は，角の**二等分線**上にある。
(2) OA＝OB より，点 O は線分 AB の**垂直二等分線**上にある。
また，OA⊥ℓ になる。

(1)

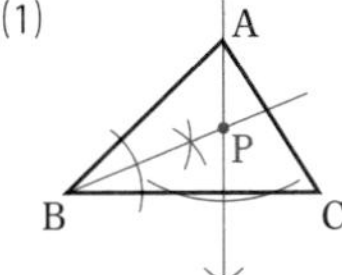

(2)

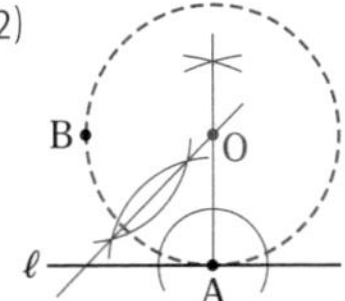

例題 2 図形の回転

右の図のように，AB＝6 cm，BC＝8 cm，AC＝10 cm の長方形 ABCD を，点 C を回転の中心として時計回りに 90°回転移動させて，長方形 A′B′CD′ の位置へ移した。辺 AB が通過してできる部分の面積を求めなさい。

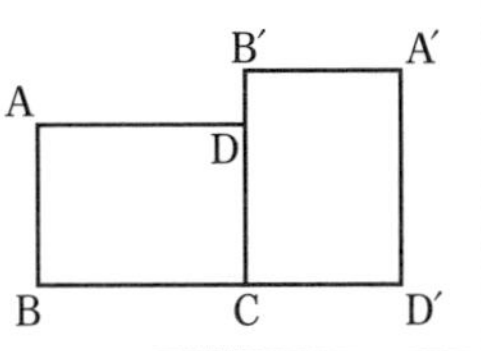

考え方

辺 AB が通過してできる部分は，下の図の色のついた部分である。

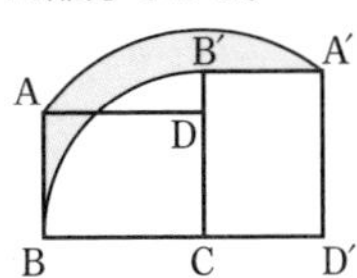

下の図より，おうぎ形 ECF の面積からおうぎ形 **B′CB** の面積をひけばよいから，

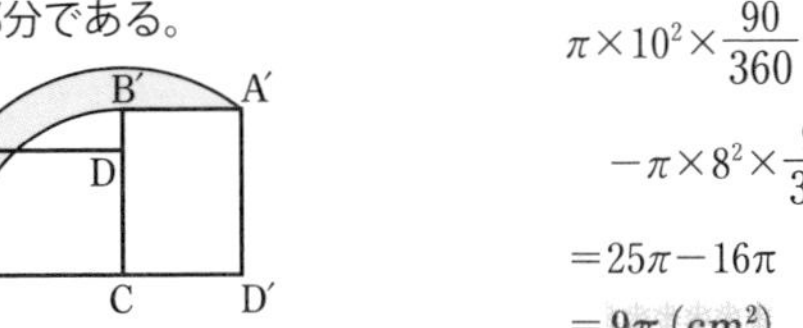

$$\pi\times10^2\times\frac{90}{360}$$
$$-\pi\times8^2\times\frac{90}{360}$$
$$=25\pi-16\pi$$
$$=\mathbf{9\pi\ (cm^2)}$$

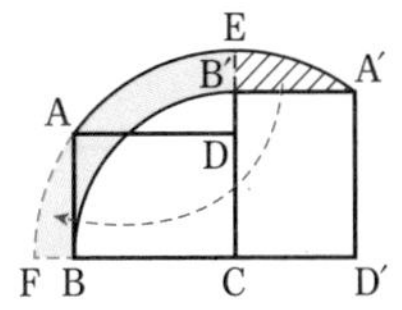

社会　理科　数学　英語　国語

月　日

空間図形

1 直線や平面の位置関係 ☆

❶ **ねじれの位置**…空間内で，平行でなく交わらない２つの直線は**ねじれの位置にある**という。

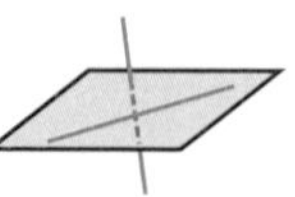

2 いろいろな立体とその表し方 ☆☆

❶ **多面体**…いくつかの平面で囲まれた立体を**多面体**という。多面体のうち，すべての面が合同な正多角形で，どの頂点に集まる面の数も等しく，へこみのないものを**正多面体**という。

❷ **回転体**…１つの直線を**軸**として，平面図形を回転させてできる立体。

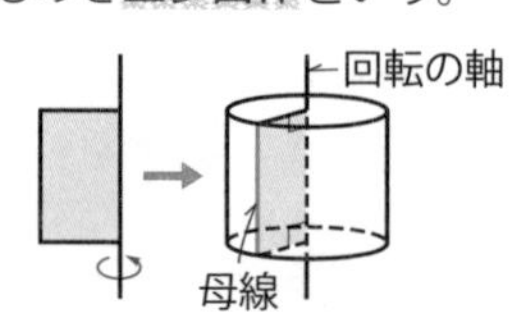

❸ **投影図**…立体を，正面から見た図（立面図）と真上から見た図（平面図）で表すことができる。

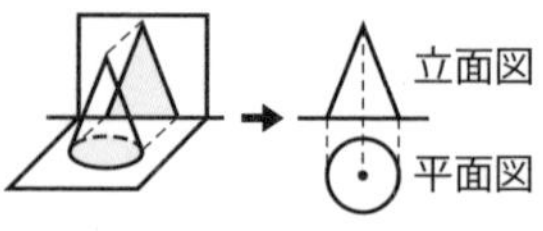

3 立体の体積と表面積 ☆☆☆

❶ **角柱・円柱の体積**…$V=Sh$
（底面積 S，高さ h，体積 V）

❷ **角錐・円錐の体積**…$V=\frac{1}{3}Sh$
（底面積 S，高さ h，体積 V）

❸ **角柱・円柱の表面積**…底面積×2＋側面積

❹ **角錐・円錐の表面積**…底面積＋側面積

・コレ重要・

☞ 特に，底面の半径が r，母線の長さが ℓ の円錐の側面積 S は，$S=\pi\ell^2\times\frac{2\pi r}{2\pi\ell}=\pi\ell r$

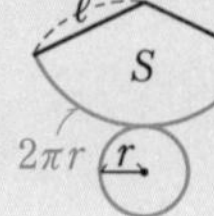

❺ **球の体積と表面積**…$V=\frac{4}{3}\pi r^3$，$S=4\pi r^2$
（球の半径 r，体積 V）（球の半径 r，表面積 S）

▶ここがポイント

正多面体

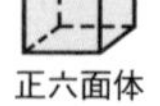

正四面体　正六面体

正八面体　正十二面体

正二十面体

正多面体は５種類だけである。

▶ここがポイント

角柱や**円柱**の側面の展開図は長方形で，縦の長さは立体の高さに等しく，横の長さは**底面の周の長さ**に等しい。

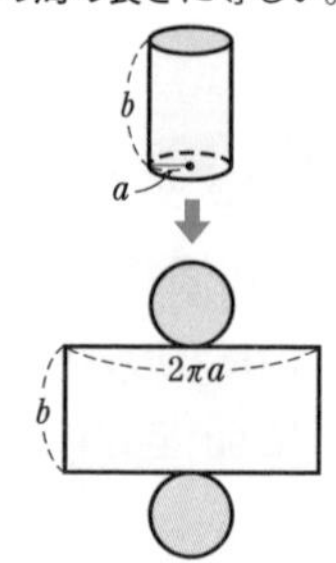

▶ここがポイント

円錐の側面の中心角

$a^\circ=360^\circ\times\frac{r}{\ell}$

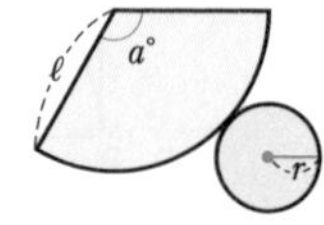

① 直線や平面の位置関係を理解しておこう。特にねじれの位置がよく問われる。
② 回転体の問題は，見取図をかいて考えるとよい。
③ 立体の展開図をかいたり，表面積や体積を求められるようにしておこう。

例題 1 直線や平面の位置関係

右の図は，正四面体の展開図である。この展開図を組み立てたときにできる正四面体で，辺 AB とねじれの位置にある辺はどれですか。

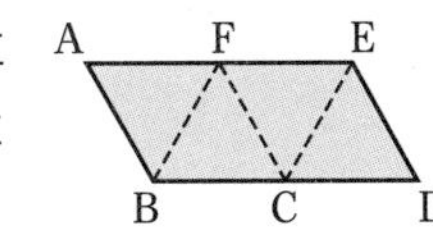

考え方 **見取図**をかいて，辺 AB と**平行**でなく，交わらない辺を見つける。

解答

左の見取図より，辺 AB とねじれの位置にある辺は，**辺 CF**

例題 2 回転体の体積

右の図形を，直線 ℓ を軸として 1 回転してできる立体の体積を求めなさい。

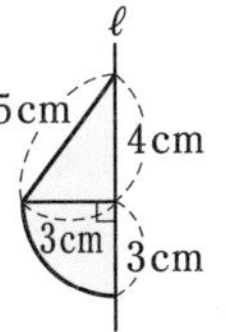

考え方 見取図は右のようになる。**円錐**の体積と**半球**の体積に分けて考える。

解答

円錐の体積は，$\dfrac{1}{3}\times\pi\times3^2\times4=12\pi\ (\mathrm{cm}^3)$

半球の体積は，$\dfrac{4}{3}\pi\times3^3\times\dfrac{1}{2}=18\pi\ (\mathrm{cm}^3)$

よって，$12\pi+18\pi=$ **$30\pi\ (\mathrm{cm}^3)$**

例題 3 立体の表面積

右の図の立体の表面積を求めなさい。ただし，(1)は正四角錐，(2)は円柱である。

(1)

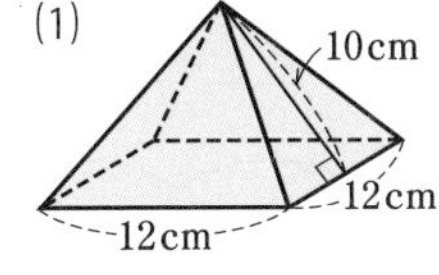

(2)

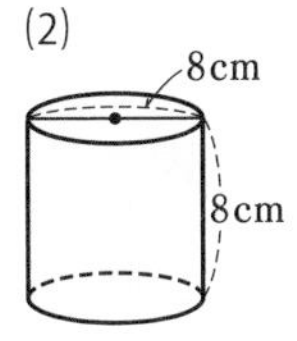

考え方
(1) (正方形)＋(二等辺三角形)×4
(2) **展開図**をかいて求める。

解答

(1) $12\times12+\dfrac{1}{2}\times12\times10\times4=$ **$384\ (\mathrm{cm}^2)$**

(2) $\underbrace{\pi\times4^2\times2}_{\text{底面積}}+\underbrace{8\times8\pi}_{\text{側面積}}=$ **$96\pi\ (\mathrm{cm}^2)$**

月　日

平行と合同

1 平行線と多角形 ☆☆

1 対頂角…2直線が交わるとき，交点のまわりにできる**対頂角**は等しい。
右の図で，$\angle a=\angle c$，$\angle b=\angle d$

2 平行線の性質…右の図で，$\ell /\!/ m$ ならば，

㋐ $\angle a=\angle c$（**同位角**が等しい。）

㋑ $\angle b=\angle c$（**錯角**が等しい。）

㋒ $\angle b+\angle d=180°$

3 平行線になる条件…2直線に1つの直線が交わるとき，同位角または錯角が等しければ，その2直線は平行である。

4 三角形の内角・外角

㋐ 三角形の内角の和は180°である。

㋑ 三角形の**外角**は，それととなり合わない2つの内角の和に等しい。

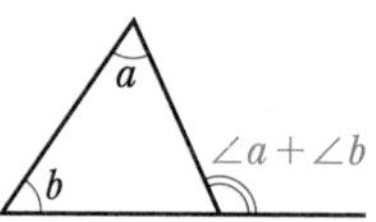

5 多角形の内角・外角

㋐ n 角形の内角の和は，$180°\times(n-2)$

㋑ 多角形の外角の和は，360°

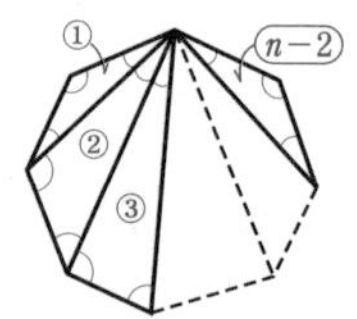

2 合同条件 ☆☆☆

1 三角形の合同条件…次のどれかが成り立つとき，2つの三角形は合同である。

・コレ重要・

☞㋐ 3組の辺がそれぞれ等しい。
☞㋑ 2組の辺とその間の角がそれぞれ等しい。
☞㋒ 1組の辺とその両端の角がそれぞれ等しい。

2 直角三角形の合同条件

㋐ **斜辺**と**1つの鋭角**がそれぞれ等しい。

㋑ **斜辺**と**他の1辺**がそれぞれ等しい。

▶ここがポイント

㋐

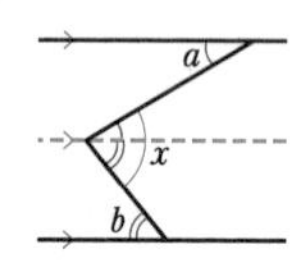

$\angle x=\angle a+\angle b$

㋑

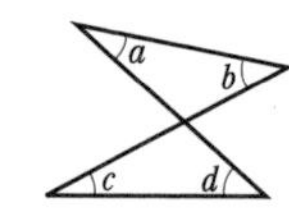

$\angle a+\angle b=\angle c+\angle d$

㋒

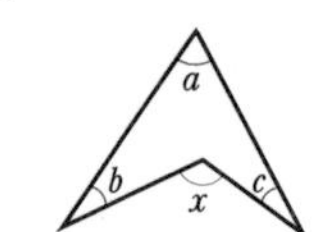

$\angle x=\angle a+\angle b+\angle c$

▶ここがポイント

図形の証明では，**仮定**と**結論**をはっきりさせる。仮定から出発して，筋道を立てて結論を導くのが証明である。

注意 **直角三角形の合同の証明では，まず最初に直角三角形の合同条件㋐，㋑を考える。これが使えないときは，一般の三角形の合同条件を考える。**

▶ここがポイント

直角三角形の直角に対する辺を**斜辺**という。

合格アドバイス

① 平行線と角の問題は，同位角・錯角を使えるように平行な補助線をひこう。
② 多角形の内角の和の公式や外角の和が 360° であることは，覚えておこう。
③ 三角形の合同を証明する問題は，よく出題される。合同条件を見抜こう。

例題 1 平行線と多角形

右の図で，2 直線 ℓ，m は平行であり，五角形 ABCDE は正五角形である。このとき，$\angle x$，$\angle y$ の大きさを求めなさい。

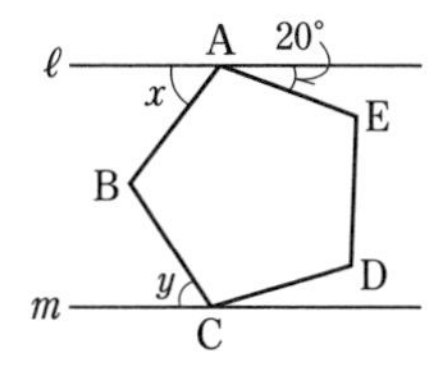

考え方 平行線をひいて考える。錯角が等しいことを利用する。

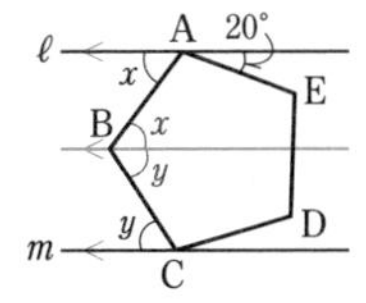

解答 正五角形の内角の和は，
$180° \times (5-2) = 540°$
よって，正五角形の 1 つの内角の大きさは，
$540° \div 5 = 108°$ だから，
$\angle x = 180° - (108° + 20°) =$ **52°**
左の図より，$\angle x + \angle y = 108°$
よって，$\angle y = 108° - 52° =$ **56°**

例題 2 三角形の合同条件

右の図のように，△ABC の辺 AC，BC をそれぞれ 1 辺として，三角形の外側に正方形 ACFG，正方形 BDEC をつくる。
このとき，AE＝FB であることを証明しなさい。

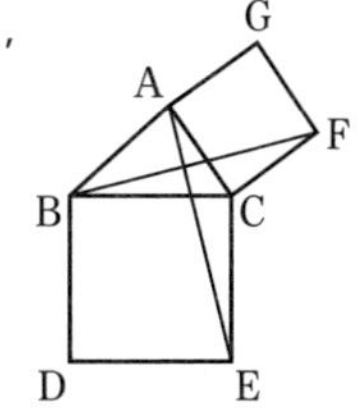

考え方 正方形の 4 つの辺はすべて等しく，4 つの角はすべて直角であることを利用して，△ACE≡**△FCB** であることを証明する。

解答 △ACE と △FCB において，
仮定より，AC＝FC ……①
　　　　　CE＝**CB** ……②
また，∠ACE＝∠ACB＋90° ……③
　　　∠FCB＝∠ACB＋90° ……④
③，④より，∠ACE＝**∠FCB** ……⑤
①，②，⑤より，2 組の辺とその間の角がそれぞれ等しいから，△ACE ≡**△FCB**
合同な図形の対応する**辺**は等しいから，
AE＝FB

月　日

三角形と四角形

1 三角形 ☆☆☆

❶ **二等辺三角形の定義**… 2 辺が等しい三角形。

❷ **二等辺三角形の性質**

㋐ 2 つの底角は等しい。

㋑ 頂角の二等分線は底辺を垂直に 2 等分する。

❸ **二等辺三角形になるための条件**… 2 つの角が等しい三角形は，二等辺三角形である。

❹ **正三角形の定義**… 3 辺が等しい三角形。

❺ **正三角形の性質**… 3 つの角が等しく，すべて60°である。

2 平行四辺形 ☆☆☆

❶ **平行四辺形の定義**… 2 組の対辺がそれぞれ平行な四角形。

❷ **平行四辺形になるための条件**

コレ重要

☞㋐ 2 組の対辺がそれぞれ平行である。（定義）
☞㋑ 2 組の対辺がそれぞれ等しい。
☞㋒ 2 組の対角がそれぞれ等しい。
☞㋓ 対角線がそれぞれの中点で交わる。
☞㋔ 1 組の対辺が平行でその長さが等しい。

3 特別な平行四辺形と等積変形 ☆

❶ **長方形の定義**… 4 つの角がすべて等しい四角形。

ひし形の定義 … 4 つの辺がすべて等しい四角形。

正方形の定義… 4 つの角がすべて等しく，4 つの辺がすべて等しい四角形。

❷ **対角線に関する性質**…長方形の対角線の長さは等しい。

ひし形の対角線は垂直に交わる。

正方形の対角線の長さは等しく，垂直に交わる。

❸ **等積変形**…右の図で $\ell /\!/ BC$ のとき，

△ABC＝△A′BC＝△A″BC

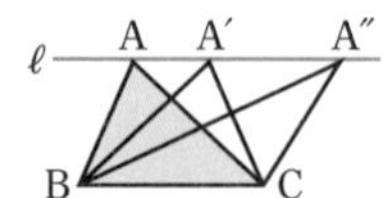

▶ここがポイント

平行四辺形の性質

㋐ 2 組の対辺はそれぞれ等しい。

㋑ 2 組の対角はそれぞれ等しい。

㋒対角線はそれぞれの中点で交わる。

▶ここがポイント

平行四辺形の特別な性質

㋐となり合う角の和は 180°

㋑対角線の中点を通る直線によって分けられる 2 つの図形は合同である。

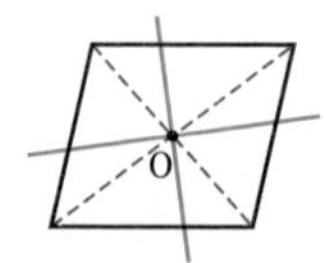

▶ここがポイント

あることがらが成り立たない例を**反例**という。

▶ここがポイント

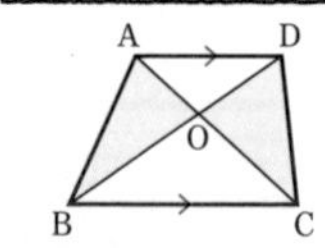

台形 ABCD では，AD∥BC より，

△ABC＝△DBC

だから，

△AOB

＝△ABC－△OBC

△DOC

＝△DBC－△OBC

より，

△AOB＝△DOC

① 二等辺三角形では，まず「２つの底角は等しい」を使うことを考えよう。
② 平行四辺形の定義や性質，平行四辺形になるための条件は証明で確実に使えるようにしよう。
③ 長方形・ひし形・正方形の定義と性質を確実に覚えておこう。

社会
理科
数学
英語
国語

例題 1 平行四辺形と三角形

右の図において，四角形 ABCD は平行四辺形である。BA の延長線上に，BC＝BE となるように点 E をとり，EC と AD の交点を F とするとき，AE＝AF であることを証明しなさい。

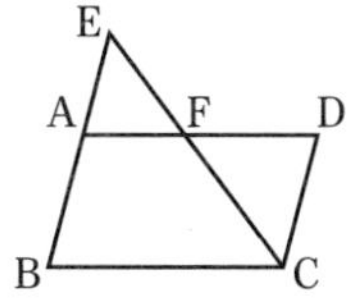

考え方 AE＝AF であることを証明するためには，△AEF が**二等辺三角形**になればよいから，**∠AEF＝∠AFE** であることをいえばよい。

解答 △BCE において，
BC＝BE だから，∠BCE＝**∠BEC**
つまり，∠BCE＝∠AEF ……①
四角形 ABCD は平行四辺形だから，
AD∥BC
同位角が等しいから，
∠AFE＝**∠BCE** ……②
①，②より，∠AEF＝∠AFE
2 つの角が等しいから，△AEF は**二等辺三角形**である。
よって，AE＝AF

例題 2 平行四辺形になるための条件

右の図のように，▱ABCD の対角線 BD 上に，BE＝DF となる 2 点 E，F をとる。点 A，E，C，F を順に結んでできる四角形 AECF は平行四辺形であることを証明しなさい。

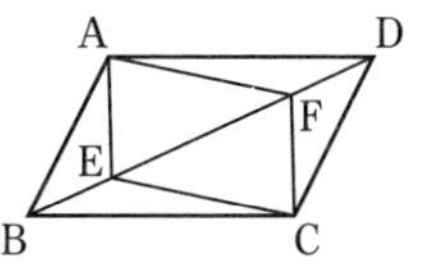

考え方 下の図のように**対角線** AC をひいて考える。

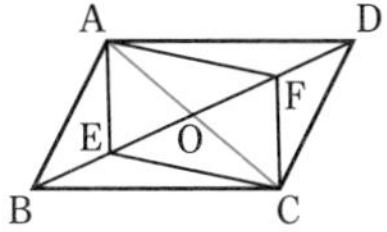

解答 ▱ABCD の対角線の交点を O とすると，
平行四辺形の性質より，
OA＝**OC** ……①
OB＝OD
また，OE＝OB－BE，OF＝OD－DF
仮定より，BE＝DF だから，
OE＝OF ……②
①，②より，対角線がそれぞれの**中点**で交わるから，四角形 AECF は平行四辺形である。

月　日

相似な図形

1 相似な図形 ☆☆

1 相似な図形の性質

㋐ 対応する**線分の長さの比**はすべて等しい。
　（相似比という）

㋑ 対応する**角の大きさ**はそれぞれ等しい。

2 三角形の相似条件…次のどれかが成り立つとき，2 つの三角形は**相似**である。

・コレ重要・

☞㋐ 3 組の辺の比がすべて等しい。
☞㋑ 2 組の辺の比とその間の角がそれぞれ等しい。
☞㋒ 2 組の角がそれぞれ等しい。

2 平行線と線分の比 ☆☆☆

1 平行線と線分の比…DE∥BC のとき，次の比が成り立つ。

㋐
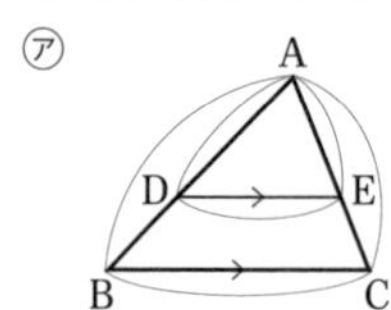

㋑
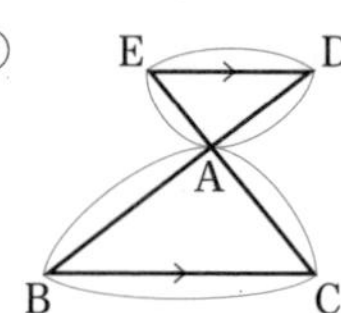

㋒
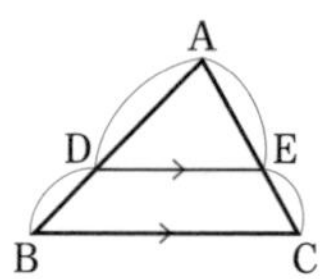

AD：AB＝AE：AC＝DE：BC　（3 組の辺の比）

AD：DB＝AE：EC　（2 組の辺の比）

2 線分の比と平行線…**1**の図で AD：AB＝AE：AC，または，AD：DB＝AE：EC が成り立てば，DE∥BC である。

3 中点連結定理…右の図で，

$\begin{cases} \mathbf{AM=MB} \\ \mathbf{AN=NC} \end{cases}$ **ならば，** $\begin{cases} \mathbf{MN /\!/ BC} \\ \mathbf{MN=\frac{1}{2}BC} \end{cases}$

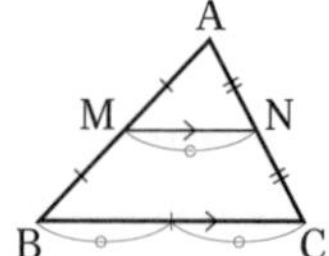

3 相似な図形の面積比と体積比 ☆☆

1 相似な図形の面積比…相似な 2 つの図形で，**相似比**が $m:n$ ならば，面積比は $\boldsymbol{m^2:n^2}$

2 相似な立体の表面積比と体積比…相似な 2 つの立体で，**相似比**が $m:n$ ならば，**表面積比**は $\boldsymbol{m^2:n^2}$，**体積比**は $\boldsymbol{m^3:n^3}$

注意　三角形の相似条件は，「**2 組の角がそれぞれ等しい。**」を使うことが多い。対頂角，共通な角，錯角に注目する。

▶ここがポイント

下の図の平行線でも，次の比が成り立つ。

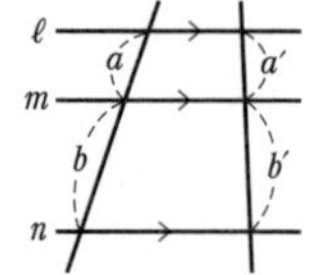

$\ell /\!/ m /\!/ n$ ならば，
$\boldsymbol{a:b=a':b'}$

▶ここがポイント

角の二等分線の定理

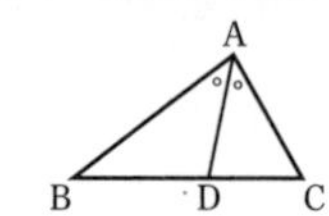

上の図で
AB：AC＝BD：DC
が成り立つ。

▶ここがポイント

高さが等しい三角形では，面積比は**底辺の比**に等しい。

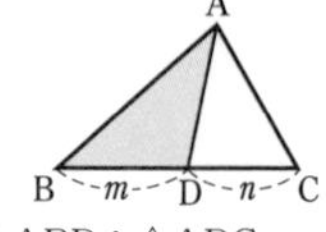

△ABD：△ADC
$=m:n$

合格アドバイス

① 三角形の相似の証明は，ほとんどが「２組の角」の相似条件を使えばできる。
② 平行線と線分の比は，平行四辺形や台形と組み合わせて使われる。
③ 複雑な図形では，相似な三角形がいくつも隠れているので，見抜こう。

例題 1　三角形の相似条件と相似比

右の図において，次の問いに答えなさい。

(1)　△ABC∽△AED であることを証明しなさい。

(2)　BC＝7 cm のとき，DE の長さは何 cm ですか。

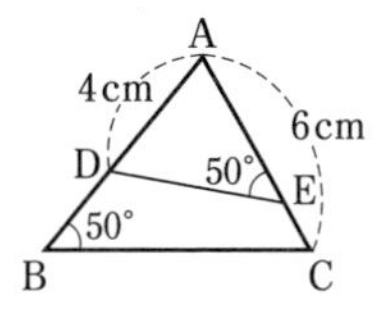

考え方　(2) AC：AD＝6：4＝**3：2**
BC と ED は対応しているので，
BC：ED＝3：2

(1) △ABC と △AED において，∠A は共通，∠ABC＝∠AED＝50°　**2組の角** がそれぞれ等しいから，△ABC∽△AED

(2) 7：ED＝3：2　DE＝$\mathbf{\frac{14}{3}}$ **(cm)**

例題 2　平行線と線分の比

次の図で，x，y の値をそれぞれ求めなさい。

(1)

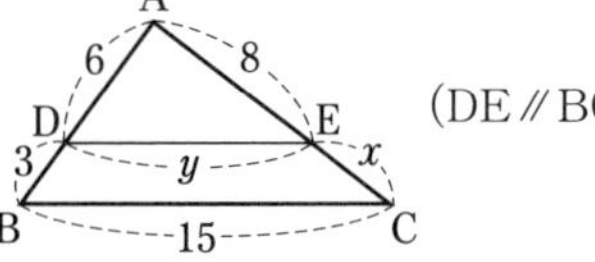

(DE∥BC)

(2)

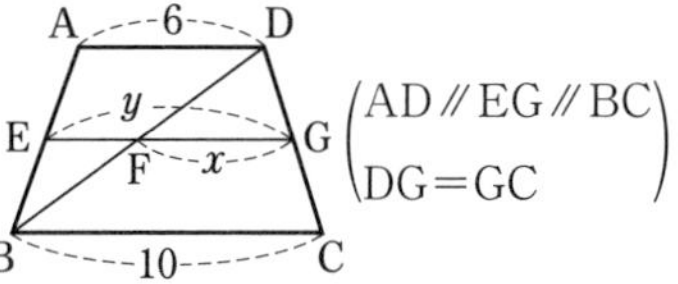

(AD∥EG∥BC
DG＝GC)

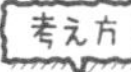
(1) y：15＝AD：AB
(2) △BAD，△DBC に**中点連結定理**を利用する。

(1) 8：x＝6：3　$\boldsymbol{x}$**＝4**　y：15＝6：9　$\boldsymbol{y}$**＝10**

(2) $x=\frac{1}{2}\times10=\mathbf{5}$　$y=5+\frac{1}{2}\times6=\mathbf{8}$

例題 3　相似な図形の面積比

右の図の ▱ABCD で，MN∥AB，AM：MD＝2：1，点 P は対角線 AC と線分 MN の交点である。

(1)　△APM と △CPN の面積比を求めなさい。

(2)　△APM と ▱ABCD の面積比を求めなさい。

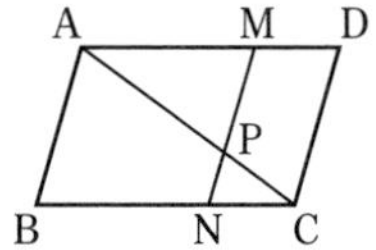

考え方　(1) **△APM∽△CPN** であることを利用する。
(2) **△APM∽△ACD** であることを利用する。

(1) MD＝NC より，AM：CN＝**2：1** だから，
△APM：△CPN＝2^2：1^2＝**4：1**

(2) AM：AD＝**2：3** だから，
△APM：△ACD＝2^2：3^2＝4：9
よって，△APM：▱ABCD＝4：(9×2)＝**2：9**

月　日

三平方の定理

1 三平方の定理 ☆☆

❶ **三平方の定理**…直角三角形の直角をはさむ2辺の長さをa，b，**斜辺**(直角の対辺)の長さをcとすると，$a^2+b^2=c^2$ が成り立つ。

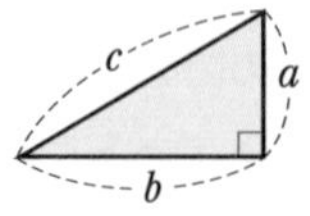

❷ **三平方の定理の逆**…三角形の3辺の長さa，b，cの間に，$a^2+b^2=c^2$ の関係が成り立てば，その三角形は長さcの辺を**斜辺**とする**直角三角形**である。

❸ **特別な直角三角形の3辺の比**

・コレ重要・

☞㋐ 直角二等辺三角形
☞㋑ 30°，60°，90°の直角三角形

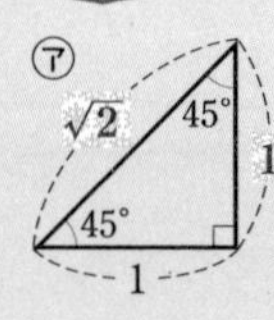

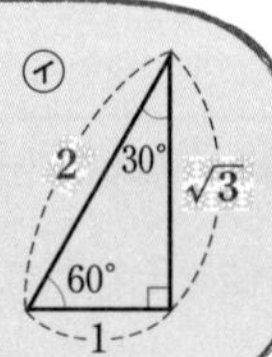

▶ここがポイント
直角三角形では，2辺の長さがわかれば，残りの辺の長さが求められる。左の図で，
$a=\sqrt{c^2-b^2}$
$b=\sqrt{c^2-a^2}$
$c=\sqrt{a^2+b^2}$

▶ここがポイント
特別な直角三角形(45°，45°，90°や，30°，60°，90°)では，1つの辺の長さがわかれば，残りの辺の長さもわかる。

2 平面図形への利用 ☆☆☆

❶ **長方形の対角線の長さ**

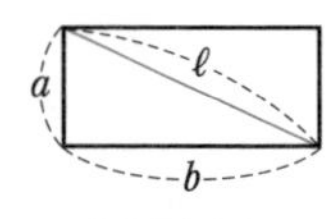

$\ell=\sqrt{a^2+b^2}$

❷ **正三角形の高さと面積**

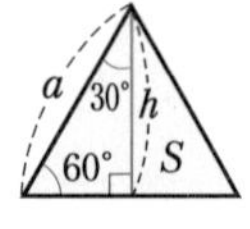

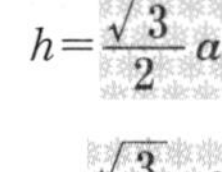

$h=\dfrac{\sqrt{3}}{2}a$

$S=\dfrac{\sqrt{3}}{4}a^2$

❸ **2点間の距離**

$A(x_1,\ y_1)$，$B(x_2,\ y_2)$ 間の距離は，
$\sqrt{(x_1-x_2)^2+(y_1-y_2)^2}$

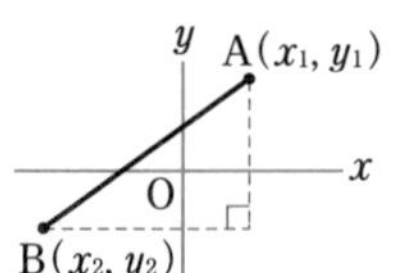

3 空間図形への利用 ☆

❶ **直方体の対角線の長さ**

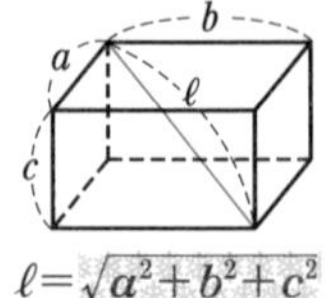

$\ell=\sqrt{a^2+b^2+c^2}$

❷ **正四角錐の高さ**

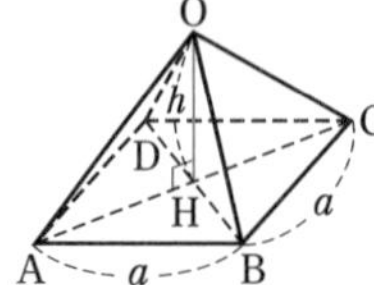

$h=\sqrt{OA^2-AH^2}$

$AH=\dfrac{\sqrt{2}}{2}a$

▶ここがポイント
1辺aの**立方体の対角線の長さ**は，直方体で$a=b=c$と考えて，
$\sqrt{a^2+a^2+a^2}$
$=\sqrt{3}a$

▶ここがポイント
正四角錐の表面積を求めるとき，左の図でABの中点をMとすると，
$OM=\sqrt{OA^2-AM^2}$
から，△OABの面積が求められる。

① 三平方の定理 $a^2+b^2=c^2$ では，c が斜辺，a，b が直角をはさむ辺である。
② 正方形の半分の辺の比は $1:1:\sqrt{2}$，正三角形の半分の辺の比は $1:2:\sqrt{3}$
③ 三平方の定理を使うには図形の中に隠れている直角三角形を見つけよう。

例題 1　三平方の定理

右の図で，x の値を求めなさい。

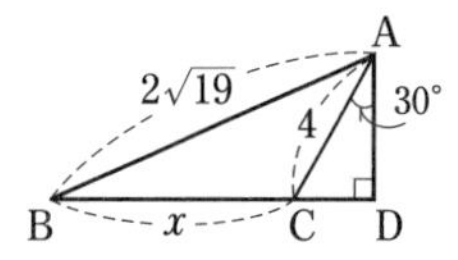

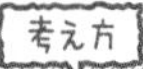

△ACD は 30°，60°，90° の**直角三角形**だから，辺の比は，
CD : AC : AD $=1:2:\sqrt{3}$

AC=4 より，CD=**2**，AD=$\mathbf{2\sqrt{3}}$
△ABD で，BD$=\sqrt{(2\sqrt{19})^2-(2\sqrt{3})^2}=8$
よって，$x=8-2=$**6**

例題 2　平面図形への利用

次の問いに答えなさい。

(1) 2 点 $(3,\ -2)$，$(-4,\ 5)$ 間の距離を求めなさい。

(2) 右の図で，PA は円の接線で，点 A はその接点である。PA の長さを求めなさい。

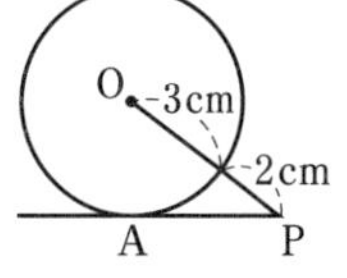

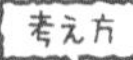

(2) 円の接線は接点を通る半径に**垂直**だから，
OA⊥PA

(1) $\sqrt{\{3-(-4)\}^2+(-2-5)^2}=\sqrt{98}=\mathbf{7\sqrt{2}}$
(2) OA=3 cm だから，
PA$=\sqrt{(3+2)^2-3^2}=\sqrt{16}=$**4 (cm)**

例題 3　空間図形への利用

右の図のような底面が 1 辺 10 cm の正方形，側面が 1 辺 10 cm の正三角形である正四角錐がある。

(1) この正四角錐の側面積を求めなさい。

(2) この正四角錐の体積を求めなさい。

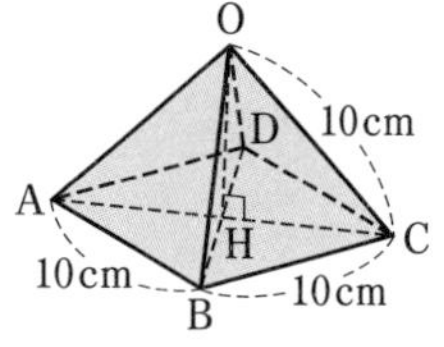

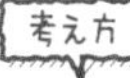

(1) 正三角形の面積の 4 倍である。
(2) △COH は**直角三角形**である。
OH$=\sqrt{\text{OC}^2-\text{CH}^2}$，
CH$=\dfrac{\sqrt{2}}{2}\times10=5\sqrt{2}$ (cm)

(1) 1 辺 a cm の正三角形の面積は $\dfrac{\sqrt{3}}{4}a^2$ cm^2
だから，$\dfrac{\sqrt{3}}{4}\times10^2\times4=$ $\mathbf{100\sqrt{3}}$ **(cm²)**
(2) OH$=h$ とすると，CH$=5\sqrt{2}$ cm より，
$h=\sqrt{10^2-(5\sqrt{2})^2}=\sqrt{50}=\mathbf{5\sqrt{2}}$ **(cm)**
体積は，$\dfrac{1}{3}\times10^2\times5\sqrt{2}=\mathbf{\dfrac{500\sqrt{2}}{3}}$ **(cm³)**

月　日

円

1 円周角 ☆☆☆

1 円周角…円 O において，$\overset{\frown}{AB}$ を除いた周上の点を P とするとき，**∠APB** を $\overset{\frown}{AB}$ に対する**円周角**という。

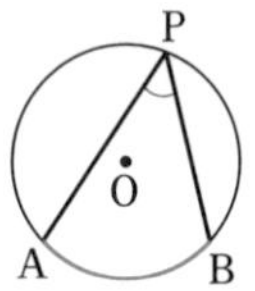

2 円周角の定理

・コレ重要・

☞ 1 つの弧に対する円周角の大きさは一定であり，その弧に対する中心角の半分である。

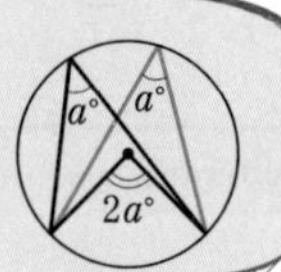

3 直径と円周角…線分 AB を**直径**とする円の周上に A，B と異なる点 P をとれば，∠APB＝**90°** である。

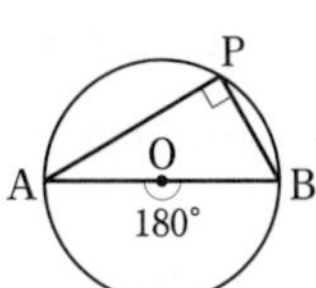

4 円周角の定理の逆…2 点 P，Q が直線 AB について同じ側にあって，**∠APB＝∠AQB** ならば，4 点 A，B，P，Q は 1 つの**円周上**にある。

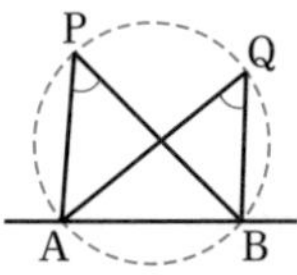

2 円の性質の利用 ☆☆

1 円外の 1 点からの接線…円外の 1 点からその円にひいた 2 つの**接線の長さは等しい**。

右の図で，PA＝**PB**

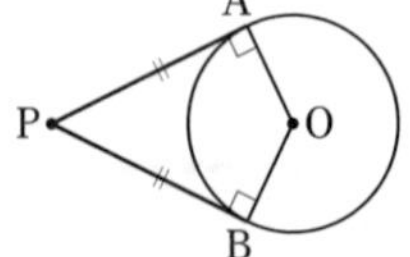

2 円に内接する四角形…四角形が円に**内接**するとき，

㋐ 1 組の対角の和は **180°** である。

㋑ 1 つの**外角**はそれととなり合う内角の**対角**に等しい。

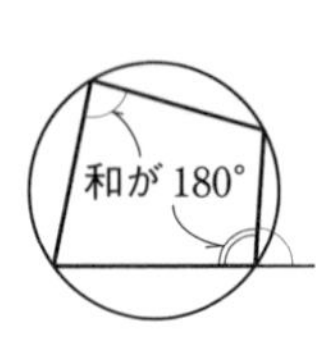

▶ここがポイント

中心角が 180° より大きいときでも，

$\angle APB = \frac{1}{2}\angle AOB$

は成り立つ。

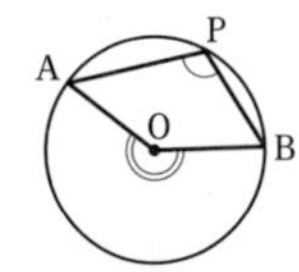

▶ここがポイント

2 つの半径と弦で囲まれた三角形は**二等辺三角形**になる。

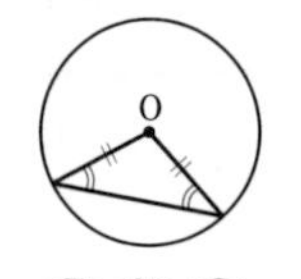

▶ここがポイント

円周角と弧

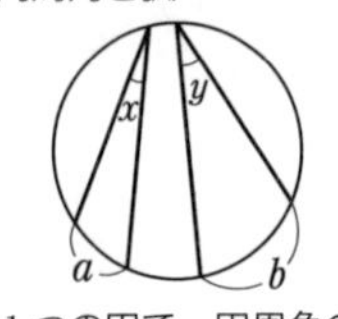

1 つの円で，円周角の大きさは弧の長さに比例する。

$x : y = a : b$

合格アドバイス

① 角度を求める問題では，どの弧に対する円周角・中心角であるのかをしっかり見極めて考えるようにしよう。

② 円周角だけでなく，相似や三平方の定理と組み合わせた問題がよく出る。

例題 1 円周角

右の図で，$\angle x$ の大きさを求めなさい。ただし，(2)の点 O は円の中心である。

(1)
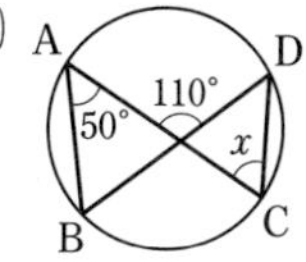

(2)
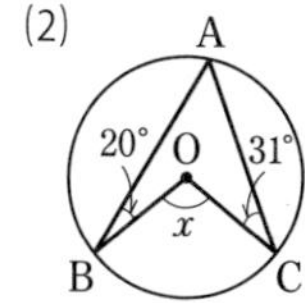

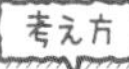

(1) $\angle BDC=\angle BAC=50°$

(2) O と A を結ぶと，△OAB と △OAC は**二等辺三角形**になる。

(1) $\angle x+50°=110°$　$\angle x=110°-50°=$ **60°**

(2) $\angle OAB=20°$，$\angle OAC=31°$ だから，

$\angle x=2\times\angle BAC=2\times(20°+31°)=$ **102°**

例題 2 円の性質の利用

右の図で，円 O は直角三角形 ABC と 3 点 P，Q，R で接している。AP＝1 cm，PB＝3 cm のとき，辺 AC の長さを求めなさい。

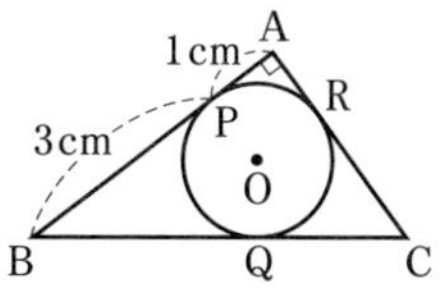

考え方

CQ＝CR＝x cm として，△ABC に**三平方の定理**を利用する。

AR＝AP＝1 cm，BQ＝BP＝3 cm

CQ＝CR＝x cm とすると，$BC^2=AB^2+AC^2$

より，$(3+x)^2=(1+3)^2+$ **$(1+x)^2$**　$x=2$

よって，AC＝1＋2＝**3 (cm)**

例題 3 円と相似

右の図のように，線分 AB を直径とする半円の円周上に点 C，D を $\widehat{AC}=\widehat{CD}$ となるようにとる。弦 AC の延長と弦 BD の延長の交点を E とするとき，△ABC∽△EAD であることを証明しなさい。

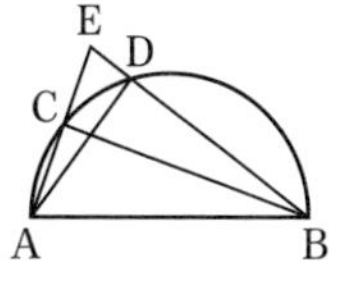

考え方

AB は**直径**だから，

$\angle ACB=\angle ADB=$ **90°**

また，$\widehat{AC}=\widehat{CD}$ だから，

$\angle ABC=\angle CAD$

△ABC と△ EAD において，

$\angle EDA=180°-$ **$\angle ADB$** $=90°$ だから，

$\angle ACB=\angle EDA=90°$ ……①

$\widehat{AC}=\widehat{CD}$ だから，$\angle ABC=$ **$\angle EAD$** ……②

①，②より，**2 組の角**がそれぞれ等しいから，

△ABC∽△EAD

16 データの活用

1 データの分布 ☆☆

❶ **相対度数**…その階級の度数÷度数の合計

❷ **累積度数，累積相対度数**…最初の階級からその階級までの度数の**合計**を**累積度数**，最初の階級からその階級までの相対度数の**合計**を**累積相対度数**という。

❸ **範　囲**…最大値－最小値

❹ **四分位数**…データを 4 等分したとき，3 つの区切りの値を**四分位数**という。

❺ **四分位範囲**…第 3 四分位数－第 1 四分位数

❻ **箱ひげ図**…最大値，最小値，四分位数を右の図のように 1 つにまとめたもの。

通学時間

階級（分）	度数（人）	相対度数	累積相対度数
以上　未満			
0～10	6	0.20	0.20
10～20	9	0.30	0.50
20～30	12	0.40	0.90
30～40	3	0.10	1.00
計	30	1.00	

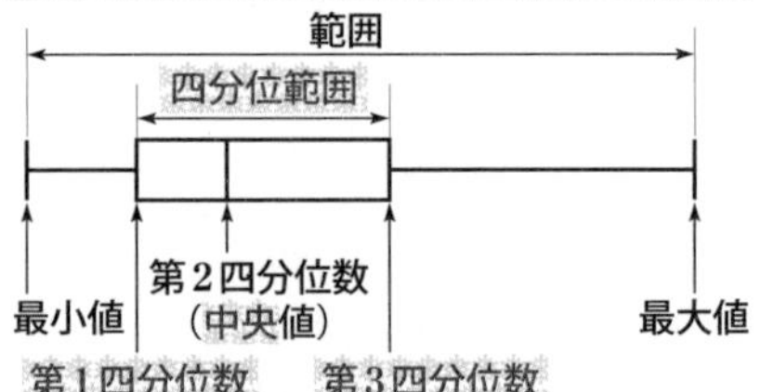

2 確　率 ☆☆☆

❶ **確率の求め方**

・コレ重要・

☞ 起こりうるすべての場合が n 通りで，それらの起こり方は同様に確からしいとする。そのうち，ことがら A の起こる場合が a 通りであるとき，ことがら A の起こる確率 p は，$p=\frac{a}{n}$

❷ **確率の性質**

㋐ あることがらAの起こる確率を p とすると，$\mathbf{0 \leqq p \leqq 1}$

㋑ Aの起こらない確率を q とすると，$\mathbf{q=1-p}$

▶ここがポイント

3 枚の硬貨 A，B，C を投げたとき，表や裏の出る場合の数を求めるとき，下のような**樹形図**を用いるとよい。

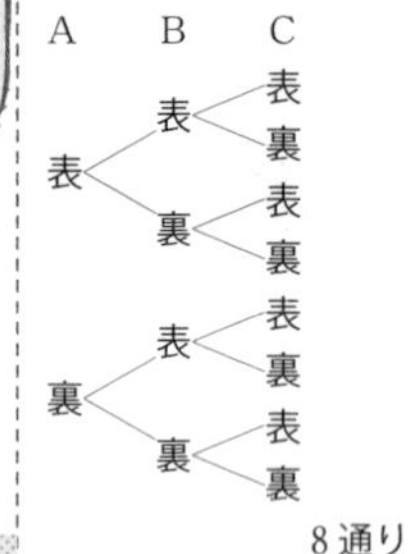

8 通り

3 標本調査 ☆

❶ **全数調査と標本調査**…集団にふくまれるすべてのものについて行う調査を**全数調査**といい，集団の一部を調べ，その結果から集団の状況を推定する調査を**標本調査**という。

❷ **母集団と標本**……調査対象全体を**母集団**といい，調査のために母集団から取り出されたものの集まりを**標本**という。

合格アドバイス

① 箱ひげ図のしくみを理解し，かけるようにしておこう。
② 確率を求めるとき，樹形図や表を使って，場合の数を考えよう。
③ 調査の結果や標本と母集団の関係をしっかり理解することが大切である。

例題 1 データの分布

右の図は，あるクラスの 22 人が春休みに読んだ本の冊数を，ヒストグラムに表したものである。このデータについて，箱ひげ図をかきなさい。

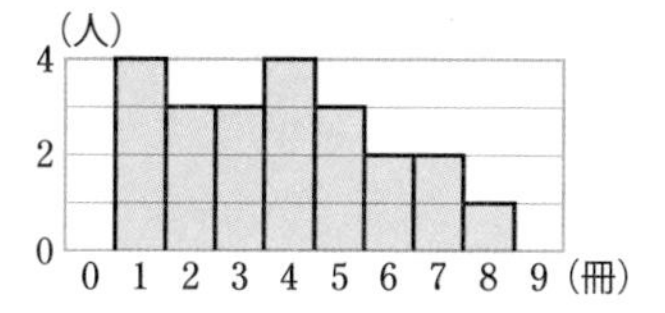

考え方　全員で 22 人だから，第 2 四分位数は，冊数の少ない方から 11 番目と 12 番目の値の平均値になる。

解答

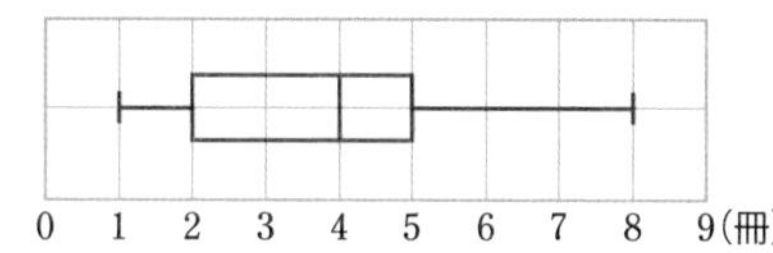

例題 2 確　率

5 本のうち，当たりが 2 本入っているくじがある。このくじを，同時に 2 本引くとき，少なくとも 1 本が当たる確率を求めなさい。

考え方　**当たり**を①，②，**はずれ**を❸，❹，❺で表す。「少なくとも 1 本が当たる」とは，「すべてのくじの引き方」から「2 本ともはずれ」の場合をひく。

解答　「少なくとも 1 本が当たる確率」
＝1－「2 本ともはずれの確率」
くじの引き方は全部で，10 通り。
このうち，2 本ともはずれは {❸，❹}，{❸，❺}，{❹，❺} の 3 通り。

よって，求める確率は，$1-\frac{3}{10}=\mathbf{\frac{7}{10}}$

例題 3 標本調査

袋の中に白玉だけがたくさん入っている。その個数を調べるために，同じ大きさの赤玉 30 個を白玉の入っている袋の中に入れ，よくかき混ぜた後，その中から 30 個の玉を無作為に抽出して調べたら，赤玉が 5 個ふくまれていた。袋の中の白玉はおよそ何個と考えられますか。

考え方　標本と母集団の白玉の個数と赤玉の個数の比が等しいと考える。

解答　袋の中の白玉の個数を x 個とすると，

$x:30=(30-5):5$　$x=\frac{30\times25}{5}=\mathbf{150}$

答 **およそ 150 個**

月　日

動詞と代名詞

POINT 1　動詞の活用とは ☆☆☆

原形	Please **cook** dinner tonight.	(今晩夕食をつくってください。)
現在形	I **cook** dinner every day.	(私は毎日夕食をつくります。)
過去形	I **cooked** dinner yesterday.	(私は昨日夕食をつくりました。)
現在分詞形	I am **cooking** dinner.	(私は夕食をつくっています。)
過去分詞形	Dinner is **cooked** by me.	(夕食は私によってつくられます。)

[活用形とその意義]

1 **活用形**…規則的に変化するもの(cook など)と不規則に変化するもの(be など)がある。

意　味	原　形	現在形	過去形	過去分詞形	現在分詞形
料理する	cook	cook (cooks)	cooked	cooked	cooking
～である	be	am・is	was	been	being
		are	were		

5つの活用形は単独で，または他の語と組んで，それぞれの役目を果たす。

2 **原　形**…do(n't)，does(n't)，did(n't)という疑問・否定形をつくる**助動詞**や，will，may，must，can のように，何かの意味をつけ加える**助動詞と組む**。**不定詞をつくる**。**命令文に使う**。

3 **現在形**…**現在の状態・習慣**，**真理**を表すときに使う。
〔主語が**3人称**(にんしょう)で**単数**なら(e)s のついた形を使う。〕

4 **過去形**…**過去のこと**を表すときに使う。

5 **過去分詞形**…〈be 動詞＋過去分詞形〉の形で**受け身**をつくる。
〈have〔has〕＋過去分詞形〉の形で**現在完了**(かんりょう)**形**をつくる。単独で**名詞を修飾**(しゅうしょく)**する**(形容詞的用法)。

6 **現在分詞形**…〈be 動詞＋現在分詞形〉の形で**進行形**をつくる。単独で**名詞を修飾する**(形容詞的用法)。

注意　be 動詞は例外だが，一般動詞は **cook**，**cooks** のように現在形のみ2つある（1つは3人称単数現在)。
study→studies のように語尾(ごび)が変化する語に注意。

注意　英語の動詞には現在形・過去形はあるが，未来形はない。未来のことは原形を助動詞 will などと組み合わせて表す。

▶ここがポイント

be 動詞の現在形は，単数の1人称は **am**，2人称は **are**，3人称は **is**，複数は人称を問わず **are** になる。

合格アドバイス

① 規則変化動詞か不規則変化動詞かは，動詞ごとに覚える必要がある。
1つ1つの活用形を確実に覚えていくこと。

② 人称代名詞の格変化を理解して使い分けられるようになろう。

社会　理科　数学　英語　国語

POINT 2 人称代名詞の格変化 ☆☆

That's Tom. **He** likes science.
（あちらはトムです。**彼は**理科が好きです。）

Mary is **his** sister. She likes **him** very much.
（メアリーは**彼の**妹です。彼女は**彼が**とても好きです。）

文中での働きのちがいによって，主格・所有格・目的格を使い分ける。

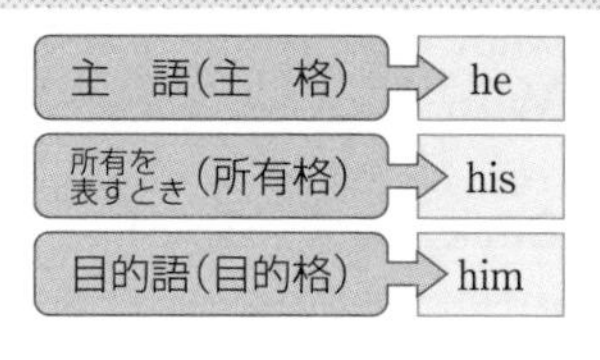

[人称代名詞の格変化]

1 格変化表

	人　称	主　格	所有格	目的格	所有代名詞
単数形	1人称	I	my	me	mine
	2人称	you	your	you	yours
	3人称	he	his	him	his
		she	her	her	hers
		it	its	it	
複数形	1人称	we	our	us	ours
	2人称	you	your	you	yours
	3人称	they	their	them	theirs

2 所有代名詞…「〜の(もの)」を表す。

▶ This is **my** pen. That's **hers** (=her pen).
（これは**私の**ペンです。あれは**彼女**(かのじょ)**のもの**です。）

・コレ重要・
☞「所有代名詞」＝「所有格＋名詞」

注意 目的格は前置詞のあとでも使う。
I play tennis with **him**.
〈前置詞〉〈目的格〉

▶ここがポイント

所有格はあとに名詞が続く。
I like **his pen**.
〈所有格〉

所有代名詞は「**〜の(もの)**」という意味で，独立して用いる。
This is my pen.
That's **his**.
〈所有代名詞〉

発展 人称(にんしょう)代名詞にはこのほか「**〜自身**」を表す -self や -selves で終わるものがあり，再(さい)帰(き)代名詞と呼ばれる。
I asked **myself**.
（私は**自分自身に**問いかけた。）

入試直前チェック ✔

次の文中の(　)内より，適当な語を選びなさい。

☐ 1．He is (read, reading) a book now.
☐ 2．(Were, Did) you use this bag ?
☐ 3．Do you know (she, her) ?
☐ 4．Look at this computer. It's (my, mine).

解答

1．**reading**
2．**Did**
3．**her**
4．**mine**

月　日

いろいろな疑問詞

POINT 3 疑問代名詞が主語の場合の答え方 ☆☆

who，what，which を主語にしてたずねられた場合，**主語で答えを言う。**

Who came here first ?　（だれが最初にここへ来たのですか。）

↓

Becky did (= came).　（ベッキーでした。）〔代動詞 did を使う。〕

疑問文の動詞に can などの**助動詞**があるときや，**be 動詞**や完了形の **have**〔**has**〕があるときには，代動詞は使わない。

▶ Who **can** sing well ? — Mary **can**.

（誰(だれ)が上手に歌うことができますか。— メアリーです。）

▶ What **is** in this box ? — A pen **is**.

（この箱の中には何がありますか。— 1 本のペンです。）

注意　代動詞は do, does, did の 3 つ。一般動詞の代わりをする。

POINT 4 付加疑問文・間接疑問文 ☆☆

付加疑問文　You like English, **don't you** ?
主になる文　つけ加えた疑問文

間接疑問文　I don't know + when **she will** come here.
When will she come here ? . . .

1 付加疑問文…主になる文のあとにつけて，「～ですね」と念をおしたり，同意を求めたりする。

▶ You like English, **don't you** ?　（あなたは英語が好きですね。）

〈付加疑問文のつくり方〉

▶ 主になる文の〈S＋V〉を疑問の語順に ──→ do you like

▶ 肯定(こうてい)→否定，否定→肯定に変える ──→ don't you like

▶ 動詞を省いて文末に置く。

▶ You're from Osaka, **aren't you** ?　（あなたは大阪出身ですね。）
→ are you → aren't you

▶ He didn't come yesterday, **did he** ?　（彼(かれ)は昨日来ませんでしたね。）
→ didn't he come → did he come

▶ ここがポイント

主になる文に助動詞や be 動詞があるときは，それぞれのルールで疑問文をつくる。
They are happy, **aren't they** ?

合格アドバイス

① 疑問文・否定文のつくり方の基本について確認しておこう。
② 付加疑問文・間接疑問文のつくり方の復習をしておこう。

❷ **間接疑問文**…疑問詞疑問文（直接疑問文）がほかの文の一部になった形。疑問詞のあとは平叙文（へいじょ）の語順になる。

▶ When **was he** born？ （彼はいつ生まれたのですか。）
→ I don't know **when he was born**.
（私は彼がいつ生まれたか知りません。）

▶ Where **do you live**？ （あなたはどこに住んでいますか。）
→ I know **where you live**.
（私はあなたがどこに住んでいるか知っています。）

▶ Where **does he live**？ （彼はどこに住んでいますか。）
→ I know **where he lives**.
（私は彼がどこに住んでいるか知っています。）

▶ Where **did he live**？ （彼はどこに住んでいましたか。）
→ I know **where he lived**.
（私は彼がどこに住んでいたか知っています。）

▶ How many brothers **does he have**？
（彼には何人の兄弟がいますか。）
→ I know **how many brothers he has**.
（私は彼に何人の兄弟がいるか知っています。）

・コレ重要・
☞間接疑問文の前半にくる部分が疑問文でも，疑問詞の後は平叙文の語順になる。

注意 **Who came here？**のように，主語が疑問詞でS+Vが疑問形でないときは，I know **who came here**. のように語順はそのままで良い。

注意 疑問詞が連語のときは，疑問詞句のあとに平叙文を置く。

入試直前チェック ✓

次の文中の（　）内より，適当な語句を選びなさい。

☐ 1．Ken has a brother, (isn't, don't, doesn't) he？
☐ 2．Do you know how old (is she, she is)？
☐ 3．Will you tell me (who, when) went there？
☐ 4．I don't know what it (mean, means).
☐ 5．Please tell me (which, when) bus we should take.

解答

1．doesn't
2．she is
3．who
4．means
5．which

月　日

命令文・感嘆表現など

POINT 5　命令文の形と意味 ☆☆

命令文は動詞の原形で文を始める。
Come here at once.　（すぐに来て。）

[命令文の種類]

① **肯定命令文**…「指示」「依頼（いらい）」の意味になることもある。

▶ **Open** your books to page ten.
（あなたたちの本の 10 ページを**開きなさい**。）〈**指示**〉

▶ **Open** the window, **please**.
↳ please は文頭につけてもよい
（窓を**開けてください**。）〈**依頼**〉

「命令」・「指示」・「依頼」は，前後関係により決定される。

② **否定命令文**…動詞の原形の前に don't をつける。

▶ **Don't run** in the room.　（部屋の中を**走らないで**。）

▶ **Don't be** afraid of the dog.　（そのイヌをこわが**らないで**。）

③ **注意すべき命令文**…〈**命令文＋and …**〉「～しなさい，**そうすれば**…」，〈**命令文＋or …**〉「～しなさい，**そうしないと**…」

▶ Get up at once, **and** you'll be in time for school.
（すぐに起きなさい，**そうすれば**学校に間に合うだろう。）
→ **If** you get up at once, you'll be in time for school.

▶ Get up at once, **or** you'll be late for school.
（すぐに起きなさい，**そうしないと**学校に遅（おく）れるだろう。）
→ **If** you don't get up at once, you'll be late for school.

・コレ重要・
☞Don't+動詞の原形～.「～しないで。」　Let's+動詞の原形～.「～しよう。」
Please+動詞の原形～.　動詞の原形～+, please.「～してください。」

注意　付加疑問をつけて依頼の意味にすることもある。
Open the window, will you?

注意　〈**依頼**〉の場合は **please** をつけることが多い。

▶ここがポイント
be 動詞の原形は be なので，You are kind. の命令文は Be kind. である。

参考　〈Let's＋動詞の原形～.〉も命令文の一種で「～しよう」と**誘（さそ）う言い方**である。

POINT 6　感嘆表現の形と意味 ☆

感心・喜び・驚きなどの強い感情は，**what** か **how** で始まる形で表すことができる。
What a big dog !　**How** big !　**How** fast !

合格アドバイス

① 〈命令文＋and ...，命令文＋or ...〉の形の意味と，if を使った文への書きかえに注意。
② what, how で始まる感嘆表現の違いを確認しておこう。
③ SVOO では O≠O，SVOC では O＝C であることを確認しておこう。

［感嘆表現の種類］

① **what で始まる型**…〈形容詞＋名詞〉を強めるときの型。

▶ **What a tall boy !**　（なんと背の高い少年だろう。）

▶ What interesting books !　（なんとおもしろい本だろう。）

② **how で始まる型**…形容詞のみ，副詞のみを強めるときの型。

▶ **How tall !**　（なんと背が高いのだろう。）

▶ How slow !　（なんとゆっくりしていることだろう。）

注意　名詞が単数形のときは a か an が必要。

注意　感嘆表現には〈!〉，すなわち感嘆符（＝エクスクラメーションマーク）をつける。

POINT 7　第４・５文型 ☆☆☆

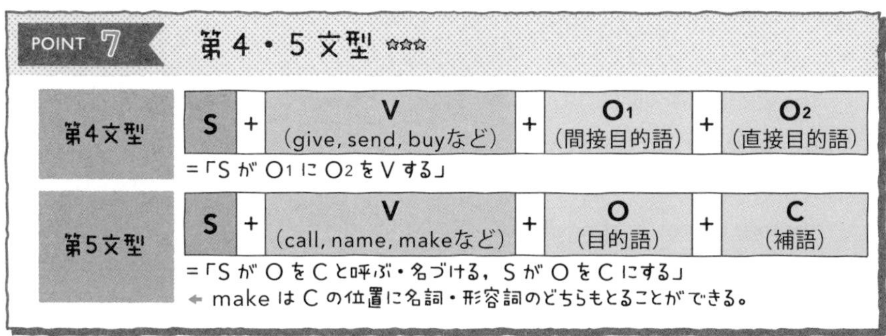

第4文型	S	＋	V (give, send, buyなど)	＋	O1 (間接目的語)	＋	O2 (直接目的語)

＝「S が O1 に O2 を V する」

第5文型	S	＋	V (call, name, makeなど)	＋	O (目的語)	＋	C (補語)

＝「S が O を C と呼ぶ・名づける，S が O を C にする」
← make は C の位置に名詞・形容詞のどちらもとることができる。

▶ I gave ***him*** **a camera**.　（私は彼にカメラをあげた。）

▶ Yukiko bought ***me*** **some soft drinks**.
（由紀子は私に清涼飲料を買ってくれた。）

▶ They call ***me*** **Ken-chan**.　（彼らは私をケンチャンと呼ぶ。）

▶ She named ***her baby*** **Aya**.
（彼女は赤ちゃんをアヤと名づけた。）

▶ He made ***me*** **happy**.　（彼は私を幸せにした。）

▶ He made ***his son*** **a doctor**.　（彼は息子を医者にした。）

▶ここがポイント

第４文型の文は次のような語順にもできる。
I gave a camera **to** him.
Yukiko bought some soft drinks **for** me.
（注）for になるのは，動詞が buy，make，find などの場合。

入試直前チェック ✓

次の文中の（　）内より，適当な語を選びなさい。

- [ ] 1．(Don't，Be) kind to old people.
- [ ] 2．Run to the station, (and，or) we can catch the train.
- [ ] 3．(How，What) a nice boy !
- [ ] 4．(Show，See，Watch) me your passport, please.

解答

1．**Be**
2．**and**
3．**What**
4．**Show**

接続詞

POINT 8 接続詞の働き ☆☆

接続詞は，**語(句)どうし・文どうし**をつなぐもの(等位接続詞)と，**文どうしだけ**をつなぐもの(従位接続詞)がある。

語句1 and 語句2 / 文1 and 文2 } 等位接続詞　　When 文1, 文2. } 従位接続詞

[接続詞の種類]

① **等位接続詞**…語句と語句，文と文を**対等の関係**でつなぐ。

▶ He **and** I are good friends.　(彼(かれ)と私は親友です。)
〔he と I は対等の関係。〕

▶ Do you have a cup of coffee before dinner **or** after dinner?
(あなたは夕食前**か**夕食後かどちらにコーヒーを飲みますか。)
〔before dinner と after dinner は対等の関係。〕

▶ I like coffee, **but** he doesn't like it.
(私はコーヒーが好きです**が**，彼は好きではありません。)
〔I like coffee と he doesn't like it は対等の関係。〕

② **従位接続詞**…文と文をつなぐ。**片方の文がもう片方の一部になる。**

▶ I know **that** learning English is fun.
(私は英語を学ぶのはおもしろい**ということ**を知っています。)
that learning English is fun は，I know him. I know that book. のように I know ☐. という文の一部になっている。I know を**主節**，that 以下を**従(属)節**という。

▶ **When** he was young, he was strong.　(he 以下→従節)
(彼は若い**とき**，強かった。)
→ He was strong **when** he was young.　(he 以下→従節)
when 以下は「彼は強かった」のはいつごろかを言うだけなので，he was strong と対等の関係とはいえない。

参考　文と文をつないだ場合，それぞれはもう文とは言わず，**節**と言う。
She went there. …文
They stayed home. ……文
She went there, but they stayed home.
下線部分はそれぞれ節という。

注意　接続詞が that 以外の場合，主節と従節の並べ方は逆になってもよい。

① 接続詞の意味を確認しておこう。
② 従位接続詞の節の時制に注意しよう。
③ 別の接続詞を使った書きかえを復習しておこう。

▶ **If** you like this, I'll give it to you.
（もし君がこれを好き**なら**，君にそれをあげるよ。）

→ I'll give this to you **if** you like it.
出てくる順の関係で逆になる

▶ He went to bed **after** he finished the homework.
（彼(かれ)は宿題を終えた**あとに**寝ました。）

→ **After** he finished the homework, he went to bed.

従位接続詞は，ほかに though ～（～だけれど），before ～（～の前に），because ～（～ので）などがある。

▶ ここがポイント

If it **is** fine, we will go on a picnic.（もし晴れなら，ピクニックへ行くつもりだ。）のように，if, when, after などの条件や時を表す節の中では，**未来のことも現在形**で表す。

POINT 9 接続詞を用いた表現 ☆☆☆

He is **so** kind **that** he is liked by everybody.
（彼はとても親切なので，すべての人に好かれています。）

▶ He does**n't** play soccer **but** baseball.
（彼はサッカー**ではなく**野球をします。）

▶ I studied **both** English **and** German.
（私は英語**と**ドイツ語**の両方**を勉強しました。）

▶ **Not only** he **but also** she doesn't like eggs.
（彼**だけでなく**彼女(かのじょ)**も**卵が好きではありません。）

▶ I need **either** a pen **or** a pencil.
（私にはペン**か**えんぴつ**のどちらか**が必要です。）

注意 so ～ that … の … の中に can't があるときは，too ～ to … の文に書きかえることができる。
例 He is **so** old **that** he **can't** swim. = He is **too** old **to** swim.

・コレ重要・

☞so ～ that …「とても～なので…」，both ～ and …「～と…の両方とも」，either ～ or …「～か…のどちらか」

入試直前チェック ✓

次の文中の（　）内より，適当な語を選びなさい。

- [ ] 1．Shin (and, or, but) Saki are my classmates.
- [ ] 2．She is popular (because, though) she is kind.
- [ ] 3．He is (so, too) busy (if, that) he can't see you.
- [ ] 4．(If, After) it rains tomorrow, I'll stay home.

解答

1．and
2．because
3．so, that
4．If

前置詞

POINT 10　前置詞とは ☆☆

名詞（代名詞・動名詞）の前に置く。

例　I'm good *at* play tennis.　…×
　　I'm good *at* playing tennis.　…○
　　（私はテニスをするのが得意です。）

この「前置詞＋（代・動）名詞」を１つのグループとして考える。

前置詞＋	名　詞 代名詞 動名詞	１つの意味グループとして扱う。

［前置詞の意味と種類］

① 場所を表すもの

▶ I live **in this house**.　（私は**この家に**住んでいます。）

▶ There is a pen **on the desk**.　（**机の上に**ペンがあります。）

▶ Nagoya is **between Tokyo and Osaka**.　（between A and B の形をとる）
（名古屋は**東京と大阪の間に**あります。）

▶ I met Mr. Sato **in front of the station**.
（私は佐藤さんと**駅の前で**会いました。）

［その他の場所を表す前置詞］

behind ～（～の後ろに），before ～（～の前に），near ～（～の近くに），at ～（～に），by ～（～のそばに）など

② 時を表すもの

▶ I get up **at six** every morning.　（私は毎朝**6時に**起きます。）

▶ He was born **in April**.　（彼（かれ）は**4月に**生まれました。）

▶ Come back **by five**.　（**5時までに**帰ってきなさい。）

▶ You can stay here **until〔till〕five**.
（あなたはここに**5時まで**いることができます。）

▶ He has been sick **for a week**.　（彼は**1週間**病気です。）

［その他の時を表す前置詞］

on ～（～の日に），after ～（～のあとに），before ～（～の前に）など

・コレ重要・
☞時を表す前置詞　at＋時間など ＜ on＋曜日・日付など ＜ in＋月・季節・年

▶ここがポイント

日本語との語順の違（ちが）いに注意すること。
▶「この家の**中に**」
in this house
▶「机の**上に**」
on the desk

参考　in the house, in April の in はともに，「**ある範囲（はんい）の中で**」という点が共通する。
→「その家の中で」
→「4月に」

前置詞の意味を辞書でも調べてみてね。

合格アドバイス

① 前置詞は名詞の仲間と結びつけて，１つのグループとして考えよう。
② それぞれの前置詞の基本となる意味を確認しておこう。
③ 訳語は前置詞の使い方によって，自然な日本語をあてるようにしよう。

③ その他…A of B（ＢのＡ），for ～（～のために），to ～（～へ〔に〕），by ～（～によって），with ～（～といっしょに，～を使って），without ～（～なしで，～しないで）などがある。

▶ He gets money **by selling** books.
　↳前置詞のあとに動詞を置くなら動名詞
（彼(かれ)は本を**売ることによって**お金を得ています。）

▶ He went out **without saying** good-bye.
　↳前置詞のあとに動詞を置くなら動名詞
（彼はさようならを**言わないで**出て行きました。）

▶ Tokyo is **the capital of Japan**. （東京は**日本の首都**です。）

for

with

POINT 11 形容詞句と副詞句 ☆☆☆

The pen [on the desk] is mine. → 形容詞句
名詞
（机の上のペンは私のものです。）

He *put* the pen [on the desk]. → 副詞句
動詞
（彼は机の上にそのペンを置いた。）

▶ Look at *the boy* **under the tree**. ………boy を修飾(しゅうしょく)する。
（**木の下の〔にいる〕**少年を見なさい。） ──→形容詞句

▶ He *goes* to school **with Junko**. ………goes を修飾する。
（彼は**順子といっしょに**学校へ行く。） ──→副詞句

コレ重要
名詞を修飾するのは**形容詞**で，動詞を修飾するのは**副詞**。

▶ここがポイント
「前置詞＋名詞など」のように，２つ以上の語が集まり，１つのまとまった意味になったものを**句**という。

入試直前 チェック ✓

次の文中の（　）内に，適当な語を書きなさい。

□ 1．Yuki is studying（　　）her room.
□ 2．When was the man born ?
　— He was born（　　）March 3（　　）1995.
□ 3．I usually go to school（　　）bike.
□ 4．She wrote the letter（　　）that pen.
□ 5．Wash your hands（　　）having a meal.

解答
1．in
2．on, in
3．by
4．with
5．before

月　日

助動詞

POINT 12 助動詞の働きと意味 ☆☆☆

助動詞は動詞の前に置いて，その動詞に様々な意味をつけ加える。

He swims.　（彼は泳ぎます。）

He **can** swim fast.　（彼は速く泳ぐことができます。）

助動詞　動詞の原形

ことができる ＋　泳ぐ

［助動詞の表す意味］

助動詞に続く動詞は原形になる。

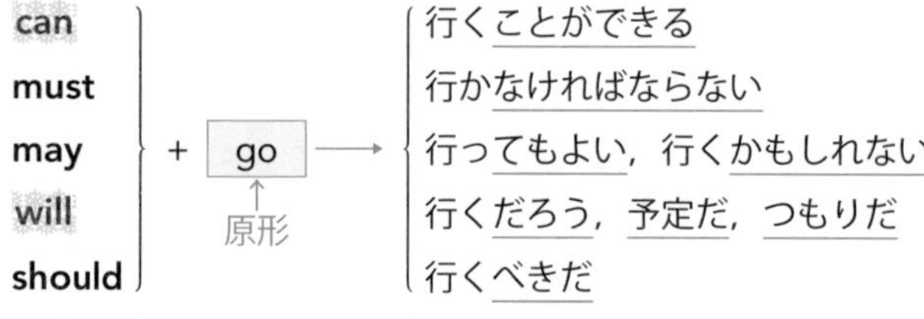

do，does，did および，それに not をつけた don't，doesn't，didn't も助動詞なので，次に続く動詞は原形になる。

▶ **Does** he eat fish？　（彼(かれ)は魚を食べますか。）
　└原形の eat（現在形ではない）

▶ We **didn't** buy the car.
　└原形の buy（現在形ではない）
（私たちはその自動車を買いませんでした。）

注意 **Shall I〔we〕～？** は相手に対し「私〔私たち〕に～してもらいたいかどうか」をたずねる表現。
日本語の **「～しましょうか」** にあたる。

注意 **Shall we ～？** は **「～しませんか」** のように誘う表現としても使われる。上の場合とは前後関係で区別する。

POINT 13 助動詞のある疑問文・否定文 ☆

原則として，助動詞のある疑問文・否定文は次のようになる。

〈疑問文〉 助動詞 ＋ 主　語 ＋ 動　詞 ～？

〈否定文〉 主　語 ＋ 助動詞 ＋ not ＋ 動　詞 ～.

［助動詞のある疑問文・否定文］

▶ He will come soon.　（彼はまもなく来るだろう。）

→**Will he** come soon？　（彼はまもなく来るだろうか。）

▶ He must stay here.　（彼はここに残らねばならない。）

→**Must he** stay here？　（彼はここに残らねばならないか。）

参考 Must ～？への答え方は，〈Yes, 主語＋must.〉か，〈**No, 主語＋don't〔doesn't〕have to.**〉の形を使う。

社会
理科
数学
英語
国語

合格アドバイス

① 助動詞やその働きをする語句のあとに動詞の原形が続くことを確認しよう。
② 助動詞を重ねて will can などとはできないので，「～できるだろう」という表現（will be able to ～）などを確認しておこう。

▶ They will take lunch here.　（彼らはここで昼食をとるだろう。）
→ They **won't** take lunch here.
（彼らはここでは昼食をとらないだろう。）

以下同様であるが，mustn't は「～してはいけない」（禁止の意味）となることに注意する。

▶ You **mustn't** go out.　（外出**してはいけない**。）

参考　〈助動詞＋not〉は**短縮形**になることがある。
will not → **won't**
cannot → **can't**
must not → **mustn't**
should not → **shouldn't**

POINT 14　助動詞の働きをする語句 ☆

助動詞と同じような働きをする語句をまとめておく。

be able to ～	→「～することができる」	→ can ～
have to ～	→「～しなければならない」	→ must ～
be going to ～	→「～する予定だ，つもりだ」	→ will ～

▶ He **is able to** speak Chinese well.
（彼は上手に中国語を話す**ことができる**。）

▶ We **have to** do this work before dark.
（私たちは暗くなる前にこの仕事を**しなければならない**。）

▶ I'm **going to** visit Kyoto.　（私は京都を訪れる**つもりです**。）

コレ重要

☞ be able to，be going to の疑問文・否定文は be 動詞，have to の疑問文・否定文は一般動詞と同じルールにしたがう。
☞ be able to，be going to の be，have to の have は主語や時制によって形がかわる。

▶ここがポイント

will can，will must の形はない。それぞれ，**will be able to**，**will have to** を使う。

助動詞を使った書きかえ問題がテストによく出るよ。

入試直前チェック

次の文中の（　）内より，適当な語句を選びなさい。

- [ ] 1．May (you, I) watch TV now？
- [ ] 2．You will (must, have to) get up early tomorrow.
- [ ] 3．He should (help, helps) his parents.
- [ ] 4．I (am, was, can) able to sing well yesterday.

解答

1．I
2．have to
3．help
4．was

不定詞

POINT 15 基本３用法について ☆☆

不定詞は〈to＋動詞の原形〉の形をとり，３つの基本となる用法がある。

I like soccer.（私はサッカーが好きです。）

I like to play soccer.（私はサッカーをするのが好きです。）

to＋動詞の原形（不定詞）→「～すること」（名詞的用法）

［基本３用法］

① 名詞的用法…動詞の目的語や主語，補語になる。

▶ I like **to swim**.（私は泳ぐのが好きです。）

▶ **To swim** in the sea is fun.（海で泳ぐのはおもしろい。）

・コレ重要・

☞動詞の目的語となる名詞的用法は直前の動詞とセットでおぼえる。
want to ～：～したい，begin〔start〕to ～：～しはじめる

② 形容詞的用法…前の名詞を修飾(しゅうしょく)する。

▶ I want some books **to read**.（読む本を何冊かほしい。）

▶ Do you have anything **to do** this afternoon?
（あなたは今日の午後，何かすることがありますか。）

③ 副詞的用法…「動作の目的」「感情の原因」を表す。

▶ He studied English **to go** to Australia.
（彼(かれ)はオーストラリアへ行くために英語を勉強しました。）
「勉強した」という動作の「目的」を表す。

▶ I am happy **to meet** you.（私はあなたに会えてうれしい。）
「うれしい」という感情の「原因」を表す。

▶ここがポイント

左の例文において，
I like **to swim**.
I like **swimming**.
のように，to swim は swimming と置きかえることができる。
swimming は（動）名詞なので，to swim も名詞の働きをしていることになる。
anything **to do** では，どんな anything（何か）かを to do が説明している。

参考 不定詞では，to のあとに動詞の原形が続くので，be 動詞が続くときは to be となる。

POINT 16 特別な形で使われる不定詞 ☆☆☆

基本３用法のほかに，特別な形で使われる不定詞（to＋動詞の原形）もある。

▶〈疑問詞（what，how など）＋ **to ＋動詞の原形**〉
▶〈want，ask，tell＋人＋ **to ＋動詞の原形**〉
▶〈too ～＋ **to ＋動詞の原形**〉
▶〈It ～（for＋人＋）**to ＋動詞の原形**.〉
▶〈help，make，let＋人＋**動詞の原形**〉

① 基本３用法の不定詞の働きも含めて，例文を暗記しておこう。
② 特別な形の不定詞は，並べかえや書きかえの問題でよく出題される。
特に too ～ to … ↔ so ～ that ― can't … の書きかえをマスターしておこう。

［注意すべき用法］

▶I know **what to do**, but I don't know **how to do it**.
（私は何をすれば良いかはわかりますが，それをどのようにすれば良いかがわかりません。）

▶I **want you to swim**. （私は君に泳いでほしい。）

▶I **asked**〔**told**〕 **him to open** the door.
（私は彼(かれ)に戸を開けるように頼(たの)みました〔言いました〕。）

▶He is **too young to drive** a car.
（彼は車を運転するには若すぎる。）→だからできない。

これは否定的な内容になるので，so ～ that ― can't … の形で表すことができる(p. 171 参照)。

→ He is so young that he can't drive a car.

▶**It** is easy for me **to read** the book.
（私にとってその本を読むことは簡単です。）

〈It ～（for＋人＋）to＋動詞の原形 .〉で「（人にとって）…することは～だ」という意味になる。

▶She always **helps** me **do** my homework.
（彼女(かのじょ)はいつも私が宿題をするのを手伝ってくれます。）

コレ重要
☞help＋人＋動詞の原形「人が～するのを手伝う」
make＋人＋動詞の原形「人に（強制的に）～させる」
let＋人＋動詞の原形「人に～させてあげる［人が～することを許可する］」

▶ここがポイント

〈疑問詞＋to＋動詞の原形〉の訳し方
what「何」→「**何**を～すればいいか」
when「とき」を表す→「**いつ**～すればいいか」
where「場所」を表す→「**どこで**～すればいいか」
how「方法」を表す→「**どのようにして**～すればいいか，～の仕方」

注意 I want to swim. では「泳ぐ」のは主語 I。I want you to swim. では「泳ぐ」のは you。

参考 左のような使い方の **help**, **make**, **let** などの動詞を使役(しえき)動詞という。また，使役動詞の文で使う動詞の原形を**原形不定詞**という。

入試直前チェック ✓

次の文中の（　）内の語句を並べかえ，記号で示しなさい。

□ 1．I（ア him　イ there　ウ told　エ to go）.
□ 2．It（ア hard　イ isn't　ウ for her　エ to write）letters in English.
□ 3．Tell me（ア computer　イ to use　ウ how　エ this）.
□ 4．Masao（ア carry　イ me　ウ helped　エ the desk）.

解答
1．ウ，ア，エ，イ
2．イ，ア，ウ，エ
3．ウ，イ，エ，ア
4．ウ，イ，ア，エ

月　日

動名詞と分詞

POINT 17 動名詞の用法 ☆☆

動詞の～ing 形は文中で名詞の働きをする。	→	①文の主語	**Swimming** *is* fun.
		②動詞の目的語	I *like* **swimming**.
		③be 動詞の補語	My hobby *is* **swimming**.
		④前置詞の目的語	He is good *at* **swimming**.

動名詞（動詞の～ing 形）は不定詞（to＋動詞の原形）の名詞的用法（p. 176 参照）で置きかえられることが多い。

1 文の主語…主語は名詞の仲間がなる。

▶ **Learning** a foreign language *is* difficult.
（外国語を学ぶのは難しい。）
＝**To learn** a foreign language *is* difficult.

2 動詞の目的語…目的語も名詞の仲間がなる。

▶ When did you *start* **writing** the e-mail ?
（あなたはいつその E メールを書き始めたのですか。）
＝When did you *start* **to write** the e-mail ?

3 be 動詞の補語…形のうえでは進行形と同じなので，意味を考えて区別する。

▶ My job *is* **teaching** English.　〈teaching は動名詞〉
↳ job（仕事）が teach という動作を行うわけではない
（私の仕事は英語を教えることです。）

▶ Mr. Yoshida **is teaching** math.　〈is teaching で進行形〉
↳ Mr. Yoshida（吉田先生）が teach という動作を行う
（吉田先生は数学を教えています。）

4 前置詞の目的語…前置詞に動詞を続けるとき動名詞にする。

▶ Thank you *for* **calling** me.　（電話をしてくれてありがとう。）
前置詞の目的語に不定詞を使うことはない。

▶ここがポイント

動詞の目的語となるとき，次のことに注意。
▶ like，start，begin など→不定詞と交換可能。
{ like swimming
{ like to swim
{ start writing
{ start to write
▶ finish，enjoy，stop など
→不定詞と交換不可。（不定詞を目的語にできない動詞）
▶ want，wish など
→不定詞だけが使われる。

・コレ重要・

☞ ～ing 形の作り方にはルールがある。
e で終わる語 → e をとって ing をつける。　例：make → making
短母音＋1 子音字で終わる語
→ 子音字を重ねて ing をつける。　例：run → running

① ～ing 形の作り方を復習しておこう。
② 動名詞を目的語にとる動詞を確認しよう。
③ 形容詞的用法の現在分詞形と過去分詞形の意味の違いを確認しよう。

社会 理科 数学 英語 国語

POINT 18 分詞の用法 ☆☆☆

Who is the **crying** *child*？（その泣いている子どもはだれですか。）
I bought a *camera* **made** in China.（私は中国で作られたカメラを買いました。）

① 現在分詞…「～している…」という意味になる。

▶The *boy* **running** over there is my brother.
（向こうで**走っている**少年は私の兄です。）

▶Do you know that **swimming** *girl*？
（あの**泳いでいる**少女をあなたは知っていますか。）

現在分詞と動名詞は，形は同じだが意味がちがうので注意。

▶I like **swimming**.（私は泳ぐことが好きです。）
動名詞

② 過去分詞…「～された…」「～され(てい)る…」という意味になる。

▶This is the *picture* **painted** by my father.
（これが父によって**描**(えが)**かれた**絵です。）

▶He likes **boiled** *eggs*.（彼は**ゆで(られ)た**卵が好きです。）

コレ重要
☞ 2つの分詞の意味のちがいは次のようになる。
①現在分詞…能動的・進行的
②過去分詞…受け身的・完了的

▶ここがポイント

分詞と，それが修飾(しゅうしょく)する名詞の順序のルールを覚えておくこと。

①分詞＋名詞
分詞1語が名詞を修飾する場合。

②名詞＋分詞
〈分詞＋語句〉が名詞を修飾する場合。

「～されている」は「ている」とあるけど現在分詞じゃないよ。

入試直前チェック ✓

次の文中の(　)内より，適当な語句を選びなさい。

☐ 1．He wants (going, to go) to London.
☐ 2．When did you finish (writing, to write) the letter？
☐ 3．She went away without (saying, said) a word.
☐ 4．There are a few men (taking, taken) pictures in the park.
☐ 5．I like dolls (making, made, to make) by my aunt.

解答

1．to go
2．writing
3．saying
4．taking
5．made

月　日

比　較 ①

POINT 19 形容詞・副詞の働きとその活用形 ☆☆☆

形容詞…名詞を修飾(しゅうしょく)したり，（代）名詞について述べたりする

・I have a **red** bag.　（私は赤いバッグを持っている。）

・That cat is **big**.　（あのネコは大きい。）

副　詞…形容詞・副詞・動詞を修飾する

・She **often** speaks English **very** **slowly**.

（彼女はしばしば，とてもゆっくりと英語を話す。）

形容詞・副詞は変化して，複数のものを比べるときにも使う。

1 活用形のつくり方…大きく分けて 3 つ。

▶〈□ ― □er ― □est 型の変化〉

old― older ― oldest ； fast ― faster ― fastest

▶〈□ ― more＋□ ― most＋□ 型の変化〉

beautiful ― more beautiful ― most beautiful

▶〈不規則型の変化〉

good / well ― better ― best ； many / much ― more ― most

2 比較のしかた…原級・比較(ひかく)級・最上級がある。

原級〈as＋原級＋as～〉

▶Bob is **as old as** Tom.
（ボブはトムと同じ年齢(ねんれい)です。）

▶I can run **as fast as** he〔him〕.
（私は彼(かれ)と同じくらい速く走れます。）

比較級〈比較級＋than～〉

▶Ben is **older than** Mary.
（ベンはメアリー**より年上**です。）

▶I can run **faster than** Ben.
（私はベン**より速く**走れます。）

最上級〈最上級＋of / in〉

▶Ben is **the oldest of** the three (boys).
（ベンは3人（の少年）**の中で最も年上です**。）

▶I can run (**the**) **fastest in** my class.
（私はクラス**の中で最も速く**走れます。）

ここがポイント

-er，-est 型の変化の場合，次のような語尾(ごび)の変化にも気をつける。

㋐big―big**ger**―big**gest**
hot―hot**ter**―hot**test**

㋑easy―eas**ier**―eas**iest**
early―earl**ier**―earl**iest**

発展　〈― times as ～ as …〉「…の―倍の～」
My town is three times as large as yours.（私の町はあなたの町の3倍の大きさです。）

注意　「同種のもの（3つ以上）の中で」というときは **of** the three〔four〕，**of** all などとなり，「（ある場所・集団）で」というときは **in** the room，**in** my family などとなる。

合格アドバイス

① 活用形のつくり方のルールを覚えておこう。
② as ～ as，-er than ～，-est of〔in〕～の形を確認しよう。
③ like ～ very much（→ better・best）の形を復習しよう。

3 more+＿・most+＿型，不規則型

▶ This flower is **more beautiful than** that one.
（この花はあの花**よりも**美しい。）

▶ This page is **the most important of** all (the pages).
（このページはすべて（のページ）**の中で最も重要です**。）

▶ He can play tennis (**the**) **best of** all.
（彼は全員**の中で最も上手に**テニスをすることができます。）

・コレ重要・
☞as+原級+as ～ 「～と同じくらい…」
比較級+than ～ 「～より…」
(the)+最上級+in〔of〕～ 「～で最も…」

▶ここがポイント
副詞の最上級には **the をつけない**こともある。

発展 more, most を使った変化をするのは，3 音節（母音が 3 つ）以上の語か，–ful, –ly, –ing などで終わる語である。

POINT 20 like ～ better〔(the) best〕について ☆☆

「～が（大）好きである」という表現はよく使われるが，この表現の比較級・最上級は注意が必要である。

▶原　級…like ～ very **much**
▶比較級…like ～ **better** than ...
▶最上級…like ～ (the) **best** of〔in〕...

much ⟶ more ⟶ most
very much ⟶ better ⟶ best
well ⟶ better ⟶ best

▶ I like English **very much**.（私は英語が**大好き**です。）

▶ I like English **better than** music.
（私は音楽**より**英語が好きです。）

▶ I like English (**the**) **best of** all the subjects.
（私はすべての教科**の中で**英語が**最も**好きです。）

入試直前チェック ✓

次の文中の（　）内の語を必要に応じて適当な形に直しなさい。

□ 1．You are as (tall) as my brother.
□ 2．My mother gets up (early) in my family.
□ 3．He has (many) books than you.
□ 4．This question is the (difficult) of the five.

解答
1．tall
2．(the) earliest
3．more
4．most difficult

月　日

比較 ②

POINT 21 Which, Who などのある比較の表現 ☆☆

Which do you like **better**, tea **or** coffee?
（お茶かコーヒーかどちらがより好きですか。）

・コレ重要・
Which など～比較級, **A or B**? 「AとBとでは，どちらがより～か」
Which など～最上級 **of〔in〕**…? 「…のうちでは，どれが最も～か」

1 比較級とその答え方…which, who, what が主語になる場合，その答え方は，～is〔do, does, can, will など〕. の形になる。

▶ **Which** is **bigger**, your dog **or** mine?
（あなたと私のイヌの**どちらがより大きい**ですか。）
— Mine is.（私のイヌです。）

▶ **Who** can run **faster**, you **or** Ben?
（あなたとベンでは，**どちらがより速く**走ることができますか。）
— I can.（私です。）

注意 p. 166 の which, who, what が主語の疑問文の答え方参照。
比較（ひかく）するものが「人」の場合，ふつう who が用いられる。

2 最上級とその答え方…**1** と同じく答え方に注意。

▶ **Which** do you **like**（**the**）**best of** all the subjects?
（あなたは全教科**の中でどれが最も好き**ですか。）
— I like science (the) best.（理科が最も好きです。）

▶ **Who** gets up（**the**）**earliest in** your family?
（あなたの家族**の中で最も早く**起きるのは**誰**（だれ）ですか。）
— My mother does.（私の母です。）

▶ **Which** is **the longest** river **in** Japan?
（日本**で最も長い**川は**どれ**ですか。）
— I think the Shinano is.（信濃川（しなのがわ）だと思います。）

なお,「**Which＋名詞**」の形になる場合もある。

▶ **Which book** do you **like**（**the**）**best** here?
（ここでは**どの本が最も好き**ですか。）
— I like this one (the) best.（これが最も好きです。）
↳代名詞の one（＝book）

▶ここがポイント
日本語では「理科です。」となるが,「(私は)理科(が最も好き)です。」ということなので，It is science. などとしないこと。

参考 選ぶ範囲（はんい）が決まっているときは which, そうでないときは what を使うと自然な英語になる。
What color do you like (the) best?
（あなたは何色が最も好きですか。）

合格アドバイス

① Which〔Who, What〕～比較級・最上級 ...? の文とその答え方を確認しよう。
② as ～ as の否定 not as ～ as の意味について確認しよう。
③ 特別な構文や書きかえができるようになろう。

POINT 22 注意すべき比較の文と書きかえ方 ☆☆☆

not as ～ as と〈比較級 + than any other + 単数形の名詞〉の意味は次のようになり，書きかえることができる。

〈A ... not as ～ as B.〉「A は B ほど～でない」=「B は A より～だ」→比較級に

〈A ... 比較級+than any other+単数名詞.〉

「A は他のどの一よりも～だ」=「A は最も～だ」→最上級に

1 not as ～ as…単に「同じではない」という意味ではない。

▶ My father is**n't as old as** Mr. Yoshida.

（私の父は吉田さんほど年をとっていない。）

つまり「吉田さんのほうが年上」ということだから，

→ Mr. Yoshida is **older than** my father.
（↳こちらが主語になる）

→ My father is **younger than** Mr. Yoshida.
（↳形容詞がかわる）

▶ My brother ca**n't sing as well as** Nancy.

（私の兄はナンシーほど上手には歌えない。）

→ Nancy can sing **better than** my brother.

注意 形容詞が older か younger かにより，主語が変化する。要するに，年齢的に見て Mr. Yoshida > my father なのである。

2 〈比較級+ than any other +単数名詞〉

▶ I **like** Nancy **better than any other girl**.
（↳単数形）

（私は他のどの少女よりもナンシーが好きです。）

これは，つまり「ナンシーが最も好きだ」で，下のようになる。

→ I **like** Nancy **the best of all the girls**.
（↳これは複数形）

▶ Mike is **taller than any other student** in his class.

（マイクはクラスの他のどの生徒よりも背が高い。）

→ Mike is **the tallest** (**student**) in his class.

発展 **2** の Mike is ～. の文は，次のように言いかえることもできる。
No other student in his class is taller than Mike.

入試直前チェック ✓

次の 2 文が同じ意味になるよう（　）内に適当な語を書きなさい。

□ 1. My dog can't run as fast as yours.
Your dog can run (　　) (　　) (　　).

□ 2. Tom is busier than any other boy in our class.
Tom is (　　) (　　) (　　) in our class.

解答

1. faster than mine
2. the busiest boy

月　日

受け身

POINT 23 受け身とは ☆☆

例えば「トム」という人がドアを開けたとする。そのことを表現するために，次の２種類がある。

▶「トムが何をしたか」の立場でいう…**ふつうの文**

▶「ドアがどうなったか」の立場でいう…**受け身の文**

トムの立場で（ふつうの文）「開けた」

ドアの立場で（受け身の文）「開けられた」

[受け身]

① **受け身の形**…受け身は〈**be 動詞＋過去分詞形**〉で表す。

▶ The door **was opened** by Tom.
↳「だれ[何]によってされたか」を表す
（そのドアはトムによって開けられました。）

▶ My house **was built** last year. （私の家は昨年建てられました。）

② **疑問文・否定文**…be 動詞のルールにしたがう。

▶ **Was** the door **opened** by Tom? — Yes, it was.
（そのドアはトムによって開けられましたか。— はい。）

▶ These letters **aren't written** in English.
↳「～語で」を表す
（これらの手紙は英語で書かれていません。）

▶ Where **was** this computer **sold**?
（このコンピューターはどこで売られていましたか。）

▶ Who **was invited** to the party?
（だれがパーティーに招待されたのですか。）

・コレ重要・

☞よく使われる受け身の表現
be spoken in ～：～で話されている，
be called ～：～と呼ばれている

注意 受け身の文はbe 動詞で現在か過去かを表す。
～ is used（現在形）「使われている」
～ was used（過去形）「使われていた」

参考
build—built—**built**
give—gave—**given**
sell—sold—**sold**
write—wrote—**written**

注意 疑問詞が主語の場合，Was who ～? とはならない。答え方は，例えば Jim was invited. や Jim (was). となる。

POINT 24 ふつうの文→受け身の文への書きかえ ☆☆☆

ふつうの文の主語は受け身の文では by～ で表し，受け身の文の主語はふつうの文では動詞の目的語になる。

ふつうの文　Tom　opened　the door.

受け身の文　The door　was opened　by　Tom.

① 受け身の文では，どのような意味になるのかを確認しておこう。
② ふつうの文を受け身の文にするとき，主語と時制に注意しよう。
③ 連語として覚えておくと便利な受け身の表現を確認しておこう。

社会
理科
数学
英語
国語

［ふつうの文→受け身の文への書きかえ］

❶ 肯定文

▶ People speak **English** there.

（そこでは人々は英語を話します。）

→ **English** *is spoken* (by people) there.

（そこでは（人々によって）英語が話されています。）

▶ Mary invited **many people** to her birthday party.

（メアリーは多くの人を自分の誕生パーティーに招きました。）

→ **Many people** *were invited* by Mary to her birthday party.

↳ふつうの文では invited と過去形だから were に

（多くの人がメアリーに誕生パーティーに招かれました。）

❷ 否定文…受け身では〈be 動詞＋not〉で否定を表す。

▶ Tom didn't break **the window**.　（トムは窓を割らなかった。）

→ **The window** ***wasn't broken*** by Tom.

（窓はトムに割られなかった。）

❸ 疑問文…受け身では be 動詞を文頭に置いて疑問を表す。

▶ Do many people like **Ben**?　（多くの人はベンが好きですか。）

→ *Is* **Ben** *liked* by many people?

（ベンは多くの人に好かれていますか。）

❹ 目的語が 2 つある文の受け身…２種類の受け身ができる。

▶ My father gave **me these books**.　（私の父は私にこれらの本をくれた。）

→ **I** *was given* **these books** by my father.

（私は，私の父によってこれらの本を与(あた)えられた。）

→ **These books** *were given* (to) **me** by my father.

（これらの本は，私の父によって私に与えられた。）

注意　❶の上の例のようにだれによる行為(こうい)かが明らかな場合などでは，〈by ～〉は省略されることが多い。

注意　受け身には連語として覚えておくとよいものがある。
be covered with ～
「～でおおわれている」
be known to ～
「～に知られている」
be interested in ～
「～に興味がある」

発展　**助動詞を含む受け身**
will, must, can などの助動詞を含む受け身の文は，〈助動詞＋be＋過去分詞形〉の形で表す。
This computer will be used by Ken.
（このコンピューターは健に使われるだろう。）

入試直前チェック ✓

次の文中の（　）内より，適当な語句を選びなさい。

☐ 1．He (loves, is loved) by all the students.
☐ 2．She (loves, is loved) her dogs.
☐ 3．This was (broke, broken, break) yesterday.
☐ 4．What (does, is) this flower (call, called)?

解答

1．is loved
2．loves
3．broken
4．is, called

現在完了形

POINT 25 現在完了形の用法と意味 ☆☆

完了　I **have** *just* **come** back.
（私はちょうどもどってきたところです。）

経験　I **have** *often* **danced** there.
（私はそこでよく踊ったことがあります。）

継続　He **has** **been** sick *since* last Sunday.
（彼はこの前の日曜日から病気です。）

① 「完了」の用法では次のような語句がよく使われる。

just（ちょうど），**already**（すでに），**yet**（〔疑問文で〕もう，〔否定文で〕まだ）

▶ **Have you** finished the homework **yet**? — Yes, I have.
（もう宿題をしてしまいましたか。—うん，してしまったよ。）

② 「経験」の用法では次のような語句がよく使われる。

sometimes（ときどき），**once**（1 回），～ times（～回），often（よく），**ever**（今までに），**never**（一度も～ない）

▶ He has been to Canada **five times**.
（彼は 5 回カナダへ行ったことがあります。）

▶ I have **never** seen him.　（私は彼に会ったことがありません。）

▶ Has she **ever** sung the song? — No, she hasn't.
（彼女は今までにその歌を歌ったことがあるの。—ないよ。）

③ 「継続」の用法では次のような語句がよく使われる。

since ～（～以来），for ～（～の間），
How long ～?（どれくらいの間～）

▶ We have known that man **for two years**.
（私たちは 2 年前からその男の人を知っています。）→「2 年間その男の人を知っている」を自然な日本語で表現したもの。

▶ **How long** have you lived in this town?
— **Since** I was five years old.
（あなたはどれくらいの間この町に住んでいますか。
—私が 5 歳のときからです。）

注意　現在完了形は，明らかに過去を表す語句とは使えない。
Kevin has lived in Japan last year.（×）
Kevin **lived** in Japan last year.（○）

疑問詞の when は使えない。
When have you gone there?（×）
When **did** you **go** there?（○）

発展　have〔has〕 gone to ～→「結果」を表す「～へ行ってしまった（その結果，今はここにいない）」という意味。

社会
理科
数学
英語
国語

合格アドバイス

① 現在完了形の基本的な意味を進行形と対比して確認しておこう。
② 現在完了形によく使われる語句とその意味を確認しておこう。
③ 現在完了形と現在完了進行形の違いを理解しよう。

・コレ重要・

☞**規則変化する動詞の過去分詞形は過去形と同じ形になる。不規則変化する動詞は個別に覚える必要があるが，いくつかのパターンがある。**

A-A-A 型　cut – cut – cut（切る）
A-B-A 型　come – came – come（来る）
A-B-B 型　tell – told – told（言う）
A-B-C 型　go – went – gone（行く）

POINT 26　現在完了進行形 ☆☆

Yuki **has** **been** **talking** with her friend for more than thirty minutes.

have〔has〕＋been＋動詞の ing 形

（由紀は 30 分以上ずっと友達と話しています。）

❶ 現在完了進行形は，ある動作が継続していることを表す。現在完了形とはちがって，完了用法と経験用法はない。

▸ They **have been running** for an hour.
（彼らは１時間ずっと走っています。）

❷ 現在完了進行形は「動作」の継続，現在完了形（継続用法）は「状態」の継続を表す。

▸ She **has wanted** a new bike since last year.
（彼女は先月からずっと新しい自転車をほしがっています。）

上記の２つの例文で，❶は「走るという動作が１時間休むことなく継続している」，❷は「新しい自転車がほしいという状態が先月から継続している」という意味になる。

▶ここがポイント

現在完了進行形にできるのは，「１分おきにやったりやめたりができる動作を表す動詞」と覚える。
run，watch，eat など…進行形にできる
like，want，know など…進行形にできない

入試直前チェック ✔

次の文中の(　)内の語句を適当な形に直しなさい。

□ 1．How often have you (visit) the city ?
□ 2．She (not do) her homework yet.
□ 3．They (go) to New York four years ago.
□ 4．My brother has been (sleep) for eight hours.

解答

1．**visited**
2．**has not〔hasn't〕 done**
3．**went**
4．**sleeping**

月　日

関係代名詞

POINT 27 関係代名詞の働き ☆☆☆

関係代名詞の節は先行詞を修飾する。

a girl who can speak English well　「英語を上手に話せる少女」

先行詞　関係代名詞の節＝どのような girl かを説明する

the book which I read last night　「私が昨夜読んだ本」

先行詞　関係代名詞の節＝どのような book かを説明する

同じ人や物を指す語を含んだ 2 つの文は，下のように関係代名詞を用いて 1 文にできる。

▶ Look at the man.　He is reading a newspaper.

同一人物を指している

→ Look at the man **who is reading a newspaper**.

（新聞を読んでいるその男の人を見なさい。）

▶ここがポイント

先行詞が最初の文の文頭にあれば，関係代名詞の節もそのあとに続く。

People (who have much money) go to Hawaii in winter.

POINT 28 関係代名詞の種類 ☆☆

関係代名詞は，先行詞の内容と，続く節の中での働き方によって使い分ける。

	主格	所有格	目的格
人	**who / that**	**whose**	**that**
人以外	**which / that**	**whose**	**which / that**

［先行詞の内容による使い分け］

① 先行詞が「人」を表す場合

▶ That is the man **who** helped us yesterday.

「人」を表す語

（あちらが昨日私たちを手伝ってくれた男性です。）

② 先行詞が「人以外」を表す場合…「物，動・植物」の場合。

▶ Do you like the flowers **which** grow in this garden ?

「植物」を表す語

（あなたはこの庭で育っている花が好きですか。）

③ 先行詞が「人」と「人以外」を表す場合 …a boy and a dog のように「人」と「人以外」の 2 つが同時に先行詞になると，who でも which でもなく，that を使う。

注意　左の①と②は関係代名詞 **that** を使うこともできる。

発展　関係代名詞 that が好まれる場合の先行詞

・the only, the first, the same, every などがつく語

・形容詞の最上級がつく語

・anything, anyone など

合格アドバイス

① 関係代名詞の節は，修飾する先行詞のあとにくることを例文で確認しておこう。
② 関係代名詞を使って，２文を１文にする練習と，その逆の練習をしよう。

▶ In the early morning, you see many people and dogs **that** walk around in this park.
↳「人」と「動物」を表す語
（早朝，この公園を散歩する多くの人とイヌが見られます。）

［節の中での働き方による使い分け］

1 主格：who，which，that

▶ I know a boy **who** uses your bicycle.
（＝**He** uses your bicycle.）
（私はあなたの自転車を使う少年を知っています。）

2 目的格：which，that（省略されることが多い。）

▶ This is the girl（**that**）I met yesterday.
（＝I met **her** yesterday.）
（こちらは私が昨日会った少女です。）

3 所有格：whose（あまり使われない。）

▶ We have a friend **whose** father is a teacher.
（＝**His** father is a teacher.）
↳ friend を男性と考えた場合
（私たちには，（彼の）お父さんが先生である友人がいる。）

［接触節について］

形の上では目的格の省略と同じになるが，名詞＋（**S＋V 〜**）の型でひとつの意味のグループとしてよく使われる。この（S＋V 〜）の部分を接触節と呼ぶ。

the hat＋（I bought in Hawaii）「私がハワイで買った帽子」

コレ重要
☞ **高校入試によく出る関係代名詞は３つ→** who，which，that

▶ここがポイント
目的格の関係代名詞は，あとに〈主語＋動詞〉が続く。

発展 先行詞が「人」で目的格の場合，whom を使うこともある。

注意 公立高校の入試に所有格 whose は出題されないが，一部私立高校では出題されている。

注意 who，which とも所有格は whose。that には所有格はない。

入試直前チェック

次の２文を１文にするとき，（　）に適当な語を入れなさい。

☐ 1．The movie was fun.　I watched it last night.
→ The movie（　　）I watched last night was fun.

☐ 2．Do you know the girls？　They are singing there.
→ Do you know the girls（　　）are singing there？

解答
1．which〔that〕
2．who〔that〕

月　日

仮定法

POINT 29 仮定法 ☆☆

「もし～なら…なのに。」というように，現実とは違う仮定の話を述べる表現を**仮定法**という。

❶ 仮定法の形…仮定法には，主に次の３つの形がある。

▸ **If**＋主語＋一般動詞の過去形＋～，主語＋would〔could〕＋動詞の原形＋.... 「**もし**～すれば…するのに。」

▸ **If**＋主語＋were＋～, 主語＋would〔could〕＋動詞の原形＋.... 「**もし**～なら…するのに。」

▸ I＋**wish**＋主語＋動詞の過去形＋～. 「～**ならいいのに。**」

❷ 文の内容としては現在のことを話しているが，were，would のように過去形の動詞や助動詞を使う。主節の助動詞は，would の他に could も使うことができる。

・would…「～できる」という意味を含めないとき。

・could …「～できる」という意味を含めるとき。

❸ 仮定法に似た文で, if を使った直説法の文がある(p. 171 参照)。直説法が，現実的に可能性がある内容を表すのに対して，仮定法は，現実とは異なる，または可能性がとても低い内容を表す。

▸ If you have time, please help me. →可能性がある＝直説法
（もし時間があったら，手伝ってください。）

▸ If you had a cat, show it to me. →現実とは異なる＝仮定法
（もし猫を飼っていたら，私に見せてください。）

注意 現在のことを表す文なので，「…したのに」とは訳さないようにする。

参考 現在の事実に反する内容を述べる用法を，仮定法過去という。

POINT 30 If＋主語＋一般動詞の過去形＋～， ☆☆☆

If I **had** more money, I **could** travel abroad.
（もしもっとお金があったら，海外旅行に行けるのに。）

実際にはしていないことをしていたら，という仮定の話を述べる文である。このときの一般動詞は過去形を使う。

▸ **If** I **had** another bag, I **would** give it to you.
（**もし**もう１つかばんを**持っていたら**，あなたにあげる**のに**。）

① 仮定法のよく使われる３つの形とその日本語訳を覚えよう。
② 仮定法ならではの特殊ルールを覚えよう。
（現在の文だが過去形を使う／主語が何であってもbe動詞はwereを使うことが多い）

▶ **If** I **knew** his phone number, I **could** call him.
（もし彼の電話番号を知っていたら，彼に電話できる**のに**。）

POINT 31　If＋主語＋were＋〜，☆☆☆

If you were a bird, you could fly in the sky.
（もしあなたが鳥なら，空を飛べるのに。）

「○○が△△だったら」，という仮定の話を述べる文である。

▶ **If** I **were** you, I **would** ask someone how to do.
（もし私があなたなら，誰かにやり方を尋ねる**のに**。）

仮定法の従節では，主語が何であってもbe動詞はwereを使うことが多い。

▶ **If** she **were** my sister, I **would** be happy every day.
（もし彼女が私の姉［妹］なら，毎日楽しくなる**のに**。）

POINT 32　I＋wish＋〜 ☆☆

I wish it would stop raining.　（雨がやんでくれたらいいのに。）

「△△してくれたらいいのに」「△△だったらいいのになあ」，という仮定の話を，願望を込めて述べる文である。仮定法の一種だがifは使わない。

▶ **I wish** I **had** my brother.　（自分にも兄〔弟〕がいたらなあ。）
↳他の２つとは異なり，助動詞を書かなくても良い

▶ **I wish** someone **would** come.　（誰か来てくれたらなあ。）

入試直前チェック ✓

次の文中の（　）内より，適当な語を選びなさい。

- □ 1．If I（have / had）time, I could visit you.
- □ 2．If I were a doctor, I（can / could）help many people.
- □ 3．I（wish / hope）I could swim fast like a fish.
- □ 4．If it didn't rain so much, we（will / would）go fishing.
- □ 5．I wish there（are / were）more flowers in this room.

解答

1．had
2．could
3．wish
4．would
5．were

3 漢文句法や漢詩のきまり ☆☆

1 漢文の基本構造や漢文独特の句法

ⓐ **漢文の語順**…英語のように、主語・述語・目的語（補語）の順になる。例 我読ㇾ書ヲ。（我は書を読む。）

ⓑ **漢文独特の表現**

例 ～曰ハク、「……」ト。（～が言うことには、「……」と。）
～スルコト勿カレ。（～してはいけない。）
～ヤ否ヤ。（～かどうか。）
～ハ…ニ如カズ。（～は…におよばない。）

2 漢詩のきまり

ⓐ **漢詩の種類**…句数と字数によって分類される。

種類	句数	字数	名称	構成
絶句	四句	一句が五字	五言絶句	起承転結の構成
		一句が七字	七言絶句	
律詩	八句	一句が五字	五言律詩	二句ずつ四構成
		一句が七字	七言律詩	

ⓑ **押韻**…句末の漢字の母音をそろえること。原則として五言詩は**偶数句末**、七言詩は**第一句末と偶数句末**に押韻する。

ⓒ **対句**…律詩は、**第三句と第四句**、**第五句と第六句**がそれぞれ対句（文法的に似た構造）になる。絶句にはきまりがない。

例 国破レテ山河在リ（国破れて山河在り）
城春ニシテ草木深シ（城春にして草木深し）

入試直前チェック

◆次の漢文と書き下し文を読んで、あとの問いに答えなさい。

子曰ハク、「温故而知新、可ニ以テ為ㇾ師矣。」

（子曰はく、「故きを温めて新しきを知れば、[　　]。」と。）
（子曰はく…先生がおっしゃるには）

□ 1. ――線部に、返り点と送り仮名を付けなさい。

□□ 2. 漢文中から置き字をすべて抜き出しなさい。

□ 3. 「可ニ以為ㇾ師矣」を空欄に入るように書き下し文に改めなさい。

□ 4. この漢文からできた四字熟語を答えなさい。

◆次の漢詩と書き下し文を読んで、あとの問いに答えなさい。

静夜思　李白

牀前看ニル月光ヲ　　牀前　月光を看る（牀前…寝床の辺りに差し込んでいる）
疑フラクハ是レ地上ノ霜カト　　疑ふらくは是れ地上の霜かと（疑ふらくは…疑うほどだ）
挙ゲテ頭ヲ望ミ山月ヲ　　頭を挙げて　山月を望み
低レテ頭ヲ思フ故郷ヲ　　頭を低れて　故郷を思ふ

□ 5. この漢詩の種類を四字で答えなさい。

□□ 6. 対句になっている句を、次から選びなさい。
ア 起句　イ 承句　ウ 転句　エ 結句

□ 7. 押韻されている漢字を、すべて抜き出しなさい。

解答 1. 温メテ故キヲ而知レバ新シキヲ　2. 而・矣　3. 以て師為るべし　4. 温故知新　5. 五言絶句　6. ウ・エ　7. 光・霜・郷

JAPANESE

8 古典の読解 ②

―漢文句法と漢文・漢詩の読解

社会　理科　数学　英語　国語

合格アドバイス

① 返り点を理解し、書き下し文に改められるようにしよう。
② 再読文字・置き字などを理解しよう。
③ 漢文句法や漢詩のきまりの基本を理解しよう。

月　日

1 訓点 ☆☆

① **送り仮名**…訓読するときに補う、用言の活用語尾や助詞などをいう。**歴史的仮名遣い**を用いて、必ず漢字の右下に小さく**片仮名**で送る。

例 其ノ日大イニ雪フル。（其の日大いに雪ふる。）

② **返り点**…日本語の語順に直して読むための符号。レ点や一・二点、上・下点などがある。必ず漢字の左下に付ける。

ⓐ **レ点**…一字だけ上に返って読む。

例 歳月不ㇾ待ㇾ人。（歳月は人を待たず。）←「書き下し文」という
1 2 5 4 3

少年易ㇾ老、学難ㇾ成。（少年老い易く、学成り難し。）
1 2 4 3 5 7 6

ⓑ **一・二点**…二字以上、上に返って読む。

例 思二故郷一。（故郷を思ふ。）
3 1 2

ⓒ **上・下点**…一・二点をはさんで、上に返って読む。

例 有下朋自二遠方一来上、…。（朋遠方より来たる有り、…。）
6 1 4 2 3 5

③ **句読点**…「、」「。」を付けて、句や文の切れ目を示す。

コレ重要 書き下し文の送り仮名は、歴史的仮名遣いの平仮名で書くこと。

2 再読文字・置き字 ☆

① **再読文字**…訓読するときに、二度読む文字。書き下し文では、一度目は漢字、二度目は平仮名で書く。

例 未（いまダ〜ず）―人未ㇾ還。（人未だ還らず。）

将（まさニ〜ントす）―将ㇾ弾ㇾ之。（将に之を弾ぜんとす。）

当（まさニ〜ベシ）―人当ㇾ惜二寸陰一。（人当に寸陰を惜しむべし。）（当然／寸陰＝短い時間）

須（すべかラク〜ベシ）―須ㇾ励二学問一。（須らく学問に励むべし。）

② **置き字**…訓読する必要のない文字。書き下し文にも書かない。

例 於―求二救於秦一。（救ひを秦に求む。）

而―視而不ㇾ見。（視れども見えず。）

●文語特有の助詞

例 手にだに（…さえ）　行かばや（…たい）
梅咲かなむ（…てほしい）　ありや（…か）

② 文語特有の助動詞

例 話しき（話した・過去）　見けり（見た・過去）
行くべし（行こう・意志）　過ぎたり（過ぎた・完了）
行かしむ（行かせる・使役）　あらむ（あるだろう・推量）
語りつ（語った・完了）

5 係り結び ☆☆

文中で「ぞ・なむ・や・か・こそ」（「係助詞」という）を用いるとき、文末は特定の活用形で結ばれる。この関係を係り結びという。

① ぞ・なむ（強意）、や・か（疑問・反語）…連体形で結ぶ。

例 花ぞ散りける。　夏なむ去りぬる。
春やおそき。（どうして春の到来は遅いのだろうか。）
そらにいかでかおぼえ語らむ。（何も見ずにどうして思い出して話してくれようか、いや、してくれない。）

② こそ（強意）…已然形で結ぶ。

例 祝ふけふこそたのしけれ。

コレ重要
係り結びの表す意味
ぞ・なむ・こそ→強意　や・か→疑問・反語

入試直前チェック

◆次の古文とその現代語訳を読んで、あとの問いに答えなさい。

春はあけぼの。やうやう白くなりゆく山ぎは、少しあかりて、紫だちたる雲の細くたなびきたる。（清少納言「枕草子」）

春は明け方（が趣がある）。だんだん白んでいく山の尾根（①）、少し明るくなって、紫がかった雲が細くたなびいている（②）。

□ 1. 古文中から歴史的仮名遣いの語をすべて抜き出し、現代仮名遣いに直しなさい。
□ 2. 「たなびきたる」の主語を、一文節で答えなさい。
□ 3. （①）・（②）に省略されている言葉を、現代語で答えなさい。

◆次の古文を読んで、あとの問いに答えなさい。

そも、参りたる人ごとに山へ登りしは、何事かありけん、ゆかしかりしかど、神へ参るこそ本意なれと思ひて、山までは見ず。（兼好法師「徒然草」）

□ 4. ～～線部で用いられている法則を答えなさい。
□ 5. ＝＝線部の現代語訳を次から選びなさい。
ア おくゆかしいけれど　イ おくゆかしいので
ウ 知りたかったけれど　エ 知りたかったので
□ 6. ――線部「見ず」の現代語訳を答えなさい。

解答 1. やうやう→ようよう・山ぎは→山ぎわ　2. 雲の　3. ①が ②(例)のが趣がある　4. 係り結び(の法則)　5. ウ　6. 見ない

古典の読解 ①
―文語文法と古文の読解

合格アドバイス
① 歴史的仮名遣い(かなづか)を正しく現代仮名遣いに直せるようにしよう。
② 文語文法の基礎(きそ)と、基本的な古語への理解を深めよう。
③ 古文特有の表現法の理解を深めよう。

月　日

1 歴史的仮名遣い ☆☆☆

歴史的仮名遣い	現代仮名遣い	例
語頭以外の は・ひ・ふ・へ・ほ	わ・い・う・え・お	あはれ → あわれ　問ふ → 問う
ゐ・ゑ	い・え	用ゐて → 用いて
助詞以外の を	お	をとこ → おとこ
ぢ・づ	じ・ず	わづか → わずか
語頭以外の む	ん	行かむ → 行かん
ア段＋う(ふ)	オ段＋う	まうす → もうす
イ段＋う(ふ)	イ段＋ゅう	楽しう → 楽しゅう
エ段＋う(ふ)	イ段＋ょう	けふ → きょう

2 注意すべき古語 ☆☆

1 現代語にはない古語

例 いと(とても)　げに(本当に)
さらなり(言うまでもない)　あいなし(気に入らない)

2 現代語とは異なる意味を持つ古語

例 あやし(身分が低い)　おどろく(はっと気づく)
かなし(いとしい)　なつかし(心がひかれる)

にほひ(色の美しさ)　やがて(そのまま・すぐに)

3 古文に多い省略 ☆☆

1 助詞の省略

例 波(が)高し。をとこ(が)ありけり。…主語を示す。
声(を)聞く。炭(を)もて…目的語を示す。

2 主語の省略

例 昼になりて、(寒さが)ぬるくゆるびもていけば、(だんだん緩んでいくと)

3 述語の省略

例 春はあけぼの(をかし)(が趣がある)

省略部分を補いながら読解を進めよう。

4 注意すべき助詞・助動詞 ☆☆

1 助詞

●「の」の用法　例 筒(つつ)の中光りたり。(～の・連体修飾(しゅうしょく)語)
秋風の吹(ふ)く。(～が・主語)
清げなる花の、いと白きが(～で・同格)
露(つゆ)の心地して(～のような・連用修飾語)

●「が」の用法　例 それが玉を取らむとて(～の・連体修飾語)
それが飛びそこなひて(～が・主語)

りするのでは、はじめから問題にならないのである。

（外山滋比古『「忘れる」力』）

問 ――線部について、筆者がそう述べる根拠を簡潔に答えなさい。

解答 (例) 論文にはテーマがなくてはいけないということ。

4 原因と結果 ☆☆

● 原因と結果は、**接続語**でつながれていることが多い。

> 時間というものは、そう(=たくさんの人間が寄り集まって協定するか、だれかが適当に決めるかと)いうふうに、きわめて人工的なはかりかたしかできない。自然界には、絶対的な時間の経過を示すものは、なにもない。
> だから、時計とか暦とかのない社会では、時間の経過を決めるのは人間の気持ちによる。
>
> （岡田英弘「歴史とはなにか」）

問 ――線部について、そのようになる理由を簡潔に答えなさい。

解答 (例) 自然界には絶対的な時間の経過を示すものはなにもないため、人工的なはかりかたしかできないから。

解説 順接の働きをする接続詞「だから」に着目する。

5 要旨・要約 ☆☆

● **要旨**…文章全体で述べられていることの中心的な内容。
要約…文章全体の内容を短くまとめて表現したもの。

入試直前チェック

◆次の文を読んで、あとの問いに答えなさい。

〝はじめにコトバありき〟と言われる。人間にとって、いのちについで大切なのはことばであろう。しかし、ことばをもって生まれてくる子はひとりもいない。いかなることばであっても習得できる万能言語能力をもっている。日本人の両親から生まれた子でも英語だけ聞かせていれば、英語がわかり話せるようになる。ほかのどんなことばでも、はじめのことばとして聞かせれば、そのことばをしっかり身につける。

昔の母親はたいてい「子どもは自然にことばを覚える」と思っていたようだ。さすがに今はそういうことを口にする人は少なくなった。しかし、子どもが、どうしてことばを身につけるのか、はっきりしないのは今も変わるところがない。つまり、はっきりことばを教えられる大人がまわりにいなくても、子どもは自力で〝はじめのことば〟を習得する。要するに学ぶのではなく、自分で〝創る〟のである。

（外山滋比古『「忘れる」力』）

□ 1. ――線部「ほかのどんな……身につける」と同じ内容を表す言葉を、本文中から六字で抜き出しなさい。

□ 2. 本文の要旨を簡潔に答えなさい。

解答
1. 万能言語能力
2. (例) 子どもはことばを学ぶのではなく、自分で〝創る〟のである。

説明的文章の読解

1 段落の役割と構成 ☆☆

● 段落の役割(問題提起・結論など)とその構成(起承転結など)を意識する。

1 学ぶということは、自分もそのような人間の歴史的な知的活動に連なっていくという意味があるのです。

2 さらに勉強というのは、それぞれの科目が対象とする問題について、いろんな原因があり、それらが引き起こす事柄がさまざまに繋がり合い、最終的にある一つの形を取って現象している、ということを学ぶ過程と言えるでしょう。

(池内了「なぜ科学を学ぶのか」)

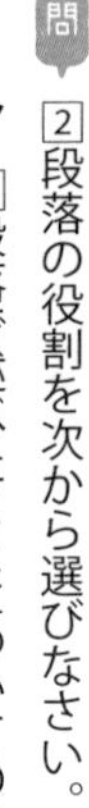

問 2段落の役割を次から選びなさい。

ア 1段落で述べたことについての具体例を挙げている。
イ 1段落で述べたことに内容を付け加えている。
ウ 1段落で述べたことと反対のことを述べている。

解答 イ

解説 1段落では「学ぶということ」について述べ、2段落ではそれに「勉強」についての話題を付け加えている。2段落初めの「さらに」に着目する。

① 段落ごとの役割を意識して、段落構成を押さえよう。
② 具体と抽象、意見と根拠、原因と結果を読み分けよう。
③ 文章全体から要旨をとらえよう。

月 日

2 具体と抽象 ☆☆

● 具体…姿や形を持ち、はっきりと目に見えるもの。
抽象…物事が共通して持つ、一般的な性質を抜き出したもの。

自然科学でも指導教授からテーマをもらう風習があるらしいが、その結果は論文にはならない。文科系の論文はもっとひどい。テーマなしで論文を書こうとする。

(外山滋比古『「忘れる」力』)

問 ――線部「ひどい」について、筆者はどのようなことを「ひどい」と言っているのかを答えなさい。

解答 (例)テーマなしで論文を書こうとすること。

3 意見と根拠 ☆☆

● 根拠は、説明や意見の前後に書かれていることが多い。

本に書いてあること、人の言ったことをいくらたくさん集めてみてもそれは作文であって論文ではない。論文というからには、テーマがなくてはいけない。それを他から借りたり盗んだ

3 詩・短歌・俳句の技法と鑑賞のポイント ☆☆

● 表現技法には、対句・反復・体言止め・倒置などがある。

① 雪　三好達治
太郎を眠らせ、太郎の屋根に雪ふりつむ。
次郎を眠らせ、次郎の屋根に雪ふりつむ。

② 風に落つ楊貴妃桜房のまま　杉田久女

③ 金剛の露ひとつぶや石の上　川端茅舎

④ 深々と人間笑ふ声すなり谷一面の白百合の花　北原白秋

問一 ①・②・④に用いられている表現技法を答えなさい。

解答 ①**対句**　②**倒置**　④**擬人法・体言止め**

問二 ③の俳句の季語と季節を答えなさい。

解答 （季語）**露**　（季節）**秋**

問三 ④の短歌の句切れを答えなさい。

解答 **三句切れ**

解説 句切れとは、意味や調子の切れ目のことで、作者の感動の中心にあたる。通常の文章で句点を用いる部分。

▼注意
俳句の季語は旧暦で考えるため、現代の季節感とずれているものもある。
例 **天の川**→**秋の季語**　**五月雨**→**夏の季語**
※一～三月→春・四～六月→夏・七～九月→秋・十～十二月→冬

入試直前チェック

◆次の文を読んで、あとの問いに答えなさい。

ここで四時まですごすのか。
おばあちゃんは、猫かクマかよくわからない編みぐるみを並べ終えると、スマホで写真を撮りまくり、SNSに上げる。あとは満足そうに、赤いキャンプ用の椅子にゆったりとすわる。
あたしはたずねた。
「ねえおばあちゃん。ここって、本を読む場所とかないの？」
「本だって？　ここをどこだと思ってるの。潮干狩りはできないのかって聞く方が、まだマシな質問だと思うけど」
おばあちゃんは、どうおもしろいでしょって顔で見返してくる。ベンチがあちこちにあるとはいえ、おばあちゃんのテントには、あたしの椅子も用意していない。
持ち主のない風船のように、あてもなく、あたしはふらふらするしかなかった。

（村上しいこ「イーブン」）

□ 1．本文は、どこでの出来事を描いたものかを答えなさい。

□ 2．ここでの「あたし」の様子をたとえた表現を、本文中から抜き出しなさい。

解答
1．海
2．持ち主のない風船（のよう）

文学的文章の読解

1 小説の場面展開 ☆☆

● 人物・時刻や場所・出来事を示す言葉に注目する。

「こんなに丁重にあつかってもらって、木もさぞ喜んでいると思います」
大奥様も孫のように若い軍二に向かって、深々と頭を下げた。
「……あの」
仕事を終え、トラックに乗りこもうとしていた軍二を追って、桐子は声をかけた。声をかけずにはいられなかったのだ。
朝から伐りはじめて、もうすでに日はとっぷりと暮れていた。
（八束澄子「空へのぼる」）

問一 登場人物をすべて抜き出しなさい。

解答 **大奥様・軍二・桐子**

問二 現在の時間帯がわかる言葉を抜き出しなさい。

解答 **日はとっぷりと暮れていた**

問三 本文はどのような場面か。簡潔に答えなさい。

解答 (例) **仕事を終えた軍二に、大奥様と桐子が声をかけた場面。**

解説 登場人物や時間帯を踏まえ、状況をまとめる。

合格アドバイス

① **場面の展開**をとらえよう。
② さまざまな表現から、**登場人物の心情**を押さえよう。
③ **表現技法**に着目して、詩・短歌・俳句を味わおう。

月　日

2 登場人物の心情 ☆☆

● 心情は、直接的・間接的な表現や、**情景描写**から読み取る。

――この庭は、何百年も前からずっと、こうして人々の目を楽しませてきたんだ。
木と石、そして水と植物。たったそれだけなのに、なんでこんなに感動するんだろう？　しかも、だきとめられたような安心感に、体じゅうのこわばりがとけていく。
なんなん、これは？
ねむっていた体にスイッチが入った。
――うちは、庭を一生の仕事にする。
いつのまにか桐子は、指の関節が白くなるほど両手のこぶしをにぎりしめていた。
（八束澄子「空へのぼる」）

問 ――線部「指の関節が……にぎりしめていた」から読み取れる桐子の思いを、簡潔にまとめなさい。

解答 (例) **庭を一生の仕事にするという強い思い。**

解説 ――線部の描写から、何か強い思いが込められていることがわかる。それがどのような思いかを本文から読み取る。

ⓖ旅行したい。でも、ひまがない。（逆接の接続詞）

参考 ⓐ・ⓒ・ⓔ・ⓕは、「も」がなくても意味が通じる。

7 **ある**

ⓐ午後から会議がある。（**動詞**）←「存在する」に言い換えられる

ⓑある人から聞いた話。（**連体詞**）←直後の「人」にかかる。

2 三種類の敬語表現 ☆☆

1 **丁寧語**…「です・ます」などを用いた丁寧な言い方。話し手が相手に対して、**丁寧な気持ち**を表現する。

ⓐこれは、すばらしい絵ですね。↑（～絵だね。）

ⓑお弁当は食べましたか。↑（弁当は食べたか。）

ⓒお久しぶりでございます。↑（久しぶりだ。）

2 **尊敬語**…尊敬した言い方。話し手が、相手や話題の主を**高める**。

ⓐおっしゃるとおりにします。↑（言うとおりにします。）

ⓑあれが竹下さんのお家です。↑（あれが竹下の家です。）

ⓒ先生が本をお読みになる。↑（先生が本を読む。）

ⓓ先生が話される。↑（先生が話す。）

3 **謙譲語**…へりくだった言い方。話し手が自分のことを**下げる**ことにより、相手を敬う。

ⓐ私がそちらへ伺います。↑（私がそちらへ行きます。）

ⓑ母が先生をお待ちする。↑（母が先生を待つ。）

コレ重要

「お(ご)～になる」は尊敬語・「お(ご)～する」は謙譲語。

▼注意

動作主が自分や身内の場合は、**謙譲語**を使う。

例 私が代わりに伺います。母がそう申していました。

入試直前チェック

1. 次の――線部と同じ用法のものをあとから選びなさい。

・約束の時間になっても来ない。

ア もう、読みたくない。　イ 騒がないように注意する。

ウ ほこり一つない部屋。　エ さりげない気配りをする。

2. 次の――線部と同じ用法のものをあとから選びなさい。

・雨はやんで、明るい月が出た。

ア 彼は川を泳いで渡った。　イ 公園で野球をした。

ウ あれは花ではない。　エ 彼らは元気である。

3. 次の――線部と同じ種類の敬語をあとから選びなさい。

・先生がご出発になる。

ア 兄は、明日、旅行から帰ってきます。

イ 先生から、本をいただきました。

ウ あなたのおっしゃることは、よくわかりました。

解答 1. イ　2. ア　3. ウ

文法②
—まぎらわしい品詞の識別と敬語

1 まぎらわしい品詞の識別 ☆☆☆

1 ない

ⓐひまな時間がない。（**形容詞**）
↳直前に助詞がある、または「は」などを補える

ⓑ忙しくて休めない。（打ち消しの**助動詞**）
↳「ぬ」に言い換えられる

ⓒおとなげない態度を取る。（形容詞の一部）
↳「おとなげない」

2 らしい

ⓐこれを作ったのは彼女らしい。（推定の**助動詞**）
↳直前に「どうやら」が補える

ⓑ彼らしい決断だね。（形容詞「彼らしい」の**接尾語**）
↳直前に「いかにも」が補える

3 が

ⓐきれいな花が咲く。（主語を表す**格助詞**）
↳体言・助詞のあとに続く

ⓑ友人を誘ったが、断られた。（逆接の接続助詞）
↳用言・助動詞のあとに続く

ⓒ快晴だ。が、風は強い。（逆接の接続詞）
↳文頭にくる

4 だ

ⓐもうすぐ秋だ。（**断定**の助動詞）

ⓑちょうど準備が済んだ。（**完了**の助動詞「た」）
↳音便による濁音化
↳ちょうど終わったことを示す

ⓒ装飾は華やかだ。（形容動詞の**活用語尾**）
↳「華やかだ」

ⓓ明日は晴れるそうだ。（伝聞の助動詞「そうだ」の一部）

ⓔ実に恐ろしそうだ。（様態（推定）の助動詞「そうだ」の一部）

ⓕ雨が滝のようだ。（比喩の助動詞「ようだ」の一部）

5 で

ⓐ彼は偉大な教育者である。（**断定**の助動詞「だ」の連用形）
↳名詞に付いて、「だ」に言い換えられる

ⓑ山の頂上で弁当を食べる。（場所を表す**格助詞**）

ⓒ子どもが大勢遊んでいる。（接続助詞「て」）
↳音便による濁音化

ⓓ彼は明朗で才気がある。（形容動詞の**活用語尾**）
↳「な」に言い換えられ、体言が続く
↳「明朗だ」

ⓔ瞳は真珠のようである。（比喩の助動詞「ようだ」の一部）

ⓕ彼も行くそうである。（伝聞の助動詞「そうだ」の一部）

6 でも

ⓐ家の中でも大騒ぎだ。（格助詞「で」＋副助詞「も」）

ⓑいくら薬を飲んでも効かない。（逆接の接続助詞「ても」）
↳音便による濁音化

ⓒ手紙を読んでもくれない。（接続助詞「て」の濁音化＋副助詞「も」）

ⓓお化けでも出そうな所だ。（例示の**副助詞**「でも」）

ⓔそれほど元気でもない。（形容動詞の活用語尾＋副助詞「も」）
↳「元気だ」

ⓕたいした品物でもない。（断定の助動詞「だ」の連用形＋副助詞「も」）

合格アドバイス

①まぎらわしい品詞の識別を的確にできるようにしよう。
②三種類の敬語表現の区別をしっかり理解しよう。
③敬語を正しく使えるようになろう。

月　日

・コレ重要・
「〜ない」の形にしたときの直前の音で、活用の種類を見分ける。
ア段→五段活用・イ段→上一段活用・エ段→下一段活用

2 **形容詞・形容動詞**…動詞とは異なり、**命令形**がない。

	基本形	語幹	未然	連用	終止	連体	仮定	命令
形容詞	楽しい	たのし	かろ	かっ・く・う	い	い	けれ	○
形容動詞	静かだ	しずか	だろ	だっ・で・に	だ	な	なら	○
	静かです		でしょ	でし	です	(です)	○	○
主な続き方			う	た ない なる	言い切る	とき ので	ば	

4 活用しない付属語 ✩✩

助詞…自立語に付き、語の関係を示したり、意味を添え（そ）たりする。
（四種類に分けられる）

ⓐ**格助詞**…主に**体言**に付いて、あとの語との関係を示す。
（が・を・に・で・と など）

ⓑ**副助詞**…いろいろな語に付いて、意味を付け加える。
（は・も・こそ・まで・だけ など）

ⓒ**接続助詞**…活用する語に付いて、前後の関係を示す。
（から・ば・のに・ながら・て(で) など）

ⓓ**終助詞**…主に**文末**に付いて、気持ちや態度を表す。
（か・なあ・かしら・ぞ・よ など）（疑問・感動・禁止 など）

5 活用する付属語 ✩✩

助動詞…用言・体言や他の助動詞などに付いて、意味を添える。意味によって分類すると、次のようになる。

語	意味	語	意味	語	意味
れる・られる	受け身・可能・**尊敬**・自発	せる・させる	**使役**	たい・たがる	希望
ない・ぬ(ん)	否定（打ち消し）	う・よう	推量・意志・勧誘	た	過去・完了・存続・想起
ようだ・ようです	推定・比喩（ひゆ）	そうだ・そうです	様態（推定）・伝聞	まい	否定の意志・否定の推量
らしい	**推定**	だ・です	断定	ます	丁寧（ていねい）

すいすい暗記
褒（ほ）められて浮（う）かれてそうじさせられる。
（れる・られる　受け身　可能　尊敬　自発）

入試直前チェック

1. 次の――線部の品詞名を答えなさい。
(1) ①四月になれば、②もっと③きれいに④咲（さ）くだろう。
(2) これは①めったに見つから②ない③珍（めずら）しい虫だ。

2. 次の――線部の動詞の活用の種類と活用形を答えなさい。
・先生は、彼（かれ）が席を①立とうと②したときに、③呼び止めた。

3. 次の――線部の意味をあとから選びなさい。
① 昔のことがしのばれる。　② 先生が話される。
③ 十時までには出られる。　④ 友人に助けられる。
ア 受け身　イ 可能　ウ 尊敬　エ 自発

解答
1. (1)①名詞　②副詞　③形容動詞　④動詞　(2)①副詞　②助動詞　③形容詞　2. ①五段活用・未然形　②サ変（サ行変格）活用・連用形　③下一段活用・連用形　3. ①エ　②ウ　③イ　④ア

JAPANESE

3 文法①
―品詞の種類とその働き

1 品詞とその種類 ☆☆☆

● 品詞…単語を、文法上の性質から分類したもの。十種類ある。

- 単語
  - 自立語
    - 活用しない
      - 主語になる（体言）……名詞
      - 修飾語になる
        - 主に連用修飾語…副詞
        - 連体修飾語……連体詞
      - 接続語になる……接続詞
      - 独立語になる……感動詞
    - 活用する…述語になる（用言）
      - 「ウ段」の音で終わる…動詞
      - 「い」で終わる……形容詞
      - 「だ・です」で終わる…形容動詞
  - 付属語
    - 活用しない……助詞
    - 活用する……助動詞

2 活用しない自立語 ☆☆

1 名詞…物事の名前を表し、体言ともいう。普通名詞（学校・山・花）・代名詞（私・彼・これ）・固有名詞（日本・万葉集・紫式部）・数詞（一つ・二冊・いくつ）・形式名詞（～こと・～とき・～ため）がある。

2 副詞…主に用言を修飾し、次の三種類がある。

ⓐ 状態の副詞（どのように） 例 ゆっくり歩く。　ふと思い出す。

ⓑ 程度の副詞（どれくらい） 例 かなり難しい。　ずっと前。（体言を修飾）

ⓒ 呼応の副詞（決まった言い方がくる） 例 決して忘れない。　たとえ雨でも行こう。

3 連体詞…必ず体言を修飾する。

例 わが国・この本・大きな木・たいした用事・あらゆる方法

4 接続詞…前後の文や文節をつなぐ。働きにより、順接（だから・すると）／逆接（しかし・でも）／並立・累加（また・しかも）／対比・選択（または・それとも）／説明・補足（ただし・なぜなら）／転換（さて・ところで）に分けられる。

5 感動詞…単独で独立語になり、応答・呼びかけなどを表す。（他に感動・挨拶がある）

合格アドバイス

月　日

① 十の品詞の特徴を押さえ、正しく分類できるようにしよう。

② 用言のうち、動詞の活用の種類と活用形を押さえよう。

③ 助詞・助動詞の意味や用法を理解し、正確に識別しよう。

3 活用する自立語 ☆☆☆

1 動詞…活用の種類には、次の五種類がある。

種類	基本形	語幹	未然	連用	終止	連体	仮定	命令
五段	書く	か	か・こ	き・い	く	く	け	け
上一段	落ちる	お	ち	ち	ちる	ちる	ちれ	ちろ ちよ
下一段	受ける	う	け	け	ける	ける	けれ	けろ けよ
カ変	来る	○	こ	き	くる	くる	くれ	こい
サ変	する	○	し・せ・さ	し	する	する	すれ	しろ せよ
主な続き方			ない・ぬ・う・よう	ます・た・て	言い切る	とき・ので	ば	命令の形で言い切る

2 ことわざ ☆

（古くから言いならわされてきた短い言葉）

例

虻蜂取らず…欲張ると、どれも手に入らず失敗する。
（類義語は「二兎を追う者は一兎をも得ず」・対義語は「一挙両得」「一石二鳥」）

雨降って地固まる…悪いことがあったあとは、物事がかえって落ち着く。

石の上にも三年…辛抱すれば報われるときがくること。

弘法にも筆の誤り…どんな達人でも**失敗はある**ということ。
（類義語は「かっぱの川流れ」「猿も木から落ちる」など）

転ばぬ先の杖…準備は前もってしておくべきだということ。

対岸の火事…自分には関係がなく、何も感じないこと。
（類義語は「高見の見物」）

棚からぼた餅…思いがけない幸運が舞い込むこと。

泣きっ面に蜂…不運や悪いことが**重なって起こる**こと。
（類義語は「弱り目にたたり目」「踏んだりけったり」）

二階から目薬…思うようにならず、もどかしいこと。

濡れ手で粟…何の苦労もなく、大きな利益を得ること。

暖簾に腕押し…少しも**手応えがない**こと。
（類義語は「豆腐にかすがい」「ぬかに釘」）

3 故事成語 ☆

（中国の故事からできた言葉）

例

圧巻…他のものより抜きんでてすばらしい作品や芸。

温故知新…過去の事柄を学んで、**新しい知識**を得ること。

杞憂…無用の心配をすること。取り越し苦労。

呉越同舟…敵や仲の悪い者同士が、一緒に居合わせること。

五十歩百歩…**大差がない**こと。
（類義語は「大同小異」「同工異曲」など）

守株…古い習慣にとらわれて、少しも進歩しないこと。
（類義語は「柳の下にいつもどじょうはいない」）

背水の陣…あとがない状況で、決死の覚悟で事に当たること。

白眉…多数あるものの中で、最も優れている人や物。

矛盾…前後の**つじつまが合わない**こと。

羊頭狗肉…外見は立派だが、中身は劣っていること。

コレ重要　慣用句やことわざの誤用に注意しよう。

入試直前チェック

□ 1. 次の言葉に関連した熟語を、あとから選びなさい。
①二の足を踏む　②目鼻がつく　③蛍雪の功
ア 展望　**イ** 苦学　**ウ** 躊躇　**エ** 緊張

□ 2. 次の□に体の一部を入れて、慣用句を完成させなさい。
①□に泥を塗る　②木で□をくくる
③□に衣着せぬ　④□の荷が下りる

□ 3. 次のことわざの類義語にあたるものを、あとから選びなさい。
①闇夜に提灯　②月とすっぽん　③医者の不養生
ア 紺屋の白袴　**イ** 豆腐にかすがい
ウ 提灯に釣鐘　**エ** 渡りに船

解答
1. ①ウ　②ア　③イ　2. ①顔　②鼻　③歯　④肩
3. ①エ　②ウ　③ア

慣用句・ことわざ・故事成語

合格アドバイス

① 慣用句やことわざは、意味とセットで覚えよう。
② 慣用句やことわざは、類義語や対義語も押さえよう。
③ 故事成語は、故事を踏まえたうえで意味を押さえよう。

月　日

1 慣用句 ☆☆

一語以上の言葉が結び付いて、ある決まった意味を表すもの

① 心や体に関係のある言葉

例
- 頭を冷やす…冷静さを取り戻す。
- 腕が上がる…腕前や技術が上達する。（対義語は「腕が落ちる」）
- 顔が広い…知り合いが多い。
- 肩を持つ…味方をして助ける。
- 口を割る…白状する。（類義語は「泥を吐く」）
- 気が置けない…遠慮せず、心から打ちとけることができる。（「油断ならない」という意味ではない）
- 血が騒ぐ…興奮して気持ちが高まり、じっとしていられない。
- 手を焼く…扱いに困る。
- 歯が立たない…相手が強すぎて対抗できない。
- 鼻が高い…誇らしく思う様子。
- 腹がすわる…物事に動じない。落ち着いている。（類義語は「肝がすわる」）
- へそを曲げる…機嫌を損ねる。（類義語は「つむじを曲げる」）
- 耳が痛い…自分の弱点を指摘されて、聞くのがつらい。
- 胸が躍る…期待や興奮でわくわくする。（類義語「心が弾む」）
- 目を掛ける…特別にかわいがる。

② 衣食住に関係のある言葉

例
- 灰汁が強い…人の性質や癖などの個性が強いこと。
- 油を売る…無駄話をして、仕事を怠けること。
- 襟を正す…気持ちを引き締める。姿勢や態度を改める。
- お茶を濁す…いい加減なことを言って、その場をごまかす。
- 棚に上げる…自分にとって不都合なことには触れない。
- 二足の草鞋をはく…一人の人が、種類の異なる二つの仕事を兼ねること。
- 味噌を付ける…失敗して恥ずかしい思いをする。

③ 動植物に関係のある言葉

例
- 瓜二つ…顔や姿がよく似ていること。
- 馬が合う…気が合う。（対義語は「馬が合わない」「反りが合わない」）
- 竹を割ったよう…さっぱりとした性質のたとえ。
- 虎の子…とても大切にして手放さないもの。
- 雀の涙…非常に少ないこと。（類義語は「爪の垢ほど」）
- 花を持たせる…わざと負けて、相手に手柄や名誉を譲る。
- 猫をかぶる…本性を隠して、おとなしく振る舞う。
- 根も葉もない…まったく根拠がない。（類義語は「事実無根」）

❸ 書き間違えをしやすい四字熟語

例 異口同音（↓×異句同音）…みんなが同じことを言うこと。
危機一髪（↓×危機一発）…すぐそばまで危険が迫っている状態。
完全無欠（↓×完全無決）…完全で少しも欠点がないこと。
自画自賛（↓×自我自賛）…自分で自分をほめること。
絶体絶命（↓×絶対絶命）…追い詰められて、どうにも逃れようがない状態。
独断専行（↓×独断先行）…自分だけの勝手な判断で行動すること。

❹ 数を含む四字熟語

例 終始一貫…始めから終わりまで考えなどが変わらないこと。
二束三文…値段が極めて安いこと。
八方美人…誰にでも愛想がよいこと。
一日千秋…とても待ち遠しいこと。
森羅万象…宇宙に存在するあらゆるもの。

❺ 同じ漢字を含む四字熟語

例 以心伝心…口に出さなくても、互いの心が通じ合うこと。
右往左往…うろたえてあちこち動き回ること。
適材適所…能力などに応じて、その人に合った地位や仕事を与えること。
暴飲暴食…度を過ぎて、飲んだり食べたりすること。

入試直前チェック

□ 1. 次の熟語と構成が同じものを、あとから二つずつ選びなさい。

① 崩壊　② 既成　③ 執務
④ 美的　⑤ 無知　⑥ 難易

ア 繁栄　イ 不安　ウ 併記　エ 失望
オ 有無　カ 献金　キ 非凡　ク 依頼
ケ 退化　コ 損得　サ 重視　シ 端的

□ 2. 次の□にそれぞれ漢数字を入れて、四字熟語を完成させなさい。

① □方□方　② □望□里　③ □苦□苦
④ 朝□暮□　⑤ □人□色　⑥ □拝□拝
⑦ □期□会　⑧ □変□化　⑨ □発□中
⑩ □寒□温　⑪ 唯□無□　⑫ □差□別
⑬ □騎当□　⑭ 海□山□　⑮ □進□退

解答

1. ①ア・ク ②ウ・サ ③エ・カ ④ケ・シ ⑤イ・キ ⑥オ・コ
2. ①四・八 ②一・千 ③四・八 ④三・四 ⑤十・十 ⑥三・九 ⑦一・一 ⑧千・万 ⑨百・百 ⑩三・四 ⑪一・二 ⑫千・万 ⑬一・千 ⑭千・千 ⑮一・一

JAPANESE

1 熟語の構成と四字熟語

1 熟語の構成

二字熟語の主な構成

ⓐ意味が似ている漢字の組み合わせ
例 永久・思考・豊富・善良・詳細（しょうさい）

ⓑ意味が対（つい）になる漢字の組み合わせ
例 昇降（しょうこう）・送迎（そうげい）・慶弔（けいちょう）・贈答（ぞうとう）・断続

ⓒ主語と述語の関係
例 地震（じしん）（大地が震える）・日没（にちぼつ）・国営・雷鳴（らいめい）（雷が鳴る）・人造

ⓓ下の漢字が上の漢字の目的や対象を示す
例 開会・延期（期日が延びる）・尽力（じんりょく）・就職（職に就く）・避難（ひなん）

ⓔ上の漢字が下の漢字を修飾（しゅうしょく）する
例 悪役（悪い役）・熱心・予告（あらかじめ（予め）告げる）・美談・激流

ⓕ打ち消しの接頭語が付いたもの
「不」「非」「無」「未」など
例 不要・非常・無人・未完

ⓖ接尾語（せつび）が付いたもの
「化」「的」「性」「然」など
例 美化・劇的・中性・騒然（そうぜん）

ⓗ同じ漢字を繰（く）り返したもの
例 堂々・数々・人々・国々

ⓘ長い熟語を略したもの
例 特急（特別急行）・国連（国際連合）・高校（高等学校）・図工（図画工作）

訓読みにして考えてみよう。

合格アドバイス

① 二字熟語の構成をしっかり理解しよう。
② 漢字に注意して、四字熟語をしっかり覚えよう。
③ 四字熟語の意味を正確に押（お）さえよう。

月　日

2 四字熟語

1 似た意味の四字熟語

例
自由自在 ＝ 縦横無尽（じゅうおうむじん）…思う存分に物事を行うこと。
因果応報 ＝ 自業自得（じごうじとく）…自分の行いの善悪に応じて、必ずその報（むく）いがあること。
空前絶後 ＝ 前代未聞（ぜんだいみもん）…今までに例がないほど珍（めずら）しいこと。
変幻自在（へんげんじざい） ＝ 千変万化（せんぺんばんか）…状況（じょうきょう）が変化し、少しも留（とど）まらないこと。
公明正大 ＝ 公平無私…公平で堂々としていること。
清廉潔白（せいれんけっぱく） ＝ 品行方正…心や行動が清く正しいこと。

2 反対の意味の四字熟語

例
支離滅裂（しりめつれつ）（筋が通らない） ↕ 理路整然（筋道が整っている）
意気消沈（いきしょうちん）（落ち込む） ↕ 意気揚々（いきようよう）（得意そうな様子）
旧態依然（きゅうたいいぜん）（昔のまま） ↕ 日進月歩（絶えず進歩する）
多事多難（事件や困難が多い） ↕ 平穏無事（へいおんぶじ）（穏やかで変わりない）

装丁デザイン　ブックデザイン研究所
本文デザイン　A.S.T DESIGN
図　版　デザインスタジオエキス. ／ユニックス／スタジオ・ビーム
写真提供　平等院／ ColBase(https://colbase.nich.go.jp)　（敬称略）

本書に関する最新情報は，小社ホームページにある**本書の「サポート情報」**をご覧ください。(開設していない場合もございます。)
なお，この本の内容についての責任は小社にあり，内容に関するご質問は直接小社におよせください。

高校入試 5科の総まとめ

編著者　高校入試問題研究会
発行者　岡　本　泰　治
発行所　受験研究社
©株式会社　増進堂・受験研究社

〒550-0013　大阪市西区新町2―19―15
注文・不良品などについて：(06) 6532-1581(代表)／本の内容について：(06) 6532-1586(編集)

Printed in Japan　寿印刷・高廣製本
落丁・乱丁本はお取り替えします。